한국의 공직윤리

한국의 공직윤리

나중식

서울경제경영

책을 펴면서

이 책은 공직자들과 미래 공직을 준비하는 학생들에게 공(公)에 대한 〈마음의 눈〉을 밝히는 데 도움을 주기 위하여 기획된 책이다.

필자는 30년이 넘게 대학 강단에서 행정학을 강의해 왔다. 주로 예산과 정책 연구를 통하여 '옳고 바른 정책과 좋은 행정이 무엇인가'를 나름대로 연구하고 강의해 왔다. 그러나 돌이켜보면, 모든 행정적 의사결정은 공직자들의 윤리와 가치, 즉 그들의 〈마음의 눈〉을 통하여 이루어지는 것임에도 불구하고 그들의 〈마음의 눈〉을 밝히는 교육보다는 제도와 절차, 과정과 기법 등 정책과 제도의 편익분석과 도입에만 관심을 두어 온 것이 아닌가 하는 반성이 앞선다.

최근 공직자들의 부패지수가 날로 높아져 가면서 '부패공화국'이라는 오명을 들을 때마다 행정학교육을 담담해 온 한 학자로서, 부끄러움과 자괴감을 감출 수 없다. '좋은 행정은 결국 인간이 하는 것'이라는 단순하고 평범한 진리를 잊은 채, 정책과 제도중심의 삭막한 강의와 연구만 해 온 것이 아닌지, 수기(修己)는 없고 치인(治人)만이 판을 치는 우리의 교육풍토에 편승하여, 그동안 혼(魂)이 없는 기술 관료만 양성해 온 것이 아닌지 반성하지 않을 수 없다.

흔히 '관료가 바뀌어야 나라가 바로 선다'고 한다. 그동안 공직자가 바로 서는 방법을 선진제도나 기술, 그리고 행정기법의 교육에서 찾았으니, 어찌 공직에 대한 〈마음의 눈〉을 밝히고 혼(魂)이 있는 윤리적 인간을 만들 수 있었겠는가?

공직자들은 공(公)을 위해 존재하고 국민을 위해 봉사해야 한다. 공복(公僕)이기 때문이다. 따라서 공직자는 국민을 위하여 옳고 바른(right) 정책과 제도를 만들고 좋은(good) 서비스를 제공하여야 한다. 옳고 바른 정책과 좋은 서비스는 공직의 생명원천인 공직윤리에서 나온다. 공직자가 행하는 모든 행정행위는 윤리라는 '보이지 않는 질서규범'을 통하여 이루어진다. 공직윤리란 행정을 담당하고 있는 공직자들이 지켜야 할 규범과 도리, 또는 바르고 좋은 행정행위(의사결정)를 하기 위해 준거해야 할 가치와 태도, 그리고 이념의 묶음을 말한다.

공직자들의 윤리적 기반(ethical basis)이 튼튼하지 못하면 바른 정책과 좋은 서비스는 불가능하다. 공직윤리가 무너지면 행정질서가 혼탁해지고 '책임 있는 행정'이 이루어지지 못한다. 결국은 정책실패와 관료들의 부정부패로 나라가 무너진다. 세계의 역사가 이를 증명하고 있지 않는가? 공직윤리교육은 행정학 교육의 가장 기본(base)이 되어야 한다. 기초가 튼튼해야 그 위에 지은 집이 튼튼한 법이다. 인사, 조직, 예산과 재무 모두 중요하지만 결국 이를 움직이는 관료들의 정신(이념과 가치)이 잘못되어 있다면 그 결과는 어떻게 되겠는가?

이렇게 공직윤리가 좋은 행정(good administration)을 좌우하는 행정의 혼(魂)이자 핵(核)임에도 불구하고, 그동안 행정윤리와 철학에 관한 연구와 교육에는 별로 관심을 기울이지 않았다. 그 이유는 아마도 행정은 아무나 할 수 있는 일반관리의 영역이고, 윤리는 행정 이전의 인성(人性)에 관한 분야이기 때문에 행정학과는 직접적인 연관이 없다고 보았기 때문이었을 것이다.

최근에 들어와 우리나라 각 대학 행정학과 교육과정에도 〈공직윤리〉 또는 〈행정윤리와 철학〉이라는 강좌가 개설되기 시작하였고, 또 각 지방정부 공무원교육원에서도 〈공직윤리〉 강의가 개설되고 있다. 그러나 강의 내용을 보면 윤리적 규범이나 도덕적 기준의 수용을 일방적으로 강요하거나, 공직윤리에 대한 학문적 접근만을 시도하고 있다. 그마저 난해한 철학적 용어를 동원하여 공직윤리의 본질을 규명하는 데 많은 시간을 할애하고 있음을 본다.

그러나 공직윤리는 순수이론적인 분야의 학문이라기보다는 현실의 학문이다. 즉 '알고 있다는 것' 보다는 실천을 궁극적인 목적으로 하는 학문이다. 공직윤리는 이론보다는 현실을 위하여 존재한다. 행하지 않는 윤리, 실천하지 않는 윤리는 윤리라 할 수 없다. 청렴과 공정, 정의와 공익, 효율성과 민주성을 아무리 잘 알고 있다 해도 행하지 못하고 실천하지 못하면, 공직부패로 또는 정책실패로 이어진다. 다산(茶山)은 마음속에 있는 인(仁), 행하지 않는 인(仁)은 인(仁)이라 할 수 없다고 하지 않았는가?

공직윤리교육은 권위적인 교육방식에 의해 관습적 윤리를 강요할 것이 아니라, 윤리적 규범에 대한 개인의 상상력을 불러일으키고 이들을 행정실제에 적용하는 데 도움을 줄 수 있는 올바른 사고와 방법을 스스로 깨우치게 해야 한다. 공직윤리교육은 '해야 할 일'과 '해서는 안될 일'을 주입하고, 또 구체적인 행동방식과 문제해결방법을 가르치는 교육이 아니라, 윤리적 규범과 도덕적 기준을 비판적으로 성찰할 수 있는 기회를 충분히 제공하여 스스로 가려 실천하게 하는 교육이어야 한다. 다시 말하면, 윤리현상에 관한 지식과 이론을 주입하는 교육이 아니라, 사물을 제대로 보고 국민을 헤아릴 줄 아는 〈마음의 눈〉을 밝히는 교육이어야 한다. 내면세계의 깨우침을 통하여 〈마음의 눈〉을 밝게 하고 나아가 바르고 옳은 행정을 할 수 있도록 하는 실천교육이어야 한다.

이렇게 공직윤리 또는 행정윤리가 공직자들에게 제일 중요한 교과목임에도 불구하고 참고할 만한 공직윤리에 관한 교재는 별로 많지 않다. 기존의 교재들은 대부분 행정윤리의 본질규명과 윤리현상에 관한 이론이나 지식을 전수하는 차원에서 저술되었기 때문에, 지나치게 난해하고 이론위주의 서술에서 벗어나지 못하고 있음을 볼 수 있다.

이 책은 기존 교재와는 서술방식과 체제를 달리하고 있다. 처음부터 끝까지 쉽게 읽어보고 스스로 공직윤리관을 확립할 수 있도록 칼럼형식을 빌어 서술하였다. 판에 박힌 교과서 형식의 체제와 서술을 지양하고, 공직윤리라는 주제를 중심으로 여러 개의 독립된 글을 앞뒤 관계없이 모아놓고 독자 스스로 공직윤리관을 확립할 수 있도록 기회를 주는 소위 옴니버스(omnibus)형의 서술체계를 따랐다. 따라서 독자들은 처음부터 읽지 않아도 될 뿐만 아니라, 관심 있는 부분만 찾아 읽어도 될 것이다. 가볍게 읽으면서 음미하고 사유(思惟)하면서 공직에 대한 〈마음의 눈〉을 밝혔으면 한다.

책의 구성은 5부로 나누어 서술하였다 제1부는 왜 공직윤리가 행정의 혼(魂)인가를 알게 하기 위하여, 그 중요성에 관한 글을 실었다. 제2부는 공직윤리의 철학적 기반을 세우기 위하여 공직에 왜 공(公)이 존재하여야 하는가에 관한 글을 실었고, 제3부는 가장 기본적인 공직윤리인 공정과 청렴을 강조하였으며, 제4부는 공직자의 직책이나 직분과 관련된 성실과 책임에 관한 글을 실었다. 마지막 제5부는 중국과 우리나라의 대표적인 청백리와 탐관오리들의 행적을 소개함으로써 독자 스스로 공직윤리관을 확립할 수 있도록 하였다.

이 책은 필자가 한동안 전념했던 대학행정의 일선에서 물러나, 다시 대학 강단으로 돌아가면서 담당한 〈행정윤리와 철학〉의 강의를 위해 집필했다. 의욕이 지나치게 앞서 문장이나 논리의 전개에 무리가 있을 수도 있고, 또 필자의 주장에 동의하지 않을 수도 있을 것이다. 이는 필자의 능력부족과 가치에 기인한 것이니 전적으로 필자의 몫이다. 독자들의 기탄없는 충고와 조언을 기대한다.

이 책을 쓰기 위해, 〈도진 산방〉에 머물며 책을 읽었던 기간은 오롯이 나만의 시간이었다. 프랑스 파리의 라쉐즈 묘지에 묻혀 있는 어느 예술가의 묘비에 새겨진 "드디어 혼자다(Enfin Seul)"를 화두로 삼아 사유하면서 자연과 함께 고전을 읽을 수 있어서 행복했다. 학자로서 부끄러운 이야기지만 정년을 얼마두지 않은 시점에서야 겨우 동서양의 철학과 고전을 형식으로나마 섭렵하면서, 때로는 한숨으로 때로는 희열을 느끼면서 꼬박 밤을 새우곤 했다. 이순(耳順)이 가까이 되어서야 겨우 학문하는 즐거움과 옛것을 익히어 새로운 것을 알게 되었으니(溫故而知新), 이제 겨우 스승이 될 수 있을지(可以爲師) 모르겠다.

논어와 맹자, 대학과 중용, 노자와 장자, 다산과 삼봉, 반계와 성호, 아리스토텔레스에서부터 존 롤스에 이르기까지의 서양고전, 그리고 동서양의 역사서적과 위인들의 행적과 사상들은 이 책을 엮는 데 결정적인 도움을 주었다. 따라서 이 책에는 과거 역사적 사례를 통하여 오늘의 공직윤리를 생각해 보는 글이 많다. 역사는 비록 지나간 사실의 기록이지만 과거로 사라지는 것이 아니라, 오히려 현재에 생생하게 살아나 재음미되고, 다시 후세들의 가슴에 묻히기 때문이다. 교수랍시고 강의실에서 또는 이곳저곳의 인터뷰에서 역사와 고전을 읽으라고 입으로만 이야기한 나 자신이 얼마나 부끄러웠는지 솔직히 시인한다. 이제야 자신 있게 왜 역사와 고전을 읽어야 하는가를 이야기 할 수 있어 다행이다.

공정하고 투명한 사회에서 모든 국민이 즐겁고 행복하게 삶을 영위할 수 있고 공직이 자랑스럽고 명예스러울 수 있도록, 윤리적 기초(ethical basis)가 튼튼한 윤리적 정부(ethical government)를 만들어 나가는 데 이 책이 조금이나마 마음의 양식이 되었으면 한다.

2010. 8월

도진 산방에서

나중식

목 차

제1부 공직윤리의 기본적 이해

공직윤리는 좋은 행정의 핵(核)이자 혼(魂)이다

수기(修己)는 없고 치인(治人)만이 판을 치는 우리의 교육풍토에 편승하여, 그동안 혼(魂)이 없는 기술 관료만 양성해 온 게 아닌가 하는 생각이 든다. 흔히 '**관료가 바로서야 나라가 바로 선다**'고 한다. 그동안 공직자가 바로 서는 방법을 선진제도나 기술, 그리고 행정기법의 교육에서 찾았으니, 어찌 공직에 대한 〈마음의 눈〉을 밝히고 혼(魂)이 있는 윤리적 인간을 만들 수 있었겠는가? 지속적인 윤리관리 정책이 시급한 시점이다.

도덕과 윤리

윤리는 보이지 않는 마음의 법이다

상쾌한 아침이다. 기분 좋은 기사를 기대하며 조간신문을 펴 든다. 그러나 눈에 들어오는 기사는 온통 썩은 냄새가 진동하는 부패기사뿐이다. 오늘도 공직부패와 교육계의 인사부정 기사로 온통 사회면을 장식하고 있다.

공직에 윤리적 기반(ethical basis)이 무너진 지 이미 오래 되었음은 잘 알려진 사실이지만, 교육을 담당하고 있는 일선교육기관에 이르기까지 이렇게 부정부패가 심각한지는 상상도 못했다. 순진하게도 교육계에서는 그저 학부모로부터 촌지정도 받는 비리가 전부라고 생각해 왔다. 그게 아닌 것 같다. 교육행정 현장에도 정치와 물신주의가 침투하면서 매관매직이 오고가고 납품 및 공사비리가 상상을 초월하고 있다. 마치 비리 경연장을 보는 듯하다.

서울 강남의 현직교장 두 명이 장학사가 되도록 도와달라는 교사들의 청탁을 받고 거액의 뇌물을 챙긴 혐의로 검찰에 구속됐다. 각각 서울시 교육청 교육정책국장(A)과 인사담당 장학관(B)으로 재직하던 두 교장은 검은 돈을 받은 장학사에게서 수천만 원을 다시 상납(上納)받았다는 것이다. 교육정책국장 출신의 A교장은 사무실 서랍에 14억여 원이 든 통장을 보관하다 총리실 암행감

찰팀에 적발됐는 데도 강남지역 교장으로 영전됐다는 구설수에 오른 적이 있다. 다른 B교장은 억대의 차명계좌 2개를 운용했다고 한다. 소문으로만 떠돌던 뇌물의 먹이사슬이 수면 위로 떠 오른 것으로 볼 수밖에 없다. 교육자라는 사람들이 뇌물과 인사특혜를 맞바꾸는 매관매직 혐의를 받다니 놀라움을 금할 수 없다.

이뿐 아니다. 서울 북부교육청 시설과장 등 8명은 특정 창호업체에 학교공사를 딸 수 있게 해 주고 수천만 원을 받아 챙긴 혐의로 구속됐다. 또 비리혐의가 한 생명을 앗아가는 안타까운 일도 벌어졌다. 방과후 활동교사와 강사들로부터 전기요금 명목의 금품을 수수한 의혹을 받던 경기도의 초등학교 교장은 자살을 했다.

다음날 신문이다. '부정승진 의혹' 교장 3명 또 전격 체포라는 기사가 이어지고 있다. 2008~2009년 교장으로 승진하면서 인사담당 장학관 B씨에게 뇌물을 건냈다는 것이다. 그리고 B씨는 승진후보자 26명의 근무성적평가를 조작했다는 혐의이다. 이제 수사의 칼날은 전직 교육감을 향하고 있다. 교육감을 정점으로 하는 구조적 비리의 개연성이 높다는 것이다.

한번 터진 비리가 끝을 모른다. 밝혀지지 않고 수면 속에 가라앉아 있는 비리의 빙산은 얼마나 될까? 이런 상황에서 어떻게 도덕과 윤리교육이 가능할까? 자라나는 학생들에게 무슨 얼굴로 정심정도를 얘기하고, 공정과 청렴, 그리고 정의를 얘기할 수 있을까? 대통령까지 직접 나서서 교육계 비리를 뿌리 뽑겠다고 한다. 나라의 미래를 책임지고 있는 교육행정이 송두리째 무너지고 있으니 대통령인들 가만히 볼 수 있겠는가? 서울시교육청이 '1년 이상 보직을 맡은 장학관 · 장학사를 모두 물갈이 하겠다'는 비리방지책을 재빨리 내놓았다지만 근본적인 해결책과는 거리가 멀다.

오늘날 우리는 윤리이념과 도덕의식이 몰락한 시대에 살고 있다. 최근 한국형사정책연구원이 실시한 시민윤리 의식조사에 의하면, 우리 국민 90% 이상이 한국사회는 부패했다고 인식하고 있고, 사회생활에서 법보다는 돈이나 권력이 훨씬 더 큰 영향을 미치고 있다고 생각하고 있다. 가장 부패한 집단은 정치인(부패지수 3.8/4점 만점)들이며, 정치인 다음으론 재벌총수(3.6), 세무공무원(3.5), 경찰공무원(3.4), 대기업 사장(3.3), 변호사(3.2), 검사(3.0) 순이었다. 공직에 종사하는 사람들의 공직윤리 추락을 입증하고 있다.

새 정부가 들어설 때마다 개혁, 혁신, 쇄신 등의 이름으로 부정부패의 척결과 청렴행정을 강조해 왔고, 또 공직자윤리법, 부패방지법, 돈세탁방지법, 윤리강령 등을 제정하여 법·제도적으로 공직윤리관 확립을 위해 노력해 왔으나 여전히 윤리부재현상은 계속되고 있다. 오히려 공직자와 관련된 부정부패가 만연되어 이제는 '부패공화국' 이라는 호칭까지 얻게 되었다. 공직윤리의 확립을 위하여 종합적인 윤리관에 대한 정책이 필요한 시점이다.

그러면 윤리와 도덕은 무엇이며, 공직윤리란 무엇을 의미하는가? 그리고 행정윤리나 행정이념과는 어떠한 차이가 있으며, 윤리부재의 원인은 어디에서 오는가를 밝혀 공직윤리의 개념적 틀을 명확히 해야 할 필요가 있다.

도덕과 윤리는 인간행위를 제약하는 가장 기본적인 규범이다.

인간행위를 제약하는 사회규범에는 법, 관습, 그리고 윤리와 도덕이 있다. 이 세 가지 가운데서 가장 기본적이고 중요한 것이 도덕과 윤리이다. 법과 관습은 정당한 것과 그렇지 않은 것, 그리고 타파해야 될 것과 존속해야 할 것이 서로 혼재되어 있다. 이를 구별해야 할 필요가 있을 때, 즉 관습과 법을 평가하는 기준이 되는 것이 바로 도덕 내지 윤리이기 때문이다.

도덕(morality)은 라틴어에서 유래한 것으로, 인간사회의 일반적인 생활양식, 즉 풍속과 습관에 의하여 형성된 선악을 판단할 수 있는 규범을 말한다. 윤리(ethics)란 용어는 아리스토텔레스가 사용한 희랍어 ethos에서 유래한 것으로, 선험적이고 지상최대의 명령인 선의지에서 나오는 능력으로서 인간으로서 당위적으로 지켜야 할 규칙과 규범을 말한다. 따라서 윤리가 도덕보다 정의 공정 등의 개념이 더 많이 포함되어 있다.

그러면 도덕과 윤리는 무엇이 다른가? 도덕과 윤리는 모두 인간행위의 옳고 그름에 대한 표준 내지 규범을 뜻한다는 의미에서 서로 구별 없이 혼용하여 사용하고 있다. 그러나 엄밀한 의미에서는 차이가 있다. 도덕은 어떤 집단 안에서 통용되는 규범을 의미하는 반면, 윤리는 세계시민에 통용될 수 있는 규범이라 할 수 있다. 도덕은 풍속이나 종교적인 판단기준을 토대로 구체성, 사실성, 개인성을 강조하나, 윤리는 풍속이나 종교의 원천과는 관계없이 초월적인 것으로 추상성, 이론성, 집단성(공직윤리, 기업윤리, 의사윤리 등 직업전문성)을 띤다.

우선 도덕은 여러 가지 얼굴을 가지고 있다. 어떤 집단 안에서는 도덕적인 행위가 다른 집단에서는 반대로 완전히 부도덕한 일로 받아들여질 수 있기 때문이다. 예컨대, 9.11사태에서 이슬람의 자살테러행위는 그 사회 안에서는 의미 있고 고결한 도덕적 행위가 될 수도 있겠지만, 반대로 미국의 입장에서 보면 그것은 완전히 부도덕한 행위일 수밖에 없다. 또 의사의 직업을 가지고 있는 어떤 교인이 자신이 다니는 교회에서 보면 도덕률(예: 십계명)도 잘 지키고 있어 도덕적인 인물로 평가받더라도, 환자의 비밀유포 등으로 인하여 비윤리적이라는 비난을 받을 수 있다.

이런 면에서 보면 사람들은 도덕적이기보다는 윤리적이기가 더 어렵다. 윤리수준이 높은 사람은 자신의 잘못을 용서하기 힘들고, 토요일에 저지른 죄가 일요일 아침의 예배와 속죄행위로 소멸되지 않는 것이다. 선악의 기준을 종교적인 것에만 둘 경우 자신의 잘못에 대하여 신이 용서하기 때문에 오히려 쉽게 악한 행위를 저지를 수 있게 된다. 따라서 도덕적이면서 윤리적인 사람이 되어야 바르고(right) 좋은(good) 의사결정을 할 수 있다.

공직윤리란 무엇인가?

공직윤리가 무엇인가에 대한 논의는 다양하나 대체로 다음과 같은 네 가지 범주로 요약할 수 있다. 첫째는 바람직한 행정의 목표를 달성하기 위하여 공직자가 지켜야 할 규범적 기준으로 보는 견해, 둘째는 행정목표의 구현과 부정부패의 해소를 공직윤리로 보는 견해, 셋째는 자율적으로 마땅히 지켜야 할 공직자의 행동규범으로서 올바른 판단과 선택, 그리고 행위에 필요한 능력으로 보는 견해, 넷째로는 공공정책의 결정과 집행에 직접적으로 책임이 있는 정책관리자가 마땅히 행하거나 지켜야 할 도리 또는 규범이라는 견해들이다.

이 네 가지 범주는 모두 공직윤리를 각각 다른 관점에서 강조한 개념에 불과하다. 첫 번째의 개념은 공직자의 행동과 태도에 초점을 두었고, 두 번째의 개념은 공직자가 지켜야 할 소극적 행정책임, 즉 부패방지에 초점을 두었으며, 세 번째의 개념은 행정의 적극적 책임인 올바른 의사결정에 대한 바람직한 기준에 초점을 둔 것이다. 마지막으로 네 번째의 개념은 정책결정과 집행에 초점을 둔 개념이다.

이러한 범주의 주장들을 모두 종합하여 공직윤리의 개념을 정의하면, 공직윤리는 "공직자들이 공직활동을 수행함에 있어서 지켜야 할 규범과 도리"이다. 공직자는 바른(right) 정책을 결정하고 좋은(good) 행정서비스를 제공할 수 있어야 하는데, 이렇게 '바르고 좋은 행정적 의사결정을 할 수 있는 규범적인 행동기준'을 공직윤리라 한다. 보다 쉽게 설명하면, 공직자의 업무태도와 관련해서는 청렴, 정직, 성실, 근면 등이 바람직한 기준이 될 것이고, 정책이나 법 · 제도의 결정과 관련해서는 자유, 정의, 공익, 평등, 인간의 존엄성 등에 위배되지 않는 결정을 하여야 할 것이며, 정책의 집행이나 행정서비스와 관련해서는 능률성, 민주성, 사회적 형평성, 합법성, 효과성 등이 규범적인 행동기준이 될 것이다.

이와 같이 '정책이나 법 · 제도를 결정하고 집행하는 과정에서 공직자들이 바르고 좋은 의사결정을 하기 위해 준거해야 할 가치와 태도, 그리고 이념 등의 묶음'이 공직윤리인 것이다. 이러한 기준에 충족하여 업무를 처리하는 자를 윤리적 공직자라 한다.

태도의 묶음: 청렴, 정직, 공정, 근면, 성실 등
가치의 묶음: 자유, 정의, 공익, 평등, 책임 등
이념의 묶음: 능률성, 합법성, 효과성, 민주성, 사회적 형평성 등

의미론적으로 볼 때, 윤리에는 세 가지의 의미가 내포되어 있다. 첫째는 옳고 바른(right) 것이어야 하고, 둘째는 좋은(good) 것이어야 하며, 셋째는 실천하고 행해야 한다(ought to)는 당위의 의미가 내재되어 있다. 공직자들은 바르고 좋은 정책(법 · 제도)을 만들어 국민에게 좋은 행정서비스를 제공하여야 할 책무가 있다. 이러한 윤리적 의사결정을 하기 위한 준거기준이 바로 공직윤리인 것이다.

공직윤리, 행정윤리 그리고 행정이념

공직윤리와 행정윤리는 모두 행정행위에 요구되는 가치기준으로서 서로 같은 의미로 사용하고 있으며, 단지 그 대상이 다를 뿐이다. 공직자를 대상으로 그들이 지켜야 할 규범과 도리로 사용할 때는 〈공직윤리〉가 되고, 행정의 공익성 추구와 정책결정 및 집행과정에서 요구되는 규범이라고 정의했을 경우는 〈행정윤리〉가 된다.

행정이념도 행정행위에 요구되는 가치기준으로서 행정윤리나 공직윤리와 유사한 개념으로 사용된다. 윤리는 행동규범을 다루는 데 있어서 직접적인데 반해, 이념은 사고방식을 다루는 차원에서 볼 때 간접적이라는 차이가 있을 뿐이다. 윤리는 행동의 기준에 비추어 판단되는 가치의 문제이고, 이념은 이러한 가치 속에 특별한 이미지를 포함한다.

행정이념이란 행정업무를 수행하는 과정에서 요구되는 일련의 기준으로 행정에 있어서의 철학의 문제이며, 목적적이라기보다는 수단성을 띠고 있다. 이처럼 행정이념은 행정이 지향해야 할 당위적 개념으로 국가가 처한 상황과 시대, 장소에 따라 그 강조되는 점이 다르다. 우리나라의 경우도, 국가형성기였던 1950년대에는 합법성이, 1960~1970년대의 경제개발 시대에는 능률성과 효과성이, 1980년대 민주화시대에 와서는 민주성이, 그리고 1990년대 복지시대에 와서는 사회적 형평성이 우선적으로 중시되어 왔음을 볼 수 있다. 이러한 관점에서 행정이념은 그 추구하는 내용 자체가 한 국가의 행정윤리나 공직윤리의 기순을 제공한다고 보기 때문에 행정이념의 내용을 직접 공직윤리의 기준으로 볼 수 있다.

정리하면, 공직윤리는 공무원이(주체) 국가의 목표를 달성하기 위하여(목적) 행정기능을 수행함에 있어서(적용대상) 바람직한 가치관의 확립과 그 가치관을 구현하는(당위성으로서의 규범적 기준) 과정이라 할 수 있다.

부정부패가 만연하게 된 원인은 어디에 있을까?

그러면 공직사회의 부정부패가 심화되는 이유는 어디에 있을까? 다양한 요인이 있을 수 있겠으나, 가장 근본적인 것은 공직자들의 윤리적 기반(ethical bases)이 무너져 있다는 데서 찾아야 할 것이다. 즉 공직자들이 갖추어야 할 윤리적 덕목인 정직, 청렴, 성실, 공정, 형평성 등이 결여되어 있기 때문이다. 부정부패는 끝이 없는 인간의 욕심에서 나온다. 사람이 옳지 못하면 욕심을 자제할 길이 없다. 그 욕심을 절제하여 지나치지도 않고 모자라지도 않는 적절한 태도를 지니게 하는 교육이 필요하다. 즉 인성교육을 통하여 윤리적이고 도덕적인 인간을 우선 양성하여야 한다. 자본주의 시장경제가 심화됨에 따라 현재 우리나라의 교육은 수기(修己)는 없고 치인(治人)만 있는 교육, 기술만 있고 혼이 없는 교육이 일반화되고 있다. 하루빨리 교육개혁을 통하여 공직자뿐만 아니라 전 국민들의 도덕적 · 윤리적 기반을 공고히 할 수 있는 대대적인 계획(grand plan)이 필요한 시점이다.

둘째로는 구조적 요인으로 정권구조 자체가 비도덕적이었기 때문이다. 제1공화국에서 오늘에 이르기까지 거의 모든 정권교체가 사실상 비윤리적인 부패와 연결되어 있다. 예컨대. 제1공화국의 이승만 정부는 공직구조의 부패만연으로 붕괴되었으며, 부정부패의 척결과 청렴행정을 공약한 제3~4공화국의 박정희 정부는 놀라운 경제성장을 이룩하였으나 행정권의 남용과 고위 관리층의 부패로 인하여 붕괴하였다. 뿐만 아니라 제5~6공화국의 전두환, 노태우 정부는 역시 친인척 비리, 율곡사업 등의 권력구조 비리, 수백억 원 대의 일명 통치자금이라 부르는 정경유착 권력형 비리 등으로 공직윤리의 무풍지대를 조장하였으며, 김영삼 · 김대중 정부에서도 대통령 측근의 권력비리가 계속되어 왔다.

이러한 권력형 비리로 인해 지금까지 두 명의 대통령과 여러 명의 대통령 아들이 감옥살이를 하였고, 심지어 최근 노무현 전 대통령은 부인과 조카를 통해 받은 600만 달러의 권력형 비리수사 도중에 투신자살하는 부끄러운 사건까지 겪게 되었다. 이러한 정권구조 자체의 비도덕성은 공직사회뿐만 아니라 사회 전반으로 파급되어 부패에 대한 도덕불감증을 낳게 하였다.

셋째로는 사회 전반적인 비윤리적 의식이나 도덕적 해이가 공직사회에 침투되어 공직의 도덕성을 상실시키는 요인이 되었다. 자본주의 시장경제 체제에서는 돈과 이익이 중심가치가 된다. 돈과 사익을 위해서는 수단 방법을 가리지 않는다.

2005년 반부패국민연대가 실시한 한 설문조사에 의하면, 응답자 중 거의 반인 47.3%가 〈보는 사람이 없으면 법질서를 지킬 필요가 없다〉고 응답하고 있으며,

73.4%가 〈정직하기만 하면 살기 힘들다〉고 생각하고 있다. 또 대부분의 국민들이 〈우리 사회는 부정부패가 만연되어 있으며(93.4%)〉, 〈돈과 권력만 있으면 법을 어겨도 처벌받지 않는 경향이 있다(95.7%)〉고 보고 있고, 70%가 〈앞으로 한국사회는 도덕적으로 점점 문란해질 것이다〉라고 보고 있다. 이와 같은 전반적인 사회의 부조리 풍조, 부패에 대한 온정주의 문화, 그리고 도덕적 해이(moral hazard) 현상은 공직사회를 오염시키는 또 다른 환경적 요인이 되었다.

공직윤리는 '좋은 행정'을 좌우하는 행정의 핵(核)이다

공직자의 의식과 행태를 결정하는 공직윤리는 행정에 부수되는 것이 아니라 행정에 필연적으로 내재하는 문제이고, 좋은 행정을 좌우하는 핵이자 근본문제인 것이다. 왜냐하면 모든 행정행위는 공직자가 가지고 있는 가치와 신념을 통하여 표출되기 때문이다.

정책을 결정하고 집행하는 행정행위에 윤리적 요소가 배제되거나 경시될 때에는 가치의 공유나 규범에의 순응 등을 통한 공동체의 영위가 불가능해진다. 문명사회의 질서를 유지하기 위해서는 법과 윤리가 반드시 필요하다, 그러나 법은 윤리의 바다 위에 떠 있다. 법이 없다면 일말의 양심조차 가지지 않는 자들의 세상이 될 것이며, 윤리가 없으면 법은 존재할 수 없다. 따라서 윤리와 도덕, 그리고 법이 없으면 세상은 무법천지가 된다.

윤리는 법원에서 강제할 수 있는 것이 아니며, 또 법으로 만든다고 되는 일도 아니다. 법은 결함이 있더라도 윤리는 살아 있어야 한다. 인간 활동의 광범한 영역이 윤리적 기초에 의해서만 제어된다. 이렇게 볼 때, 공직윤리는 눈에 보이는 법과 정책, 그리고 제도와 서비스를 만들고 전달할 때, 그 이전의 전제규범으로서 꼭 지켜야할 보이지 않는 질서에 속한다. 또한 공직직무가 어디로 가야 하며 무엇이 중요한 가치요소를 지니며 왜 그렇게 보아야 하는가의 인식과 판단기준이 되기 때문에, 공직윤리는 행정행위를 함에 있어서 가장 중요하고 기본적인 규범이라 할 것이다.

(2010. 3. 7. 도진 산방에서)

공직윤리의 교육

수기(修己)는 없고 치인(治人)만 있다

권력이 있는 곳에는 언제나 부정부패가 있기 마련이지만, 요즈음 공직자들의 비윤리적 행위로 인한 부정부패는 그 정도가 심각하다. 그 원인이야 다양하겠지만 궁극적으로는 공직자들의 윤리적 기반(ethical base)이 무너져 있기 때문이다.

윤리는 법원에서 강세할 수 있는 것이 아니며 법을 만든다고 되는 일도 아니다. 법과 제도로 인간의 행동을 완벽하게 규제하고 통제할 수 있다면 무슨 문제이겠는가? 공직윤리의 문제는 궁극적으로는 개인의 소양과 양심의 문제이다. 법과 제도로 행위를 통제할 수는 있지만, 옳고 그름을 알게 하고, 옳은 것을 가치 있게 여기도록 할 수는 없다. 또한 제도는 속성상 시대의 변화와 요구를 민감하게 반영하기 어렵기 때문에, 제도적으로 규제할 수 없는 사각지대가 항상 존재하기 마련이다. 윤리적 기반이 없는 법과 제도는 공허하기 마련이다. 이러한 한계 때문에 부정부패를 방지하기 위해서는 개인의 양심과 소양, 즉 도덕성을 함양하는 것이 법 · 제도를 통해 규제를 강화하는 것보다 훨씬 중요하지 않을 수 없다. 이것이 공직자들에게 공직윤리 교육이 필요한 이유이다.

우리나라 각 대학 행정학과 교육과정에는 〈공직윤리〉 또는 〈행정윤리와 철학〉이라는 강좌가 개설되어 있고, 또 각 지방정부 공무원교육원에서도 〈공직윤리〉 강의가 개설되어 있다. 그러나 그 내용을 보면 모두가 공직윤리에 대한 학문적 접근에 불과하다. 그것도 난해한 철학적 용어를 동원하여 논리적으로 현상을 설명하는데 많은 시간을 할애하고 있음을 본다.

윤리란 일반적으로 사람행동의 옳고 그름에 대한 표준규범이라 할 수 있다. 국민으로서 지켜야 할 규범과 도리일 경우는 〈국민윤리〉라 하고, 공직자들이 지켜야 할 규범과 도리로 적용될 때는 〈공직윤리〉라 한다. 또한 행정의 공익성 추구와 합리적인 정책결정과 집행에 요구되는 규범과 도리는 〈행정윤리〉라 할 수 있을 것이다. 어떤 윤리이든 윤리에는 바르고 옳다(right)는 의미와 좋다(good)는 의미, 그리고 실천하고 행해야 한다(ought to)는 세 가지의 의미가 내제되어 있다.

마음의 눈을 밝히게 하는 교육이어야 한다

공직윤리교육은 윤리가 무엇인가를 알게 하는 것이 중요한 것이 아니라, 바르고 옳고 좋은 것이 무엇이며, 해야 할 것과 하지 말아야 할 것을 스스로 가려 행하게 하는 것이 보다 중요하다. 머리에 윤리현상에 관한 지식을 충전하는 교육이 아니라 마음의 눈을 밝히는 교육이어야 한다. 따라서 공직윤리교육은 부단히 자기를 수양하여 마음을 밝게 하고, 나아가 옳고 바른 행정을 행하게 하는 데 있다. 물론 윤리현상을 분석하고 이해하고 이론을 만드는 학문적 접근이 중요하지 않다는 것은 아니다. 내면세계의 깨우침을 통하여 마음의 눈을 밝게 하고 나아가 바르고 옳은 행정을 할 수 있게 하는 것이 보다 더 중요하다는 말이다.

공직자들의 윤리적 기반이 무너진 데에는 자본주의와 시장경제, 그리고 물질주의와 개인주의 문화 등 여러 가지 이유가 있을 것이나, 가장 크게 영향을 미친 것 중의 하나는 인성교육을 무시하는 교육풍토와 기능만 중시하는 공무원채용방법이 아닌가 생각된다. 자기의 인격을 수양하는 수기(修己)는 없고 남을 다스리는 치인(治人)만 있다. 또 마음의 수양은 보지 않고 치인술인 기능만 보고 채용하니, 하루아침에 공직윤리가 생길 리 없고 채용된 후에는 왜곡된 정치와 돈벌이에만 매몰된다는 것이다. 과거 우리의 선비는 수기(修己: 자기 수양)부터 하고 치인(治人)을 했다. 그러나 지금은 수기는 하지 않고 남 다스리기 공부만 한다.

현대 서구적 교육은 치인술(治人術)에 중점을 두었기 때문에 경영학 · 경제학 · 법학을 위시하여 사회 현상을 과학적으로 분석하는 사회과학 등이 '학문'으로 더 발전하였다. 사회가 다원화되고 전문화됨에 따라 치인술에 관련된 학문이 보다 인기를 얻게 되었고, 또 입시위주의 공부, 취업위주의 공부, 고시위주의 공부로 인하여 인문학이이나 문학, 사학, 철학 등 자기수양에 관한 교육은 거의 이루어지지 않는다는 것이 가장 큰 이유일 것이다. 자기수양(修己) 없이 높은 벼슬에 오른 뒤 저지르는 무서운 죄악을 보면 알 수 있다.

수기치인(修己治人)의 유교적 사상을 기반으로 한 조선왕조가 비록 왕조 체제라는 한계가 있음에도 불구하고, 왕조의 수명이 세계 어느 나라와 비교해도 길었던 것은 공직 윤리에 대한 합의가 이뤄져 있었고 유교적 윤리와 교양을 익힌 많은 관료 엘리트들이 그 실천을 위해 헌신했기 때문이다.

이렇게 수기교육이 실종되고 기능형의 인재양성이 일반화된 데에는 산업화와 근대화과정에서 〈전통과의 단절〉이 바로 근대화의 징표로 교육한 결과가 아니었는지 모르겠다. 좋은 전통은 살려 길이 보전해야 한다. 연면한 전통인 유교와 불교, 도가의 가르침이 융합되어 공직자로서 완미(完美)한 본보기를 빚어낸 것이니 우리가 전통을 돌아보지 않을 이유가 없지 않는가? 이제 다시 수기치인의 공직윤리를 되살려야 한다.

복잡하고 난해한 분석위주의 주입식 윤리교육보다는 자연을 벗 삼으며 자기성찰의 기회를 늘리는 것이 보다 더 효과적이 아닐까? 휴일이면 산사에 들어가 참선으로 자기를 돌아보고, 한번쯤 높은 산에 올라 조식(調息)하며 신선을 꿈꾸고, 대현(大賢)을 모시는 서원의 사당에서 경건하게 절하며 자기를 성찰하는 시간을 더러 갖는 것이 오히려 공직 윤리의 실천에 도움이 되지 않을까? 공직윤리 교육은 말이나 머리로 하는 교육이 아니라 발심(發心)을 통하여 행하는 교육이 되어야 한다.

공직자가 공(公)을 위해 일하지 않고, 옳고 바르게 살아가려는 사람이 점점 없어져가는 세상에서, 우리 교육은 무엇을 해왔는가를 깊이 반성해 보아야 한다. 그리고 희망을 가지고 다시 시작하여야 한다.

(2009. 8. 25. 도진 산방에서)

공직 생명론

윤리는 공직의 생명원천이자 경쟁력이다

오늘도 국회는 공전 중이다. 미디어법제정을 둘러싸고 여당과 야당이 목숨을 걸고 싸운 지 벌써 여러 달이다. 왜 이렇게 싸우고만 있는 것일까? 그들의 기본 책무는 바른(right) 정책과 법·제도를 만들어, 좋은(good) 서비스를 국민에게 배분하는 일일 것이다. 그렇다면 바르고(right) 좋은(good) 그리고 실천하고 행해야 하는 일(ought to)에 대한 합의가 그렇게 어려운 것일까?

최근 어느 일간지에서 행한 직업 신뢰도 조사에서 우리 국민들은 가장 신뢰할 수 없는 직업으로 국회의원을 들고 있다. 그동안 국민들을 실망시킨 각종 부정부패, 비리, 붕당정치, 파발싸움, 이권개입 등으로 인하여 국회의원들은 이미 공직생명력을 잃은 지 오래다. 바른 법을 만들어야 할 사람들의 〈마음의 눈〉이 멀어 있다는 것이다. 법을 만드는 정치인들의 마음의 눈이 멀면, 도리나 사리, 인륜이나 율려(律呂) 질서를 경시하게 되고, 병들고 오염된 〈신체의 눈〉만으로 법을 만들게 된다. 즉 서로가 자기 정당의 이익과 편의대로 법을 만들고 개정하려고 하기 때문에 정치적 합의가 이루어지지 않는다. 설령 합의와 절차를 거쳐 법이 만들어졌다 하더라도 바른 법이 되지 못하면 그 법은 생명력이 없다.

정책과 법 · 제도는 윤리적 기초 위에 만들어져야 한다. 윤리는 법 · 제도의 생명력이다. 윤리적 기반(ethical base) 위에 만들어지지 않은 법과 제도는 그 생명력을 잃게 되고 결국은 정책실패로 이어진다. 그 피해는 모두 국민에게 돌아간다. 그러나 그 법을 만든 당사자들은 아무런 책임도 지지 않는다.

행정은 공직윤리라는 '보이지 않는 손'에 의해 이루어진다

신자유주의 제창자인 하이에크는 "법은 본래 있는 것이지 만드는 것이 아니다. 우리는 그것을 찾아내야 한다." 라고 갈파하고 있다. 그가 말하는 엄정한 의미의 법이란 사리나 도리 중 사회규범에 속하는 것으로, 이것을 찾아내어 성문화하는 것이지 어떤 특정 편의를 충족시키기 위하여 만들어지는 법률은 형식상의 법이지 본질적인 법이 아니라는 것이다. 권력유지를 위한 강제 및 규제 기능에다 절차적인 요건만을 채운다면 그것은 법이 아니라는 것이다.

법제정과정에서 정치권이 극도로 대립하고 있는 이유는, 보이는 질서인 법치질서를 만들기 이전에 〈보이지 않는 윤리질서〉에 대한 인식과 가치발견이 실종되었기 때문이다. 바른 정책과 법 · 제도를 만들고 좋은 서비스를 배분하기 위해서는 그 이전의 규범인 윤리를 생명의 원천으로 삼고 이에 근거하여 결정하려는 노력이 있어야 한다.

야당으로 있을 때 목숨을 걸고 투쟁하면서 반대하던 법제를 집권여당이 되면 이를 슬며시 포장하여 법을 상정하는 사례, 또한 그 반대의 경우도 비일비재하다. 논리 또한 상황변화를 들어 밥 먹듯이 바꾼다. 입장에 따라서 가치판단기준과 행동기준이 수시로 바뀐다면 어찌 국가와 국민을 위한다 할 수 있겠는가? 이것이 그들이 가진 공직윤리이니 어찌 국민들이 그들을 신뢰하겠는가?

윤리는 법의 생명이고 공직의 생명이다. 이 말은 윤리가 토대가 되지 않는 법을 아무리 숭상하고 잘 만들었다 하더라도 이는 이미 생명력을 상실한 것으로 국민이 동의할 수 없고 따르지도 않는다는 말이다. 공직윤리는 바른 정책과 법 · 제도를 만들고 좋은 서비스를 제공하기 위한 제1차적 판단기준이다. 마치 시장질서의 균형이 〈가격〉이라는 〈보이지 않는 손〉에 의해 이루어지듯이, 이 공직질서의 균형은 법에 의해 이루어지는 것이 아니라 〈공직윤리〉라는 〈보이지 않는 손〉에 의해 이루어진다. 즉 자유, 정의, 인권, 질서, 공익, 평등 등의 가치판단기준에 벗어나지 않으면서 옳은 것인지(right) 그른 것인지(wrong)에 대해 판단하는 행위기준이 곧 공직윤리인 것이다. 따라서 공직윤리는 공직의 생명원천이자 경쟁력인 것이다.

(2009. 10. 9. 한글날 세종대왕 동상 제막식)

공직자의 마음가짐

백성과 하늘을 두려워하라

오늘날 공직자들이 가장 두려워하고 무서워하며 의식하고 있는 대상은 무엇일까? 공무원에 대한 한 설문조사의 결과에 의하면, 청와대, 감사원, 검찰, 감독관청, 소속기관의 감사기관 등의 순으로 나타나고 있다. 역시 예나 지금이나 다름이 없다. 그런데 과연 사정기관보다도 더 두려워하면서 마음에 담고 일을 해야 할 대상이 없는 걸까? 이와 관련하여 다산 정약용이 주장했던 4외론(四畏論)을 다시 음미해 본다.

다산은 목민관(함경도 부령도호부사)으로 발령을 받아 부임해가는 친구 아들 이종영(李種英)에게 교훈삼아, 공직자라면 가장 먼저 두려워해야 할 네 가지가 있으니 항상 이를 유념토록 하라고 당부하였다고 한다.

> *"목민관은 네 가지를 두려워해야 한다. 아래로는 백성을 두려워해야 하고 위로는 대성(臺省: 요즈음의 검찰이나 감사원 등 감찰기관)을 두려워해야 하고, 또 그 위로는 조정(朝廷: 요즘의 청와대)을 두려워하고 또 그 위로는 하늘을 두려워해야 한다."(送 부령도호부 이종영부임 序)*

그러면서 다산은 당연히 네 곳을 두려워하고 무섭게 여겨야 하거늘, 통상으로 대성(감찰기관)과 조정(청와대)에 대해서는 무서워하면서도, 실제로 가장 가까이 있는 백성이나 하늘을 두려워하거나 무서워할 줄 모른다고 한탄하고 있다. 아무리 무서운 기관이지만 사정기관과 청와대는 멀리 떨어져 있어 감독에 소홀할 수도 있지만, 백성이나 하늘은 항상 목민관 곁에 붙어 있기 때문에 이들을 두려워해야 매일매일 떳떳하게 그리고 스스로를 부끄럽지 않게 일을 할 수 있다는 의미이다.

민심은 천심이니 어찌 백성과 하늘을 두려워하지 않으리?

비록 다산이 살던 시대는 관존민비의 시대, 즉 벼슬아치는 높고 백성은 낮은 지위에 있다고 여기던 시대였으나, 목민관은 민심이 곧 천심이라는 생각으로 백성을 가장 두렵게 생각하면서 통치하여야 한다는 점을 강조하고 있다. 그래서 중간관리자들인 군수나 현감들이 하급관리를 감독하면서 해야 할 일로서, 그 첫 번째가 백성들의 일에 관계되는 잘못을 저지르면 가치없이 가장 무거운 형벌인 상형(上刑)으로 처벌하여야 한다고 했다. 다시 말해 백성들의 신체에 위해를 가했거나, 백성들의 재산에 손해를 끼쳤거나, 백성들의 권리에 충분한 배려를 하지 않은 잘못에 대해서는 언제나 가장 무서운 형벌인 상형으로 다스려야 한다고 하였다. 또한 군수나 현감의 개인적인 일에는 하급관리들이 잘못하여도 처벌할 수 없다는 그의 공직윤리는 얼마나 백성의 권리와 지위향상을 중시했는가를 말해 주고 있다. 다산은 또 친구아들 이종영에게 공직자라면 반드시 지켜야 할 육렴(六廉), 즉 여섯 글자의 비결을 가르쳐 준 바가 있다.

> *"첫째는 재물(財物)에 청렴하고, 둘째는 색(色)에 청렴하며, 셋째는 직위(職位)에 청렴하여야 한다. 그 다음 네 번째는, 청렴해야 투명한 행정을 펼 수 있고, 다섯 번째는, 청렴해야 공직자로서의 권위를 세울 수 있으며, 여섯째는 청렴해야 강직한 공직자가 될 수 있다."(送부령도호부 이종영부임 序)*

하늘이 지켜보고 백성들이 가까이서 늘 감시하고 있는데, 청렴하지 않고서야 어떻게 공직을 수행할 수 있겠느냐는 주장은 오늘의 시점에서 생각해도 너무나 지당한 말씀이다.

재물에 청렴하지 않아 뇌물, 횡령, 금품수수, 향응, 예산유용 등으로 법망에 걸리고, 색에 청렴하지 않아 구설수에 오르며, 직위에 청렴하지 않아 사칭 또는 월권행위나 하다가 고초를 겪는 공직자들을 보면서 다산의 공직윤리는 시공을 초월한 탁견이라 하지 않을 수 없다.

민심을 천심으로 알고, 백성과 하늘을 진정으로 두려워하면서, 청렴하게 자기를 스스로 속이지 않고 봉사하는 현대의 공직자는 얼마나 될까? 지방자치와 민주주의의 시대, 관직을 스스로 구하고자 하는 후보자들이 줄을 서 있는 이 시대에 다산의 4외와 육렴은 한번쯤 음미해 볼 교훈이고 가르침이다. 아니 음미할 정도의 교훈이 아니라 반드시 가슴 깊이 새겨야 할 금과 옥조가 아니겠는가?

(2009. 10. 8. 도진 산방에서)

기인비목(其人備目)
대통령놀이

스스로 대통령이 되어 보라

사람들이 모이면 우선 놀이 방법을 찾게 된다. 놀이 방법에는 바둑, 장기, 윷놀이 등 전통적인 놀이 이외에도 외국에서 수입하고 발전시킨 카드놀이, 화투놀이 등 매우 다양하다. 요즈음은 컴퓨터 인터넷을 통한 각종 게임 및 카드놀이가 홍수를 이루고 있어 혼자 하는 놀이가 많이 발달되어 있다.

유교를 숭상해 온 옛 우리 선비들은 곧잘 지식유희(知識遊戱)를 즐겼다. 그 가운데 기인비목(其人備目)이라는 놀이가 있다. 이는 삼국시대 이래 역대 인물들을 평가하고 전형하여, 적정관직에 최고의 장관을 배치하는 인사배치놀이를 말한다. 예를 들면, 총리대신에 누군가가 황희 정승을 천거하면, 누군가가 유성룡을 천거한다. 그러면 둘이서 논쟁을 하게 되는데 결판이 나지 않으면 제3자가 고구려 재상 을파소를 천거하는 식으로 조각해 나가는 유희다. 일재시대만 해도 이 인사배치놀이가 지식인들 사이에 유행하였다. 육당 최남선의 사랑방에서 어느 날 조각(組閣)한 우리나라 통시대적인 최고장관들을 보면 다음과 같다.

총리대신으로는 을파소(乙巴素)가 뽑혔다. 고구려 고국천왕 때 민선된 인물로서 일개 농부에서 국상이 되어 13년간 재임하면서 태평성대를 이룬 민주적 수상이었다. 총무처장격인 서기관장에는 조선조의 이항복, 법제처장격인 법제국 장관에는 정약용이 발탁되었다.

궁내부대신에는 고려시대의 이재현, 장례원(掌隷院) 장관에는 김장생, 전식원(典式院) 장관에는 삼국사기를 지은 김부식, 상훈국(賞勳局)장관에는 이덕형, 사간원(司諫院) 장관에는 신리 말의 문장가 최치원이 차지했다.

외부대신에는 고려 초의 장군으로 남침해 온 거란군을 담판으로 몰아낸 외교수완가인 서희, 교섭국장에는 병자호란을 슬기롭게 처리한 최명길을, 그리고 대사로는 고려 말 충신 정몽주와 신라시대의 충신 박재가, 단신 일본에 들어가 울릉도를 우리 땅으로 인정시킨 안용복 등을 임명하고 있다.

내부대신으로는 단군 때 치수를 잘하였다는 평가를 받고 있는 팽오(彭吳)를 기용하고, 지방 국장에는 양성지, 경찰청장에는 고려 때 쿠데타 음모를 적발한 왕가도, 서울시장에는 조선조 청백리 유관이 기용되었다.

육군대신에는 고구려 명장 을지문덕이 기용되었으며, 동시에 군무국장에 김종서, 군법국장에 권율, 의무국장에는 허준, 참모총장에 강감찬, 군단장에 김유신이 각각 발탁되었다. 해군대신에는 이순신 장군이 발탁되었으며, 군무국장에는 신라 때의 이사부, 군법국장에 임경업, 함대사령관은 최영, 진수사령관은 장보고가 임명되었다.

학부대신에는 설총, 국립대학총장에는 이황, 미술대학장에는 솔거, 검찰총장에는 조광조, 농업국장에는 문익점, 국회의장에는 이이로 되어 있다. 이 조각놀이는 자기 나름의 통치철학에 입각하여 얼마든지 다르게 조각할 수 있을 뿐만 아니라, 자신의 정치철학도 표출되는 유익한 놀이가 아닐 수 없다.

1993년 월간조선에서 해당공무원에게 자신들이 경험해 본 최고장관을 천거해 달라는 설문에서, 총리에는 노신영, 부총리에는 남덕우 등 23명을 선정 발표한 바 있다. 객관적 평가나 역사적 평가에서도 최고 장관이라는 뜻은 아니겠지만, 망각되고 없는 지식유희를 보는 것 같아 재미있었다. 특히 공직윤리와 행정 철학을 공부하고 있는 학생들은 이러한 지식유희를 통하여 인사활용의 능력을 배양하고 역사적 인물의 공직관과 업적을 재조명해 보는 것도 의미가 있으리라 생각한다. 건국 이후의 통사적인 인물을 대상으로 인사배치놀이를 한번 해보면 어떨까?

(2009. 4. 19. 도진 산방에서)

수기치인의 공직윤리

마음을 바르게 하라(正心)
뜻을 성실히 하고(誠意)

공직자의 비윤리적 행위는 국가전체의 자원배분과 정책결정과정을 왜곡시킬 뿐만 아니라, 정부의 공정성에 대한 불신을 초래함으로써 정부실패를 초래한다. 더 나아가 공직의 타락은 나라 전체를 편법과 부정부패로 오염시켜 막대한 사회비용을 유발시킨다. 이러한 이유로 대부분의 국가들은 공직자윤리법이나 부패방지법 등의 제정을 통해 공직윤리문제를 엄격하게 관리하고 있다. 이렇게 다양한 법과 제도, 그리고 윤리강령을 통하여 공직자의 비리를 규제하고 있음에도 불구하고 왜 부정부패는 늘어가고만 있는 것일까?

공직윤리의 문제는 궁극적으로는 개인의 소양과 양심의 문제이다. 법과 제도로 행위를 통제할 수는 있지만, 옳고 그름을 알게 하고, 옳은 것을 가치 있게 여기도록 할 수는 없다. 또한 제도는 속성상 시대의 변화와 요구를 민감하게 반영하기 어려우며, 제도적으로 규제할 수 없는 사각지대는 항상 존재하기 마련이다. 이러한 한계 때문에, 공직윤리는 개인의 양심과 소양, 즉 도덕성의 함양이 중요하지 않을 수 없다. 때문에 바람직한 공직자상을 정립하고 도덕성 함양을 위해서는 우리 민족의 전통적인 유교 정치사상에서의 공직윤리를 다시 음미해 볼 필요가 있다.

유교 정치사상의 핵심은 자기 자신의 인격을 수양하는 수기(修己)와 남을 다스리는 치인(治人)이다. 공직자가 되어 남을 다스리기 위해서는 먼저 스스로의 몸과 마음을 수양하여 도덕성을 함양해야 한다는 것이다. 즉 자기 수양을 통해 인격을 도야하고, 사회적인 이상을 실현하기 위해 정치에 종사하는 것이 유교의 정치사상이자 철학이다.

수기치인의 기본원리와 체계를 설명하고 있는 유교경전인 〈대학〉에서는 통치자나 행정 관료의 기초적인 수련요건을 단계적으로 명시하고 있다. 즉 격물(格物: 사물의 이치를 궁리함), 치지(致知: 지식을 극진히 추구함), 성의(誠意: 뜻을 성실히 함), 정심(正心: 마음을 바르게 함), 수신(修身), 제가(齊家), 치국(治國), 평천하(平天下)의 단계적 수행과정이 바로 그것이다. 그 중에서 성의와 정심이 가장 중요한 조목인데, 이는 공직윤리의 가장 기본이 되는 청렴사상과 연계된다. 성의와 정심을 바탕으로 한 스스로의 수양이 곧 가정과 국가를 다스릴 수 있는 자질이 된다는 것이다.

수신의 요체는 마음을 바르게(正心) 하는 데 있다

자기 자신의 수양에는 여러 단계가 있다. 수양을 하려면 우선 마음을 바르게(正心) 해야 하고, 마음을 바르게 하자면 먼저 뜻을 성실하게(誠意) 가져야 한다. 뜻을 성실히 하자면 폭넓은 지식을 갖추어야 하고(致知), 지식을 갖추려면 세상만물의 이치를 궁리하여야 한다(格物). 그 중에서도 특히 유학자들이 강조했던 것이 정심과 성의였다. 정심을 〈대학〉에서는 다음과 같이 설명하고 있다.

> *"수신의 요체는 그 마음을 바르게 하는 데 있다. 마음에 분함과 노여움이 있으면 그것을 바르게 할 수 없으며, 두려워하는 것이 있으면 바르게 할 수 없으며, 좋아하고 즐기는 것이 있으면 바르게 되지 못하며, 근심걱정이 있으면 바르게 되지 못한다. 마음을 다하지 아니하면 보아도 보이지 않고 들어도 들리지 않으며, 음식을 먹어도 그 맛을 알지 못한다."(대학)*

요컨대, 마음은 모든 지각과 판단의 근거가 되기 때문에, 그것을 바르게 가지지 않으면 사물을 잘 보고 그 의미를 알아낼 수 없다는 뜻이다. 그러므로 마음을 항상 바르게 유지해야 한다. 노여움이나 두려움, 편향적인 애착이나 근심걱정이 있으면 평온하게 될 수도 바르게 될 수도 없다. 노여움이나 두려움 등의 정(情) 자체를 부정하는 것이 아니라, 그것이 지나치거나 치우치면 마음의 바름을 얻을 수 없다는 의미이다.

〈중용〉에서 말하는 감정이 발(發)하지 않은 상태를 의미하는 중(中)이 아니라, 발(發)하더라도 모두 절도에 맞는 화(和)를 의미한다고 본다. 수신(修身)에는 무엇보다 마음을 바르게 하는 것이 제일 중요하다. 마음이 바르면 부정과 부패가 스며들 소지가 없어진다. 반대로 사리사욕의 유혹으로 마음이 흔들리기 시작하면 정심이 이루어질 수 없다. 정심을 이루기 위해서는 그에 앞서 뜻을 성실하게 가져야 한다.

뜻을 성실히 하여 스스로를 속이지 않아야 한다

성의(誠意)란 뜻을 성실히 하는 것, 즉 의지를 바르게 가지는 것을 말한다. 뜻이란 마음을 일으키는 것이다. 항상 떳떳하게 하여 스스로 부끄럽지 않게 하는 것이 뜻을 성실히 하는 요체이다. 〈대학〉에서는 성의를 다음과 같이 설명하고 있다.

> *"이른바 그 뜻을 성실히 한다는 것은 스스로를 속이지 않는 일이다. 나쁜 냄새를 싫어하듯 악을 멀리하고, 선을 좋아하기를 아름다운 여색을 좋아하는 것처럼 해야 할 것이다. 이렇게 되는 것을 일컬어 자기 쾌족(快足)이라 한다. 그러므로 군자는 반드시 홀로 있을 때 삼가야 한다."(대학)*

이 성의(誠意)는 수신에로의 출발에 있어 가장 근본이 되는 것이다. 뜻을 성실히 한다는 것은 어디까지나 주체적이며 개인 내면에 관한 것이다. 스스로를 속이지 않는다는 것은 선을 좋아하고 악을 싫어하는 〈진정한 자기〉를 속이지 않는다는 것이다. 선악에 대한 진실한 지향(志向)을 철저히 지켜 자기 쾌족(快足)을 얻음으로써 마침내 마음이 바르게 되고 몸이 닦인다는 것이다. 보통 사람은 나쁜 일을 하면서 감추려는 경향이 있다. 그러나 아무리 감추려고 해도 진정한 자기를 속이는 일이기 때문에 숨길 수가 없다는 말이다. 때문에 군자는 혼자 있을 때 스스로 더욱 삼가고 조심해야 한다.

유교의 청렴사상은 이러한 〈자기 성실성〉을 강조한 데서 비롯된다. 오늘날의 공직자들이 반드시 돌이켜 보아야 할 대목이다. 모든 부정과 부패는 그것을 은폐할 수 있다고 생각하는 데서 시작한다. 아무리 밀실에서 이루어졌다 하더라도 부정한 거래는 언젠가는 드러나기 마련이다. 하늘이 알고 귀신이 알고, 그리고 너와 내가 알지 않는가?

(2009. 10. 7. 도진 산방에서)

존재욕구와 삶의 질

왜 공직자가 되었는가를 고민하라

사람은 얼마나 소유하면 만족할 수 있을까? 소유만으로는 결코 만족할 수 없음을 익히 알고 있음에도 불구하고, 부의 축적에 인생의 모든 꿈을 거는 사람들이 대부분이다. 왜 그렇게 수많은 사람들이 마치 마술에 걸린 듯이 더 많이 소유하려고 허상을 쫓고 있을까?

과거에는 당장은 고생을 해도 열심히 일하면 잘 살수 있다는 희망을 가지고 살았는데, 오늘날에는 빈익빈 부익부가 심해져, 땀 흘려 일하기보다는 쉽게 빨리 부자가 되려는 요행심리와 한탕주의가 만연해 있다. 심지어 고위공직 후보자들까지도 땅 투기, 탈세, 병역기피, 법률 위반 등 비윤리적 방법을 총동원하여 부의 축적에 열을 올리고 있음이 밝혀지고 있다. 소유욕이든 권력욕이든 명예욕이든 인간의 욕심은 끝이 없다. 세계의 제일 갑부였으면서도 죽을 때 〈조금 더 갖고 싶다〉고 고백했다는 록펠러의 일화는 인간의 소유욕의 본질을 말해 준다. 그러나 욕심은 채울수록 마음이 공허하다는 것이 법구경의 가르침이다.

"하늘이 칠보를 비처럼 내리어도 욕심은 오히려 배부를 줄 모르나, 그 즐거움은 잠깐이다. 욕심은 끝없이 이어져서 그 꼬리를 스스로 밟는 일이 없다. 욕심이 가득 차면

찰수록 텅 빈 것처럼 보이는 그 마음이 문제요, 그러나 청렴은 꼬리가 짧아 스스로 밟음으로써 깨우친다. 밟히는 것마다 가난이요 아픔이라 하더라도 꽉 차 보이는 그 마음이 곧 재산이다. 욕심은 채울수록 마음이 공허하고 청렴은 채울수록 마음이 찬다(법구경에서 인용).”

흔히 보통 사람들의 꿈은 행복하게 잘사는 것이다. 열심히 공부해서 좋은 대학에 가고, 또 좋은 직장을 얻어 결혼하고 잘사는 것이 보통사람들의 공통된 꿈이다. 그런데 잘사는 것, 행복하게 산다는 의미가 진정 어떠한 것인지에 대하여 진지한 고민이 없다. 공직자인 경우, 내가 왜 공직자가 되었는가, 공직자로서 행복하게 잘사는 것이 어떠한 것인가에 대한 자기 물음에 대한 가치가 확립되어야 한다. 권력을 이용하여 부를 이루기 위해 공직을 선택하지는 않았는지 반성해 볼 일이다. 지식경제부 고위관료가 국책지원 사업을 선정해 주고 자기 통장으로 다시 1억 2천만 원을 받았다는 뉴스가 오늘도 흘러나오고 있다. 중앙부처에 부패가 만연되었다고 보고 대대적인 조사가 실시될 것이라 한다.

사람은 영적인 존재이다. 지성, 감성, 의지로 얽힌 정신적인 존재이며, 또한 더불어 살아가는 사회적인 존재이다. 그러므로 진정한 행복은 좋은 환경에서 얻어지는 것이 아니라 전인격적으로 온전히 성숙한 사람이 되는 것에서 온다. 즉, 사람의 만족과 행복은 소유에서 오는 것이 아니라 존재에서 온다는 것이다.

진정한 만족과 행복은 소유가 아니라 존재에서 온다

철학자 에릭 프롬(Erich Fromm)은 “돈이나 지위나 권력을 더 가지려는 소유욕구(to have)는 기본적인 생명유지를 하는 선에서 그치고, 보다 인생을 즐기고 보람과 뜻을 추구하는 존재욕구(to be)를 추구해야 한다.”고 역설한 바 있다. 이를 두고 벨기에의 아스킨 교수는 그 전환점으로 국민소득이 1만 달러가 될 때라고 했다. 우리나라는 벌써 그 전환점을 훨씬 넘었음에도 불구하고 존재욕구의 추구보다는 소유욕구의 충족에 보다 더 열을 올리고 있다. 존재욕구란 양적인 인생의 가치추구에서 질적인 가치추구로의 전환을 의미하며, 이는 곧 삶의 질(quality of life)을 말한다.

우리나라도 1995년에 처음으로 삶의 질 향상을 국책과제로 내걸고 양적성장에서 질적 번영을 선언한 바 있다. 당연한 수순이었다. 당시 우리의 양적 성장과 비슷했던 1970년대 초의 프랑스가 국책과제로 내건 프랑스 국민의 삶의 질은 다음과 같았다.

> *"일주일에 두 번 이상 별식을 해먹고, 주말에는 집밖에서 지내며, 1년에 한 번 바캉스 나들이를 한다. 그리고 전문가만이 하는 것으로 되어 있는 학문 예술을 일반사람들도 할 수 있게 보편화하여 인생을 즐기는 수단으로 저변확대 한다는 것"이었다.*

그 무렵 영국도 비슷했다.

> *"남들에게 부끄럽지 않는 자기 집을 가질 것, 독자적인 요리솜씨 한 가지 이상을 가질 것, 외국어를 한 가지 이상 구사할 것, 유행이나 선동에 현혹되지 말 것, 아이들 응석을 받아주지 말 것, 자기 집 나름의 생활의례나 양식을 한두 가지 보존할 것, 남의 집 아이도 꾸짖을 수 있을 것, 남의 주장을 끝까지 들어줄 수 있을 것" 등이다.*

어디 하나 재산이나 부의 소유를 삶의 질 향상으로 보고 있지 않다. 우리의 실상은 어떠한가? 우리의 가치관을 양적 성장에서 질적 번영으로 전환해야 한다는 선언이 있은 지 10년이 훨씬 지났음에도 불구하고, 아직까지도 양적 성장에만 몰두하고 있다. 삶의 질이라고 하니 잘 먹고, 몸 관리 열심히 하는 것이라고만 생각하고, 마음의 건강, 정신의 건강, 인격적인 건강에는 전혀 신경을 쓰지 않는다. 몸이 건강해야 더 많은 부를 얻을 수 있다고 생각하는 것 같다. 국민 모두가 재산과 부를 더 많이 가지려고 몸부림치는 모습이 마치 돼지구유(pork barrel)의 먹이를 먹기 위해 투쟁하는 돼지들의 모습과 무엇이 다른가?

물질과 권력에 대한 자랑보다는 인간다운 삶을 자랑하고 그것이 문화가 되어 있는 세상으로 만들어야 한다. 윤리 도덕이 살아 있는, 정심과 정도가 명예스러운 세상으로 만들어야 한다. 공직자들의 솔선수범이 요구되는 세상이다.

(2009. 10. 8. 도진 산방에서)

공직윤리와 관료부패

창조적 부패란 없다

공직윤리는 공직자들이 공직활동을 수행함에 있어서 지켜야 할 규범과 도리이다. 공직자는 옳고 바른(right) 정책을 수립하고 좋은(good) 행정서비스를 제공할 수 있어야 하는데, 이렇게 바르고 좋은 행정행위를 할 수 있는 규범적인 행동기준이 바로 공직윤리이다. 공직자가 지켜야 할 도덕률인 공직윤리가 무너지면 관료부패와 정책실종, 그리고 총체적인 도덕적 해이 현상으로 나타난다. 그 중에서 대표적인 현상이 관료부패이다.

관료부패의 원인은 다양하다. 관료의 탐욕적인 본성으로 인해 일어날 수도 있고, 그 나라의 정치체제 또는 관료체제의 특질이 부패의 원인을 제공할 수도 있으며, 또 역사적 전통의 부산물로서 그 나라의 정치 사회문화가 부패의 요인으로 작용할 수도 있다.

그러나 관료의 부패행위가 그 어떤 원인과 요인에 의하여 영향을 받았든 간에, 결국은 행정행위자인 관료의 의사결정에 의하여 이루어진다. 비록 부패를 조장하는 환경적 요인이 있다 하더라도 그것이 바로 부패로 연결되지는 않는다. 환경적 제도적 부패유인 요인을 뿌리치기가 어렵겠지만, 조직문화만의 책임으로 돌릴 수는 없다. 부패는 결국 관료 자신이 의도적으로 행한 것이기 때문이다. 관료가 지니고 있는 도덕률인 공직윤리가 무너지지 않는 한 부패는 일어나지 않는다. 따라서 공직윤리와 관료부패는 함께 굴러가는 굴렁쇠와 같다. 즉 윤리적 정부(ethical government)를 구성하는 동전의 앞면과 뒷면이다. 윤리적 기반이 든든하면 든든할수록 부패 없는 윤리적 정부가 된다.

그러면 관료부패란 무엇을 의미하며, 왜 일어나는가? 그리고 공직윤리와는 어떠한 관계가 있는가?

관료부패의 개념

부패란 우리가 잘 알고 있는 매우 불미스러운 단어이다. 부패를 한자로 분해하면, 썩어서(腐) 못쓰게 되다(敗)라는 의미이다. 또 라틴어 부패(corruption)의 어원은, 함께(cor) 파멸하다(rupt), 즉 공멸하다는 의미를 가지고 있다.

부패가 내포하고 있는 현상 또한 다양하여 독직, 부정행위, 부조리, 횡령, 뇌물수수, 강탈, 유용 등의 용어와 명확한 구분 없이 사용되어 왔다. 부패의 개념은 부패를 연구하는 학자들에 의하여 다양한 차원에서 다양하게 정의되고 있으나, 그 공통점은 "개인의 이익추구를 위한 공직의 남용"이라고 정의할 수 있다. 즉 공무원이 공(公)을 위해 일하지 않는 행위라 할 수 있다.

따라서 세계은행과 국제투명성위원회(Transparency International)에서도 부패를 '사익을 위하여 공직을 남용하는 행위'로 정의하고 있으며, 우리나라 부패방지 백서에서도 부패란 '공직자가 위임된 직무행위에서 공적인 이익의 희생 아래 사적인 이익을 추구하는 행위'라 규정하고 있다. 또한 우리나라 부패방지법에 따르면 부패행위란 '공직자가 직무와 관련하여 그 지위 또는 권한을 남용하거나 법령을 위반하여 자기 또는 제3자의 이익을 도모하는 행위' 또는 '공공기관의 예산사용, 공공기관의 재산의 취득 및 그 이행에 있어서 법령에 위반하여 공공기관에 대해 재산상 손해를 가하는 행위'로 정의하고 있다.

부패의 개념이 다양한 만큼 그 유형도 다양하다. 가장 일반적이고 이해하기 쉬운 유형은 존스톤(Michel Johnston)이 분류한 부패유형이다.[1] 그는 부패행위의

1) Michel Johnston, *Political Corruption and Public Policy in America* (Monterey, CA: Brooks/Cole, 1982), p. 12.

목적이 권력의 획득이나 신장에 있는 것인가, 아니면 물질적 금전적 이득을 취하기 위한 것인가? 그리고 그 부패행위가 집단이나 개인의 일방적인 행위인가, 아니면 고객들과의 거래행위인가? 하는 두 범주에 의하여 다음과 같이 분류하였다.

표 1 관료부패의 유형

실행의 양태	부패행위의 목적(사익추구)	
	권력획득 및 신장	물질적 이득
일방적 행동	자료의 은폐 문서나 자료의 위조 투표부정	공금횡령 및 투기 공공재산의 유용 부정한 재정계획
거래적 행동	불법적 후원제도 연고주의 매표	뇌물수수, 급행료수수 강탈, 향응접대 상납, 부당이득

부패의 형태는 보다 더 구체적이고 세부적으로 다양하게 분류할 수 있지만, 이 존스톨의 유형은 간략하지만 모든 관료부패를 망라하고 있다. 단지 남용하는 권한이 행정권에 속하는 인허가, 조세, 조달, 인사, 징용, 수사, 행정 직무에서 취득한 정보나 기밀 등과 관련되어 있다면 행정부패가 될 것이고, 국회의 입법 활동과 관련된 재량권의 남용이라면 입법부패가 될 것이며, 사법부의 형사재판이나 민사재판과 관련된 직권의 남용이라면 사법부패로 칭하여 질 것이다.

최근에는 부패의 유형이 보다 복잡하다. 직접적으로 현금을 수령하는 방법이 아니라, 상거래 방식을 빌어 물품이나 서비스를 공직자에게 염가로 판매하거나, 공직자의 물품이나 서비스를 고가로 매입하는 형태가 많다. 또 일체의 신체적인 이익, 신분상의 이익, 사회 정치적인 이익 등을 꾀하거나, 직무행위의 권한 또는 정보를 이용하여 공직자의 자산 가치를 증식시키는 행위 등이 일반적이다. 따라서 부패를 발견하기가 어렵다.

관료부패가 우리에게 미치는 폐해는?

관료부패는 사회에 어떠한 영향을 미치는가? 이와 관련해서는 다음과 같은 두 가지의 견해가 있다. 그 하나는 공직부패란 공직자의 도리를 벗어난 것으로서 기본적으로 부도덕하다고 보는 전통주의자(traditionalists)들의 견해이고, 다른 하나는 개발도상국가에서는 체제발전을 위해 필요한 존재이며 부패를 통해 경제발전에 기여할 수 있다고 주장하는 기능주의자(functionalists)들의 견해이다. 전자를 도덕주의자라 한다면, 후자는 이에 대한 수정주의자들이라 할 수 있다.

수정주의자들의 주장에 의하면, 부패는 관료체제라는 경직된 바퀴를 부드럽게 하는 급행료(speed money) 또는 윤활유(grease)의 기능을 수행하며, 정부나 관료조직에 접근할 수 있는 채널을 갖지 못하는 개인들을 이들과 연결시켜 사회적 통합을 조장하는 순기능을 한다는 것이다. 다시 말하면, 뇌물로 받은 돈이 사회를 개조하고 근대화하는 데 재투자되어 부패가 순기능을 한다는 주장이다. 그들은 약탈적 부패(predatory corruption)가 아닌 창조적 부패(creative corruption)가 있다고 본다.[2)]

그러나 관료부패의 순기능을 주장하는 자들의 나름대로의 논리야 있겠지만, 실제로 관료부패를 생산적이고 창조적이라 할 수 있는가? 개발도상국가의 권위주의적 관료체제 아래에서 이루어지는 관료부패가 관료들로 하여금 신나게 일하게 하는 일종의 동기유발의 효과가 있다 하더라도, 그러한 사소한 관료부패가 일상화되고 만연되면 민간의 동기구조를 왜곡시킬 뿐만 아니라 치유할 수 없는 도덕불감증을 낳게 한다.

공직부패는 기본적으로 공(公)을 해한 행위이며, 공익에 반하는 행위이다. 공직의 남용을 통하여 얻은 개인적 이익이 재투자를 통하여 근대화에 기여하였다고 하여 공직부패가 창조적이라 한다면, 소비와 투자로 흘러가지 않는 뇌물이 어디 있겠는가? 이러한 논리라면 뇌물과 횡령 등은 모두가 창조적이 되고 부패는 순기능을 하기 때문에 오히려 장려해야 되지 않는가? 이는 기본적으로 공(公)의 의미를 모르는 말일 뿐 아니라, 오히려 부패를 권장하는 말이 된다. 따라서 창조적 부패란 성립이 되지 않는다.

2) Jean-Louise Rocca, "Corruption and Its Shadows: An Anthropological View of Corruption in China", *The China Quarterly*, No. 130(June 1992), p. 414.

공직의 윤리적 질서가 무너지면서 일어나는 공직부패는 국가의 안정과 발전을 저해하는 데 지대한 영향을 미친다. 일반적으로 관료부패로 인한 폐해는 공공자원의 직접적 손실을 야기하는 일차적 폐해, 민간의 동기구조를 왜곡시켜 간접적 손실을 야기하는 이차적 폐해, 그리고 사회문화적 폐해로 구분하여 설명할 수 있다.

먼저 일차적인 폐해는 '사익을 추구하는 대가로 제공되는 공익의 적극적인 훼손'을 의미한다. 예컨대. 공금횡령, 예산유용, 부정한 재정계획, 물품의 고가매입 등은 직접적으로 예산, 기금, 공공재산에 금전적 손실을 발생시킨다. 국민이 낸 귀중한 세금이 공익을 위해 사용되지 않고 공직자 개인이나 제3자의 배를 채우는 곳으로 흘러 들어간다.

이차적 폐해는 민간의 동기구조를 왜곡시키므로서 발생하는 폐해라 볼 수 있다. 자본주의 사회에서의 관료부패는 주로 기업 활동과 관련하여 일어나게 된다. 정상적인 시장에서의 기업은 품질향상과 가격인하를 통하여 상호경쟁하면서 이윤을 추구해 나간다. 그렇지만 부패행위로 기업이 이윤을 추구하게 되면, 품질향상이나 가격인하를 통한 기업 간의 경쟁체제를 파괴하고 손쉬운 이윤창출을 위한 도구로 악용하게 된다. 결국 정상적인 이윤추구에 매진하고 있는 기업은 부패공직자와 부패기업 간의 불공정 거래로 인하여 커다란 손실을 입게 되고, 피해를 당한 기업도 부패에 대한 강한 유혹을 느끼게 된다. 부패행위는 기업 활동과 시장의 작동을 방해하게 되고 나아가 이는 개인과 기업의 저축과 투자활동을 위축시키는 결과를 초래한다. 결국 기업 활동과 관련된 공직부패는 시장 질서를 해치는 암적인 존재라 할 수 있다.

마지막으로 사회문화적 폐해는 부패가 사회에 구조적으로 만연되어 사회문화를 변질시키는 것이라 할 수 있으며, 가장 무서운 폐해이다. 부패가 사회에 만연되면 자신이 저지른 부패행위를 집단적으로 정당화하게 되고 부패에 대한 저항능력과 부패를 부정하는 사회적 자정능력이 약화되어 도덕불감증이 일반화되어버린다. 즉 부패는 당연히 있을 수 있으며, 있는 일로 무관심해진다.

이러한 분위기는 도덕적 윤리적 기준을 쇠퇴하게 만들어 한탕주의, 금권주의, 퇴폐주의를 만연시킨다. 또한 공직부패로 인하여 발생하는 불공정성에 대한 개인과 기업의 불만이 팽배해지면, 이는 사회적 불안과 정치적 저항으로 이어지거나 사회의 외적 도전에 대한 저항능력이 약화되어 사회를 파멸에 이르게 할 수 있다. 동서고금의 역사를 통해 보더라도 관료부패의 만연은 반드시 민란이나 혁명으로 그 결말이 났음을 알 수 있다. 우리의 경우, 전통시대에는 백낙신의 가렴주구로 일어난 진주민란이나 조병갑의 탐학에 대항하여 일어난 동학혁명이 그러하였고, 현대사에서는 4.19혁명이 그 예라 할 것이다. 서구로 가면, 그 유명한 프랑스의 명예혁명과 러시아의 공산주의 혁명도 알고 보면 모두가 부정부패로 인하여 일어난 민중반란이자 시민혁명이었다.

관료부패의 원인은 어디에 있는가?

관료부패는 왜 그리고 어떻게 발생하는가? 부패의 개념이 다양하듯 관료부패의 원인도 매우 다양하다. 그 이유는 관료부패는 단지 행위자인 관료의 심리적 요인에 의해서만 이루어지는 것이 아니라, 당시의 정치 경제적인 환경적 요인과 사회문화적인 요인이 결부되어 일어나기 때문이다. 관료의 의사결정을 지배하고 있는 관료체제 내적요인과 외적요인, 즉 환경적 상황에 대한 이해 없이는 부패의 원인을 정확히 규명하지 못한다. 따라서 부패의 원인은 심리적 요인, 체제적 요인, 그리고 사회문화적 요인으로 나누어 설명할 수 있다.

(1) 관료 개인의 탐욕적인 본성

칫째, 관료부패는 공직자들의 탐욕적인 본성에 의하여 일어난다고 보는 이른바 심리적 접근방법이다. 즉 인간의 탐욕을 충족시키기 위하여 주어진 행정권을 남용한다는 것이다. 공직자가 이러한 비도덕적이고 비윤리적인 행위를 저지르는 것은 규범과 도덕이라는 측면에서 보면 비합리적으로 보일 수 있으나, 실제로 부패행위를 하는 당사자의 입장에서는 그 행위가 합리적인 행동의 결과라고 주장하는 학자도 있다. 인간은 합리적 동물이며 관료 또한 합리적 의사결정을 한다고 전제하고 있는 공공선택론적 관점에서 보면, 관료부패로부터 얻는 잠재적 수익이 비용보다 더 크다고 느낄 때 부패는 일어난다. 즉 부패로부터 얻는 이익에서 발각될 가능성과 처벌을 곱한 것을 뺀 수치가 부패를 저지르지 않는 데서 나오는 이익보다 클 경우, 개인은 합리적으로 부패라는 행위를 선택한다.

이 이론은 인간은 공공부문이든 사적영역이든 구별 없이 자기 이익에 따라 합리적으로 행동한다는 클리트가르드(R. Klitgaard)의 이론이다.[3] 이 이론은 공직(公職)의 특수성을 인정하지 않는다. 따라서 과거 전통적인 공직윤리를 통한 부패방지가 아니라, 공직자들의 이익을 보장해 주는 차원에서 대책을 세워야 한다고 주장한다. 이것이 보다 현실적이며, 동시에 경험적으로 증명된다는 주장이다. 아무리 공(公)을 강조해도, 인간은 이익극대화의 욕구를 포기하지 않는다는 가설에 근거하고 있다.

이렇게 공무원 개인의 사익충족이라는 차원에서 부패를 설명할 경우, 관료들이 왜 부패하게 되는지에 대한 설명은 가능하다. 그러나 부패가 일부 관료들이 아닌 사회적 또는 구조적인 현상이라고 할 경우, 그 일반성이 결여되며 부패방지나 해결방안이 행위자의 처벌에만 의존하게 되는 단점이 있다.

(2) 정치체제 또는 관료체제의 역기능

둘째, 한 나라의 정치체제 또는 관료체제의 특질이 부패의 원인을 제공한다는 접근방법이다. 이러한 관점에서 부패의 원인을 규명하는 연구경향을 체제적 접근방법이라 한다. 예컨대, 중앙집권적이고 권위적인 피라미드 관료체제 하에서는 관료들이 행정권한을 독점하고 있기 때문에, 고객들은 까다로운 인허가 획득이나 이권획득을 위하여 관료들의 권한에 의존하지 않을 수 없다는 것이다. 고객들은 부당한 방법을 통해 까다롭고 어려운 인허가사항이나 이권을 획득하려 하며, 그 결과 관료들과 유착관계가 형성된다. 이는 권력이 독점된 사회주의 국가에서도 보편적으로 나타나는 현상이다.

일반적으로 부패가 만연하게 되는 경우를 보면, 규범과 규정이 모호하거나 없는 경우, 부패관리제도가 취약하거나 존재하지 않는 경우, 처벌이 미약한 경우, 그리고 경제적 부당이득이나 반대급부를 유인하는 정부의 정책 등에 기인한다. 부패의 기회는 바로 이러한 부당이익이나 반대급부의 규모에 달려 있다. 부패의 유혹은 공직자가 민간부분의 이익이나 가치를 통제할 수 있거나, 적어도 그러한 이익과 가치를 좌우할 수 있는 재량권을 행사할 수 있는 곳에서 발

---

3) Robert Klitgaard, *Controlling Corruption*(Berkeley: University of California Press, 1988). p.70

생한다. 결국 관료부패는 관료들의 독점적 행정권한과 그 재량권, 그리고 그 책임성의 함수로 이해할 수 있다. 즉 부패는 관료들의 독점과 재량권의 정도에서 책임감을 뺀 것으로 정의되며, 부패의 감소는 간단히 말해 관료들의 독점을 관리 통제하고, 법과 규정을 명확히 하여 투명성을 제고시킴과 아울러 정책의 집행과정에서 기준을 명확히 하여 책임감을 증대시키는 것이라고 해석할 수 있다. 이를 수식으로 보면 다음과 같다.

$$C = M + D - AR$$

C: Corruption(부패) M: Monopoly(독점)

D: Discretion(재량) AR: Responsibility(책임감)

(3) 사회문화적 유산

마지막으로 부패는 그 나라의 특정한 지배적 관습이나 경험적 습성으로 인하여 발생되는 사회문화적 유산이라는 것이다. 이는 부패가 그 나라의 정치문화, 사회문화 또는 역사적 전통의 산물로 보는 견해이기 때문에 주로 각 나라의 부패를 상호비교 분석에 편리한 비교분석적 접근방법이다. 이러한 관점에서 볼 때, 관료부패가 생기는 것은 근대화과정을 통하여 새로운 계급이 새로운 부와 권력을 장악하는 과정에서 나온 산물이며, 또 이 집단들이 지속적으로 부와 권력을 유지하기 위하여 권한과 영향력을 극대화하기 위해 필히 수반되는 부산물이다. 근대화과정은 필히 새로운 계급의 형성을 조장하고, 신흥계급은 기존의 계급구조를 타파하거나 그들이 유지해온 기득권의 전이를 요구하게 된다. 이러한 요구가 합법적인 방법에 의해서는 제대로 되지 않을 경우, 비합법적이거나 비공식적인 경로인 부패를 통하여 그 목적을 달성하게 된다.

이 마지막 원인은 부패를 근대화과정에 있는 국가나 저개발국가에서만 나타나는 사회적 현상으로 보고 있기 때문에 매우 제한적이다. 근대화가 정부의 권위확대나 통치행위의 증대와 같은 정치체제의 산출면에서 부패를 조장한다고 보고 있으나, 사실 부패는 전체주의 체제나 저개발국가에서만 나타나는 현상은 아니다. 어느 체제에서나 보편적으로 나타나는 사회현상이며, 단지 그 유형과 정도의 차이만 있을 뿐이다.

부패방지를 위해서는 종합적인 대책이 필요하다

부패는 기본적으로 관료들의 윤리적 기반이 무너져 일어나는 사회적 현상이다. 아무리 처벌을 강화하고, 부패관리시스템을 엄격하게 가동하고, 부패의 기회를 만드는 구조적 개혁을 제로로 시행한다 하더라도 관료 자신이 탐욕스럽다면, 그 누구도 막지 못한다. 최근의 부패는 직접적인 금품수수가 아니라, 제3자를 통한 정상적인 거래 및 간접적인 지원의 형태를 띠고 있기 때문에 발견하기가 쉽지 않다.

이 글을 쓰고 있는 이 시각에도 두 건의 관료부패가 전파를 타고 있다. 국세청 H국장은 기업의 세무조사를 잘 봐주는 조건으로, 자기 부인의 화랑에서 수십억 원어치의 작품을 고가로 매입하도록 한 행위로 구속되었다는 소식이고, 또 행정안전부 A국장은 경기도 기획관리실장 시절 골프장 인허가 관련 청탁과 함께 5,000여만 원을 수뢰한 혐의로 구속되었다는 소식이다.

관료부패를 방지하기 위해서는 먼저 공직에 윤리적 기반이 공고해질 수 있도록 새바람을 주입하여야 한다. 공직자들이 공(公)을 위해 존재하지 않고 공(公)이 무엇인지도 모른다면, 공직의 충원에 문제가 있다는 것이다. 따라서 공을 알고 실천할 수 있는 윤리적 덕목을 갖춘 자들을 우선적으로 선발하여야 한다.

현재 우리나라의 교육은 수기(修己)는 없고 치인(治人)만 있는 교육, 기술만 있고 혼이 없는 교육이 일반화되었다. 그렇다 하더라고 공직의 충원만은 인성이 보장된 윤리적 인간을 충원하여야 한다. 그러나 공직윤리와 윤리적 기반이 갖추어져 있다 하더라도 이러한 윤리적 기반을 지속적으로 유지하지 못하게 만드는 구조적이고 체제적인 요인들을 개혁하지 않는다면, 윤리적 기반은 쉽게 부패와 연결된다. 따라서 윤리적 기반을 지속시킬 수 있는 제도적 장치를 만들어야 한다. 즉 공직윤리 관리대책을 철저하게 만들어야 한다.

부패행위에 대한 처벌은 공평하고 강력하게 이루어져야 한다. 또 각종 규제를 풀어 관료의 권한 독점과 재량권을 적절하게 분산시키고, 행정의 투명성을 제고하도록 각종의 법과 규정을 정비하여 관료들의 행정책임성을 강화시키는 방법으로의 종합적인 대책이 필요하다. 그러나 기존의 관료제 조직이 그대로 있는 한 공직부패의 근절은 불가능하다. 관료제 자체가 공직부패의 유인요인이기 때문이다. 따라서 새로운 맑은 바람이 항상 관료제에 드나들 수 있도록 하는 관료제 운영방법에 대한 획기적인 조정이 필요하다. 자동적 부패통제체제가 가동되도록 하는 혁신이 필요하다.

기존의 관료제가 철밥통, 무사안일, 복지부동, 보수적 방어행태가 일반화되도록 하는 제도였다면, 새로운 운영방법은 패쇄적 관료조직에서 개방적 관료조직으로 변화시켜 항상 공(公)을 위해 봉사할 수 있는 자만이 살아남을 수 있도록 관리시스템을 정비하여야 할 것이다. 윤리강령이나 공직자부패방지법 등의 제정이 중요한 것이 아니라, 이를 시행해야 할 관료 자신의 공직윤리를 강화하고, 공직의 윤리적 기반을 저해하는 제도적 · 환경적 방해요인을 제거하는 것이 보다 중요하다. 이러한 관점에서 종합적인 대책이 마련되어야 할 것이다.

(2009. 11. 19. 도진 산방에서)

정책선택과 집행은 현실이다

척화론과 주화론

명분과 실리(1)

우리나라 정책의 역사상 실리와 명분이라는 두 정책가치가 첨예하게 대립되었던 시대가 있었다. 1636년 청나라가 병자호란을 일으켜 조선을 침략하고 나라의 존망이 일척간두에 이르렀을 때 조선의 선비들은 무엇이 바람직하고 옳은 정책인가를 둘러싸고 치열하게 논쟁을 벌였다.

이 정책논쟁을 이끈 주역은 지천(遲川) 최명길(崔鳴吉)과 청음(淸陰) 김상헌(金尙憲)이었다. 지천은 청나라와의 화친을 통하여 나라를 먼저 구하고 후일을 도모해야 한다는 주화론(主和論)을 주장하였고, 청음은 대의명분이 무너지면 나라도 망한다는 일념으로 여진족 오랑캐와 화친할 수 없다는 원칙론을 내세워 끝까지 항전해야 한다는 척화론(斥和論)을 주장했다.

당시 정책논쟁의 주 내용은 명나라와의 의리와 대의명분을 지키는 것이 옳고 바람직한 정책선택인지, 아니면 현실의 국제상황을 인정하고 실리와 현실을 중시하는 정책선택을 하는 것이 바람직한 것인지에 대한 가치논쟁이었던 것이다.

우리는 이 역사적 정책논쟁을 통해 공직윤리 또는 공공정책의 윤리성을 보다 깊게 음미해 볼 필요가 있다. 정책선택의 기준으로 어떠한 가치를 중시하는 것이 국가와 국민의 이익을 극대화할 수 있는지, 또 정책결정자들이 가지고 있는 소신과 신념, 그리고 정책가치가 얼마나 중요한지를 역사를 통해 배워야 한다. 지천과 청음의 사상적 배경과 국가관, 그리고 그들의 삶을 통하여 정책선택의 윤리성을 되돌아 보자.

실리정치로 나라는 구한 지천, 최명길

임진왜란과 병자호란 이후의 17세기 조선사회는 명나라와 청나라의 교체로 국제질서가 변하였고, 안으로는 전란으로 인한 사회경제적인 급격한 혼란과 동요가 가중된 시기였다. 지천(遲川) 최명길(崔鳴吉)은 이러한 난국을 몸소 겪으며 전후 국가재건과 민생회복의 책무는 물론 대륙(청나라)의 무력적 위협에 대응해야 하는 정치적 책임도 감당해야 했다.

지천 최명길(1586~1647)은 1605년 문과에 합격, 벼슬에 나섰으나 이후 폐모론 기밀누설죄로 조정에서 쫓겨나 현실주의 학문인 양명학에 몰두했다. 1623년 인조반정에 참여, 일등공신이 되어 호조판서, 이조판서 등 요직을 거치며 현실의 모순을 타개하기 위한 개혁정치를 실시했다.

인조반정 이후 그가 제시한 양전(量田) 개정과 서얼허통(庶孼許通) 등 12개 시정개혁안은 현실에 바탕을 둔 사회개혁이 주를 이루었고, 이미 시행하고 있는 법만을 따르는 것은 잘못된 정치관이라고 비판하였다. 당시 사림사회의 여론인 청의(淸議)가 곧 공론이자 공도인줄 아는 시속(時俗)을 바로잡지 않으면 좋은 법이나 훌륭한 정치를 기대하기 어렵다고 하여 당시 정계에 큰 충격을 주었다. 이러한 현실주의적인 가치와 소신은 병자호란을 당하여 펼친 외교정책에서도 화의론으로 나타난다. 이렇게 명분에만 집착하지 않고 지행합일의 실리주의적 신념과 사상을 갖게 된 것은 젊은 시절 몰두한 양명학에 크게 힘입었다고 볼 수 있다.

1636년 후금과의 정치적 긴장상태가 극도로 악화되어 외교적 마찰을 피할 수 없게 되었을 때, 당시 조정의 공론은 척화론이었다. 명나라와의 의리와 명분을 생각해서라도 오랑캐 청나라는 절대 섬길 수 없다는 것이었다. 당시 한성판윤이었던 지천 최명길은 그와는 정반대의 입장인 화의론을 주장하고 나섰다. 홍익한(1586~1637), 오달제(1601~1637), 윤집(1606~1637) 등 삼학사를 비롯한 척화론자들의 총공격이 그에게 가해 졌음에도 불구하고 그는 끈기 있게 화의를 추진하여 청나라에 사신을 파견하였다. 그러나 이미 청나라 군대는 도성까지 압박하고 있었다.

왕자와 비빈 원로대신들을 먼저 강화도로 보낸 뒤, 지천은 몸소 적진에 들어가 출병의 부당성과 맹약위반을 내세워 시간을 끌었고, 그 사이 왕은 겨우 남한산성으로 몽진할 수 있었다.

최명길의 화의는 역사의 단절을 막고 나라를 구하는 것이 목적이었다. 그는 명분을 지키려다 임금과 백성이 도륙당하는 역사의 단절을 초래하는 것보다는 살아남아 후일을 도모해야 한다는 실리론적 정론을 폈다. 그의 이러한 주장은 척화론자들의 참수론까지 불러일으켰으나, 그는 반대론자들을 설득하고 패전국의 수모를 홀로 감당하며 정치적 위기를 극복해 나갔다.

그는 척화 · 화의 양론이 극도로 대립해 고성이 오가는 긴박한 상황에서 항복문서를 작성, 삼전도(三田渡: 지금의 송파)에서 국왕이 적장인 청 태종 앞에 무릎을 꿇고 치욕적인 항복의식을 치르는 수모를 맞아야 했다.

"대국을 거역하여 스스로 병화를 자초하였고 …… 그 죄를 알고 있으니 …… 마음을 깨끗이 하여 대청국을 섬기겠다."는 치욕적인 항복문서는 도탄에 빠진 백성의 생명과 종사의 안전은 구했으나, 명분과 의리를 저버려 종묘사직을 욕되게 했다는 오명이 뒤따랐다. 실리를 위한 화의였지만 그 결과는 민족의 자존심을 손상케 하고 군주에게 씻을 수 없는 치욕을 안겨주었으며, 왕세자와 국정대신들이 인질로 끌려가고 수십만 명의 백성들이 적지에 억류되는 참상을 빚게 했다는 비난을 받았다.

우리 역사에서 지천 최명길만큼 애국과 매국이라는 양극적 평가를 받았던 인물은 없다. 그러나 당시 지천의 소신과 가치는 확고했다. 청나라 군대에 완전 포위된 채 조선의 국왕 인조가 남한산성 안에 갇혀 이불도 없이 잠을 이루어야 하고, 동상에 걸려 제대로 걸을 수도 없는 처참한 지경이었는 데도 가만히 앉아 척화의 구호만 외쳐댄들 무슨 의미가 있었겠는가? 더구나 척화론자의 상당수는 아무런 대안도 없이 공허한 입씨름만 벌였던 게 아니었든가. "황제의 나라로 받들라는 청의 요구를 일단 받아들이고, 그러고 나서 조선의 힘을 기르자"는 최명길의 현실주의적 주장을 그들은 귀를 기울이지 않았다. 대의명분은 물론 포기할 수 없는 대원칙이자 본질이다. 그러나 그 본질을 지키려면 때로는 융통성이 필요한 법, 이것이 최명길의 신념이었다.

최명길의 현실적인 해결대안이었던 화의론(和議論)이 힘을 발휘하고 조선을 살릴 수 있었던 것은 '죽음을 두려워하지 않는 그의 치열함'과 '애민정신'이 있었기에 가능했다. 병자호란 당시 그는 명분상으로도 척화파(斥和派)에 밀리고 있었고, 협상 도중 적진에서 어떠한 누명을 쓰고 죽음을 당할지도 모르는 긴박한 상황이었다. 눈앞에 죽음이 있고 온갖 모함이 날아드는 데도 그는 일체의 사심을 버리고, 백성과 국왕의 안녕 하나만을 위해 주화론이란 그 외롭고 험한 길을 달려갔던 것이다.

최명길이 직접 쓰고 김상헌이 북북 찢어버린 항복문서, 다시 그것을 주어들며, "대감이 이 문서를 찢지만, 찢는 사람도 있고 또 쓰는 사람도 있어야 하는 것 아니오." 라면서 웃음을 보였던 최명길. 그러나 그의 속마음이야 청음이 찢어버린 항복문서보다 더 갈가리 찢어졌을 것이다.

최명길에 대한 평가는 애국과 매국이라는 극단적인 평가를 모두 갖고 있다. 진정 위기에서 나라를 구한 충신인가? 아니면 나라의 명예를 땅에 떨어뜨린 인물인가? 그동안 의도적인 폄하나 부정적인 평가가 적지 않았던 것도 사실이다. 그의 후손들이 강화도에 숨어 살았던 것도 이러한 까닭이다.

역사는 가정이 없다고 한다. 그러나 만약 화의론이 아닌 척화론이 조선의 정책으로 결정되어, 끝까지 청나라에 항전하였다면 그 결과는 어찌 되었을까?

의리와 명분으로 나라의 자존을 지킨 청음, 김상헌

청음(淸陰) 김상헌(金尙憲: 1570~1652)은 서울에서 출생하여 20세이던 1590년에 출사하였으나, 1623년 인조반정 당시 도덕과 의리를 내세워 반정참여를 거부했다. 1636년 병자호란이 일어나자 오랑캐 청나라를 섬길 수 없다하여 척화론을 펼치며 끝까지 싸울 것을 주장했다.

청음 김상헌은 일생동안 두 번이나 전쟁을 겪었다. 그의 나이 23세 때부터 7

년간이나 계속된 임진왜란과 67세 때인 1636년 발발한 병자호란이 바로 그것이다. 이 두 전쟁은 동아시아의 질서를 바꾸어 놓은 세계대전이었다. 병자호란은 특히 김상헌이 대신의 반열에 올라, 더구나 외교정책을 총괄하는 예조판서의 신분으로서 정국을 주도하여야 했기 때문에 힘겨우면서도 그의 능력이나 개성이 남김없이 발휘되는 계기가 되었다.

인조반정이 있은 이후, 새로 집권한 조정의 외교정책 기조는 임진왜란 때 도와준 은혜를 들어 명나라에는 의리를 지키고, 문화능력이 결여된 무법자로 국제질서를 교란하고 있는 청나라에 대해서는 반대의 기치를 분명히 하였다. 인조반정은 서인이 주도하고 남인이 동의함으로써 이루어진 정변이었다. 인조반정 이후 서인은 반정가담파인 공서(功西)와 그렇지 않은 청서(淸西)로 나누어진다. 반정에 참여하지 않고 초야에 묻혀 학문을 하던 청음은 공신세력인 공서파(功西派)와는 노선을 달리하여 집권당 안의 비판세력인 청서파(淸西派)의 영수가 되었고, 결국 정국을 주도하게 된다.

1636년 청은 기존의 '형제의 의리'가 아니라 '군신의 의리'를 강요하며 북방기마민족답게 속전속결로 병자호란을 일으켰다. 명나라를 치기에 앞서, 그 배후에서 동서진영을 구축하고 있던 조선을 우선 제압하려는 것이었다.

강화도가 함락되고, 그곳에 피신하고 있던 대군 · 비빈 · 원손이 청에 잡혀가자, 남한산성에 있던 인조와 대신 사이에서는 화친을 주장하는 주화론이 점점 더 힘을 얻어갔다. 이 주화론을 이끈 사람이 지천 최명길이었다. 결국 인조는 남한산성에서 삼전도로 내려와 청 태종에게 무릎을 꿇고 항복하는 치욕을 당하였고, 홍익한, 오달제, 윤집 등 젊은 언관들이 속죄양으로 청에 잡혀갔다.

이때 청음은 척화대신들의 중심인물이자, 외교업무를 총괄하는 예조판서이었기 때문에 그 누구보다도 굴욕감과 치욕감이 심했을 것이다. 그는 전후에도 상소를 올려 청나라와의 대결은 끝난 것이 아님을 지적하면서, 와신상담(臥薪嘗膽)의 심정으로 복수를 위한 전쟁준비를 할 것을 건의하였다. 이러한 주장은 효종이 등극한 후 국가 대의로 자리 잡은 북벌론의 단초가 되었다.

그는 은퇴한 이후에도 초지일관 반청의 자세를 견지하였다. "명나라를 칠 테니 조선의 군대를 파병하라"는 청의 요구에 반대하는 등 반청의 자세를 분명히 하였다. 이러한 사실이 청에 알려지자 1640년 청의 강력한 요구로 심양(瀋陽)

으로 끌려가게 되었다. 그때 그의 나이는 일흔 한 살의 고령이었다. 의주에 도착하여 위협과 협박, 그리고 회유도 받았지만 조금도 소신을 굽히지 않았다. 청나라 관원들도 그의 충절에 감탄하여 "김상헌은 감히 이름을 부를 수 없다"고 하며 조선 선비의 기개에 존경심을 보냈다. 청음과 삼학사 등 척화대신이 보여준 굳은 절의와 지조는 뒤에 청나라와의 관계설정에 순기능으로 작용하였다.

일흔 한 살의 고령으로 청나라에 끌려가면서 지은, "가노라 삼각산아 다시보자 한강수야"로 시작하는 시조 속에는 죽음을 불사하고 절의를 지키리라는 의지가 잘 나타나 있다.

그는 일흔 여섯 살에 심양(瀋陽)에서 돌아와 좌의정에 제수되었으며, 효종이 등극한 후에는 북벌대의가 국가의 지도이념으로 자리 잡음에 따라 그 이념의 상징적 인물로 떠받들어진 그에게 대로(大老)라는 존칭이 내려졌다.

청음은 현실론이 보다 설득력을 가지고 있던 전란의 와중에서도 1백년 후를 내다보며 조선사회의 기본 방향을 설정하고 의리와 명분이라는 푯대를 높이세운 원칙주의자이자 이상주의자였다.

실리도 명분도 결국 나라를 위한 것이었다.

정묘 · 병자호란의 난국에서 실리(주화론)와 명분(척화론)의 정책가치로 극명하게 대립되었던 최명길과 김상헌, 그들은 17세기 조선조의 최대의 라이벌이었다. 지천과 청음은 모두 서인 계열이었다.

청년시절 최명길은 현실문제에 적극적인 양명학에 심취하였고, 김상헌은 명분과 의리를 숭상하는 주자학에 더욱 몰두하였다. 이러한 학문적 배경이 그들의 '정책선택의 가치 및 기준'에 영향을 미친 것으로 볼 수 있다. 인조반정을 계기로 그들의 정치노선은 분명한 차이를 들어낸다. 최명길은 반정참여로 공신이 되었고, 김상헌은 의리와 명분을 내세워 반정에 가담하지 않았던 것이다.

그 후 정묘 · 병자호란은 그들을 결정적으로 갈라놓게 된다. 최명길은 주화를, 그리고 김상헌은 척화를 주장하게 된다. 당시 절해고도와도 같았던 남한산성에서 최명길이 항복문서를 만들어 청군진영을 오갈 무렵, 김상헌은 그 항목문서를 빼앗아 찢어버렸고 또 최명길은 그것을 주어다 다시 붙였다.

최명길은 갖은 모략과 위협 속에서도 전쟁 종식만이 나라를 살리는 길이라는 일념으로 목숨을 내 놓았고, 김상헌은 대의명분이 무너지면 나라도 망한다는 신념으로 임금 앞에 엎드려 6일 동안 단식을 하면서 목숨을 내 놓았다. 당시 최명길은 이조판서 김상헌은 예조판서였다.

전쟁이 끝난 후 안동으로 낙향한 김상헌은 좌절의 시간을 보냈다. 최명길은 서울로 돌아와 우의정, 좌의정을 지냈다. 최명길은 전후 처리를 위하여 청나라를 드나들었고, 김상헌은 척화파였다는 이유로 청나라 심양(瀋陽)에 잡혀갔다. 그러나 얼마 후 최명길도 청나라 복수계획을 꾸민다 하여 역시 붙잡히는 신세가 되었다. 역사의 라이벌들인 그들은 차가운 이역 땅에서 포로의 몸으로 다시 만나게 되었다.

이 만남은 그들에게 서로 이해하는 계기가 되었다. 최명길은 죽음 앞에서도 당당한 청음의 의연함에 탄복했고, 김상헌도 지천의 주화론이 진정 나라를 위한 것임을 알았다.

그래서 청음은 "두 세대의 좋은 우정을 찾고/ 백년 묵은 의심 풀리도다."라고 읊었고, 지천도 "그대 마음 돌 같아 끝내 돌리기 어렵고/ 나의 도(道)는 고리 같아 때에 따라 돌고 도는구나." 라며 청음의 절의를 칭송했다.

또한 최명길의 아들은 많은 재물을 갖고 심양(瀋陽)에 들어와 아버지를 위해 쓰면서, 아울러 김상헌의 죄를 덜어주기 위해 동분서주했다고 한다. 지천과 청음은 그렇게 서로 이해하고 믿는 사이로 변해 간 것이다.

드디어 이들이 풀려나 꿈에 그리던 조국으로 돌아올 때, 청나라는 두 사람에게 청 황제가 있는 곳을 향하여 절을 할 것을 강요했다. 최명길은 서슴없이 절을 했고, 김상헌은 허리가 아프다는 핑계를 대고 절을 하지 않았다. 서로 화해는 했지만 변하지 않은 두 사람의 성격 차이는 여전했다.

귀국 후 이들은 모두 조국을 위해 일했다. 그러나 그 후손들은 각기 명암이 바뀌었다. 주화파인 지천의 후손은 소론이 되어 정치적 힘을 상실한 채 강화도에서 양명학파를 형성, 외로운 현실 비판의 길을 갔다. 그러나 척화파 청음의 후손은 노론이 되어 세력을 잡고 훗날 안동김씨의 권세까지 누렸으니, 이는 조선이 실리보다는 명분을 중시한 사회였기 때문이 아닐까?

나라와 백성을 위하여 선택하는 수단은 사람마다 다를 것이다. 명분을 중시하는 조선사회에서 실리를 들고 나와 나라를 구한 지천의 합리성과 용기, 그리고 끝가지 대의명분과 의리를 지키며 나라의 위신과 명예를 지킨 청음의 원칙론은 모두 국가와 백성을 위한 그들 나름의 최선의 방책이었던 것이다.

정책은 방법(method)이며 수단의 선택이어야 한다

그러나 정책결정과 집행은 현실의 문제해결을 위해 존재한다. 방법이 수반되지 않는 명분만으로는 문제해결을 위한 행동노선이 될 수 없다. 따라서 정책선택은 여러 대안(방법) 중에 하나만이 선택된다. 선택된 정책만이 집행되고 평가를 받는다. 그리고 역사에 기록된다. 선택된 정책이 옳고 바르지 못하여 그 결과가 원하는 바를 얻지 못한다면 그 선택은 정책실패로 이어져 두고두고 그 책임을 면치 못할 것이다.

병자호란 당시 조선은 방법(method)에 대한 개념이 없었다. 원칙, 당위, 마땅히 그래야 한다는 데에만 매달렸다. 원칙과 명분을 실현하는 방법은 중요하지 않다고 생각했다. 어떻게 하면 나라를 살릴 것인가? 어떤 방법을 강구하면 전란을 극복할 수 있을 것인가에 대한 방법에 대한 논쟁이 있어야 했다. 물론 원칙과 명분도 중요하지만 그 원칙과 명분이 아무리 중요하다고 해도 거기에 적절한 방법론이 강구되지 않으면 그 명분과 원칙은 폐기되어야 한다. 방법 없이 원칙만 고수하다보면 더 큰 재앙을 만날 수 있다. 리더에게 가장 중요한 것은 방법이라 할 수 있다. 지천은 방법론에 매달렸고, 청음은 원칙과 명분에 매달렸다. 만약 독자들이 병자호란 당시의 정책결정 책임자이었다면, 어떤 정책을 선택했을까? 또 역사는 어떻게 지천과 청음을 평가할까?

일제 말기 최남선(崔南善)의 사랑방에서 당대의 지식인들이 모두 모여 기인비목(其人備目)이라는 인사배치놀이를 한 적이 있었다. 이 놀이는 우리나라 역사를 통틀어 어떤 인물이 가장 훌륭하게 정부의 각 직책을 수행할 수 있을까를 평가해 보고, 가장 적합한 인물을 선발하고 배치하는 인사배치놀이이다. 일명 조각(組閣)놀이라고도 한다. 이 놀이에서 병자호란에서 나라를 구한 지천 최명길을 만장일치로 외교실무정책의 책임자인 교섭국장관에 임용한다. 그리고 외무대신으로는 서희(徐熙)를 임용하고 있다. 우리나라 지식인들은 우리 역사상

외교정책을 가장 훌륭하게 잘 할 수 있는 인물로 고려시대 남침해 온 거란군을 담판으로 몰아 낸 외교수완가 서희(徐熙)와 병자호란을 슬기롭게 넘긴 최명길(崔鳴吉)을 지명하고 있다. 이것이 그에 대한 평가가 아닐까?

(2010. 3. 20. 도진 산방에서)

명분과 실리(2)

선조의 포로정책

명분만으로는 국제경쟁에서 이기지 못한다

선조의 현명한 실리적 판단

임진왜란 당시의 임금이었던 선조는 41년간이나 조선을 통치하였다. 그러나 그는 그리 영명한 통치자는 아니었다. 이황이나 이이 등 시대를 앞서가는 훌륭한 신하들이 국정전반에 관한 각종 개혁안과 십만양병설 등 미래를 내다보는 국정운영방안을 제시하였음에도 불구하고, 당파싸움에 휩싸여 이를 받아들이지 못하였고, 결국 왜적의 침입을 막지 못했다. 그는 시를 잘 짓고 그림을 잘 그리는 인텔리 청년이었으나 성격이 우유부단하였으며, 과오도 많았다. 그러나 천성은 총명하여 현명한 결단을 내린 경우도 가끔 있었다.

그 중에는 지금 생각해도 일대 영단이라고 할 만한 것이 있었다. 난리가 일어난 그해 10월, 정부가 의주로 피난해 있던 시절 적의 포로를 어떻게 처리할 것인가를 두고 의견이 엇갈렸다. 남의 나라를 무단으로 침략하고 우리 백성을 짓밟은 왜놈들을 모조리 죽여야 한다는 강경론이 일반 백성들의 정서였다. 반면에 조정 관료들은 포로를 중국에 넘겨주고 그들의 환심을 사자는 의견을 내었다.

이 무렵, 압록강 저편에 있는 중국 관원들은 장차 자기의 영토까지 집어삼키겠다는 왜놈들이 도대체 어떻게 생긴 종자들인지 매우 궁금했다. 수시로 강을 건너와서는 동물원의 원숭이 구경하듯 이리저리 뜯어보고 가곤 하였다. 한 걸음 더 나아가 이 신기한 섬나라 포로들을 자기들에게 넘겨달라는 요청까지 있었다. 북경의 중앙정부에 보낼 선물로는 색다를 맛이 있었기 때문이다. 정부 고관들은 이점에 착안하여 포로를 넘겨주어 그들의 비위를 맞추는 것이 후일 군사적 지원을 받는 데 유리하다고 판단하였다. 그러나 선조는 죽이는 데도 반대였고, 중국에 넘기는 것도 반대였다. 즉 양시양비론이었다.

"사로잡은 포로를 죽인다고 보탬이 될 것이 없고(殺之無益), 중국에 보낸다고 득이 될 것도 없다(獻俘亦無益). 내 생각으로는 그들로부터 총을 만드는 법과 사격하는 방법을 배우고, 적정을 자세히 물어 알아두는 것이 좋겠다. 또 창술을 하는 자들로부터는 그 방법을 배워 연습하는 것이 어떻겠는가." 하고 명령을 내렸다.

국민의 적개심이 극에 달해 있었고, 임금 자신도 일본이라면 이를 갈고 있을 때에 이같이 냉정한 판단을 내린다는 것은 범상한 일이 아니었다. 명분을 중시하는 조선 선비들에게는 우리 국토를 잿더미로 만든 적국 포로를 선생으로 삼아 그들로부터 배움을 얻는다는 것이 용납되지 않았다. 핏대를 세워가며 반대했다. 그러나 선조는 이들을 누르고 실리를 택했다.

전쟁이 일어난 지 불과 몇 달 후, 일본의 조총과 같은 총을 만들어 내고, 그들의 전술을 익히고, 임란 20년 후에 일어난 정유호란에 일본군 포로들로 구성된 특수부대를 출전시킬 수 있었던 것도 선조의 옳은 판단의 결과였다. 그의 이러한 판단은 목숨을 걸고 미래 조선의 안위를 걱정했던 율곡의 무실(務實)사상에서 영향을 받은 것이었다. 그러나 전쟁이 끝나고부터는 이러한 실리정신과 기풍은 사라지고 또다시 명분론과 도덕론이 판을 치게 된다.

율곡의 무실사상에서 실리를 배우다

선조는 임진왜란을 당하고 보니 10년 전 율곡이 목숨을 걸고 간한 〈만언봉사〉와 〈시무6조계〉가 생각났다. 생전에 율곡은 만언봉사에서 "정치는 시대를 아는 것이 중요하며(政貴知時), 일은 실상을 힘쓰는 것이 필요하다(事要務實)" 고 주장했다. 즉 전자는 시대인식을 강조한 시무사상이며, 후자는 실천과 실리를 강조한 무실사상이라 한다.

무실사상은 율곡 경세론의 철학적 기초가 되는 기본사상이다. 율곡에 있어서 실(實)의 개념은 다음 세 가지의 의미를 내포하고 있다. 즉 정치와 행정을 행함에 있어서 먼저 진실성이 있어야 한다. 다음으로는 이 진실성을 바탕으로 실천성을 추구하여야 하며, 마지막으로 행정의 최후의 목적은 실효성, 실리성을 추구하여야 한다는 사상이다. 즉 행정은 진실성, 실천성, 실효성이 상호 연계되어야 한다는 것이다.

무실사상을 보다 더 간략히 정의하면, 정치와 행정을 행함에 있어 "실심(實心)을 가지고 실공(實功)을 통해 실효(實效)를 추구해야 한다"는 사상이다. 여기서 실심은 곧 진실하고 거짓이 없는 진실성을 의미하며, 실공이란 실질적인 노력이요 실천성을 의미한다. 즉 실공은 말뿐이 아닌 행동이요 이론만이 아닌 실천을 의미한다. 적어도 율곡은 당시대의 모순을 경장함에 있어서 이 실천성의 미흡, 공리공론의 폐단을 통감했던 것으로 보인다. 마지막으로 실효란 실용성을 말한다. 실심(진실성)을 주체로 하여 실공(실천성)을 통해 얻고자 하는 궁극적인 가치는 즉, 실리 내지 실효성의 확보라는 것이다. 율곡은 당시 빈소리뿐인 경장이나 형식적인 개혁이 아니라 실질적인 개혁을 통하여 실리를 추구하고자 하였다.

그는 전쟁이나 재앙에 대처하는 정책이나, 백성의 교화에 있어서나, 인재등용에 있어서나 형식과 겉치레에 지우쳐 실질적인 효과를 거두지 못하고 있음을 비판하고 있다. 이와 같이 율곡이 실용성과 실효성을 무실사상의 궁극적 가치로 삼는 것은 매우 중요한 의의를 갖는다. 그런데 실용성이나 실효성은 근본적으로 도덕적인 의미로서의 진실이 전제되지 않고서는 불가능하고, 또한 실천성이 갖추어지지 않고서는 기대할 수 없는 것이다. 이렇게 볼 때, 율곡의 무실사상에서 그 내용이 되는 진실성, 실천성, 실효성은 상호 연계되는 것이고, 어느 하나가 결여되어서는 엄밀한 의미에서 무실은 구현될 수 없는 것이다.

이러한 율곡의 무실사상은 임진왜란 당시 선조의 포로활용정책뿐만 아니라, 유성룡의 병농일치정책, 군비정책 등의 위기관리정책에 영향을 미쳤으며, 병자호란 시의 지천 최명길의 주화정책에도 영향을 미쳤다. 그러나 국가의 위기가 닥칠 때마다 실리를 찾다가 그 위기가 종료되면 다시 명분론과 도덕론으로 되돌아가는 것이 우리나라의 문화였다.

안창호의 실리정신

일제시대에도 모든 일에 이 명분과 도덕이 기준이 되었다. 일본은 우리를 침략한 나쁜 놈이니까 일본 사람들에게는 배울 것이 없고, 그들로부터 배우려는 사람이 있으면 친일분자로 몰리기 십상이었다.

이런 분위기에서도 이채로운 것은 안창호 선생이었다. 일제 경찰에 체포되어 모진 고통을 당하면서도 바로 그 고문 경관들에게 배울 것이 있다고 동지들을 타일렀다. "침식을 잊고 밤을 세워 가면서 취조하고 조서를 작성하는 저들의 헌신적인 노력을 보라. 저들의 입장으로는 그것이 자기 나라에 대한 충성이다. 우리는 이런 자세를 배우자" 고 했다.

그러나 그러한 도산 선생의 주장은 선생 개인의 주장에 불과하고, 오늘날에 이르기까지 만사에 명분과 도덕이 뿌리 깊은 기준으로 남아 있다. 예컨대, 배우, 음악인, 경제인에서 기술자에 이르기까지 각기 그 전문분야의 숙련도와 실력에 따라 사람을 평가하고 판단하는 것이 아니라, 사생활, 애국심, 행동거지 같은 동떨어진 기준으로 사람을 평가하고 판정을 내린다. 아무리 뛰어난 기술자라도 거만하다고 낙점이 찍히면 안 된다. 기계를 만드는 데 거만과 기술이 무슨 상관인가?

명분론과 도덕론으로는 국제경쟁에서 이기지 못한다

아직도 우리나라는 실리보다는 명분을 더 앞세우고 있다. 고위공직자의 임용도 능력보다는 지역안배를 더 크게 문제 삼고 있고, 철저한 계산과 실리를 바탕으로 결정해야 할 외교정책이나 대외무역정책도 명분과 감정을 앞세운다. 특히 일본과 이해관계가 상충되는 문제는 항상 명분과 감정이 앞선다. 독도문제도 그렇고 교과서문제도 그렇다. 냉철한 계산과 실리를 전제로 이성적으로 대응하여야 한다. 정책결정과 행정은 명분이 아니라 철저한 계산을 통하여 실리를 극대화하여야 한다. 그러기 위해서는 일본이든 북한이든 사회주의국가이든 이익이 되면 무엇이든지 해야 한다. 그런 계산 없이 무작정 감정과 정서에 호소하는 명분론이 앞장을 선다.

선조나 도산 선생의 기준으로 본다면, 일본이 한때 우리의 강토를 유린하고 또 역사를 단절시킨 원수의 나라라 하더라도 그러한 감정과 명분을 숨기고 철저한 계산과 실익을 바탕으로 이성적인 대응을 해야 한다는 것이다.

역사를 통해 보면, 잘되는 나라들은 전쟁 중에도 자기 나라에 이익이 되는 일은 무엇이든지 했다. 적군으로부터도 물건을 수입했다. 예컨대, 나폴레옹 전쟁 당시 프랑스 나폴레옹 군의 군복은 영국산 광목이었다. 영국으로서는 프랑스가 다른 천을 개발해서 기술을 축적하는 것보다 광목을 파는 것이 이익이고, 프랑스로서는 기술개발에는 시일이 걸리니 손쉽게 수입하는 것이 더 이익이었다.

명분과 도덕론으로는 전쟁이나 국제경쟁에서 이기지 못한다. 냉철한 계산과 실리가 전제되어야 한다. 그것이 정책선택이고 행정인 것이다.

(2010. 4. 16. 도진 산방에서)

제2부 공직윤리의 철학적 기초

공직에 왜 공(公)이 존재하여야 하는가?

공(公)은 어느 한곳에 치우치지 아니하고 올바른 것, 가장 자연스러운 것을 의미한다. 공은 하늘의 무사(無私)와 불편성(不偏性)에 근거하여 나온 공평(公平), 공의(公義), 공정(公正), 공정무사(公正無私), 불편부당(不偏不當), 정의(正義) 등의 의미를 함축하고 있다. 이러한 의미에서 사(私)를 버리고 공정하고 공평하게(公) 국민과 함께할(共) 수 있어야 공직자라 할 것이다.

공인(公人)의 도(道)

사인이 아님을 항상 생각하라

예나 지금이나 사인(私人)에 비하여 공직자에게 상대적으로 더 높게 도덕성이 요구되는 것은 공직자들의 행정행위가 다수 내지 전체 국민의 행·불행에 직접 영향을 미치기 때문이다. 제도와 법규가 아무리 완미하고 치밀하게 갖추어져 있다 하더라도, 그 자체로서 국가나 사회의 안녕이 보장되는 것은 아니다. 궁극적으로는 역시 제도나 법규를 운영하는 주체인 공직자들의 도덕성 여하로 귀결된다.

이 점은 공공선(公共善)의 이념을 제도나 법규로 객관화시킨 정도에 있어서는 과거와 비교도 안 되게 높은 수준을 이룩한 현대에 있어서도 공직자에 대한 도덕성의 요구는 과거보다 더 하다는 사실이 이를 스스로 증명해 주고 있다. 하루도 빠짐없이 공직자의 비리와 부패사건이 신문지상을 장식하고 있고, 또 그 방법 또한 과거와는 달리 지능화되고 치밀해지고 있음을 볼 수 있다.

사회가 복잡해지고 전문화되어 감에 따라 각종 문제해결을 위한 법규와 제도는 더욱 복잡해지고 있다. 이로 인해 현대 국가의 공직자 유형은 점점 도덕성보다는 기능성(機能性)을 강조하는 유형으로 전환되고 있음을 볼 수 있다. 대학교육 또한 인간성교육보다는 전문적인 기술교육에 치중하고 있어 인문과학은 거의 고사 직전에 있다. 이러한 도덕성의 공동화(空同化) 현상은 각종 비리와 부정부패의 증가를 초래하고 있다. 기능형(機能型) 공직자모형을 적어도 도덕적으로는 이념형(理念型)이 될 수 있도록 하는 작업이 우선되어야 한다. 전문적인 지식과 능력을 갖춘 기능인인 동시에 행정윤리와 철학으로 무장된 공직자가 필요한 시대인 것이다. 법과 제도에 대한 기능교육도 중요하지만 그보다 더 중요한 것은 이를 움직이는 주체인 인간에 대한 인성교육이라 할 것이다.

복잡한 공직수행에 있어서 담당분야의 전문적인 지식과 기능을 갖추어야 하는 것은 당연하다. 그러나 이러한 전문성 이외에 공인이기 때문에 갖추어야 할 기본적인 도리가 있어야 한다. 공직인의 갖추어야 할 기본 인격은 어떠하여야 하는가? 공인이 지녀야 할 가장 기본적인 도는 그 첫째가 청렴(淸廉)이요, 둘째는 공정(公正) 또는 공평(公平)이며, 셋째는 직무에의 성실(誠實)과 근면(勤勉)이며, 마지막으로는 국민에 대한 사랑인 애민(愛民)이라 할 것이다.

남송의 문신 여본중(呂本中)은 "공직에 임하는 법도에는 세 가지가 있으니, 그 첫 번째가 청(淸)이요, 두 번째가 신(愼)이며, 세 번째는 근(勤)이다. 이 세 가지를 갖추어야 능히 공직자로서의 몸가짐을 갖추었다."고 보고 있다. 조선시대의 정요(政要)에서도 공직자들이 가져야 할 기본정신과 태도로 청렴, 근신, 근면을 들고 있으며, 청백리의 선정도 이 기준에 따라 이루어졌다.

청렴하고 공정해야 의사결정에 권위가 선다

청렴(integrity)이란 마음이 깨끗하고 재물을 탐내는 일이 없음을 말한다. 정약용의 목민심서(牧民心書)에서는 "청렴해야 한다는 것은 수령된 자의 본연의 의무로서 온갖 선정의 근원이 되고 모든 덕행의 뿌리가 된다. 청렴하지 않고 목민관이라 할 수 있는 자는 일찍이 없었다."라고 적고 있다. 또 목민관이 청렴하기 위해서는 "먼저 스스로 절약하고 검소해야 하며, 청렴한 이후에야 능히 자애로우며 애민(愛民)할 수 있다."고 설파하고 있다. 목민관은 먼저 백성을 사랑하여야 하는데, 그 애민의 근본이 곧 청렴과 근검절약이라 주장하고 있다.

다음으로 공정(fairness)이란 불편부당하고 공평하며 올바르게 업무를 처리하는 것을 말한다. 업무를 처리할 때 사사로운 감정에 휩싸여 공정하지 못하면, 일을 바르게 처리할 수 없을 뿐 아니라 나중에는 깊은 곤욕을 치르게 된다. 사적인 연고에 의하여 특정한 사람의 편에서 업무를 처리하거나 사익을 전제로 업무를 처리하게 되면, 상대적으로 불이익을 받는 사람들이 생겨나게 되고 백성의 원성을 사게 된다. 나중에는 아무리 공정하게 업무를 처리하여도 의사결정에 권위가 서지 않게 된다. 따라서 공정이야말로 공무처리의 권위이자 힘이라 할 수 있다. 공정하지 못하면 아무리 법적 강제를 강화하더라도 행정의 권위가 서지 않는다. 권위(authority)란 법에 의하여 정해지는 것이 아니라, 일반 국민들(정책대상집단)의 인정과 수용에 의하여 정해지는 심리적 힘이기 때문이다.

만해 한용운은 그의 채근담(菜根譚)에서 "관직에 있을 때 명심해야 할 것이 두 가지가 있다. 공정하면 판단이 현명해지고, 청렴하면 위엄이 생긴다."고 하였다. 공정하지 못하면 자신이 가진 현명함조차 발휘할 수 없으며, 청렴하지 못하면 아랫사람으로부터의 위엄이 생기지 않는다고 하였다.

직무에의 성실과 근면은 행정의 실효성을 높인다

청렴과 공정 이외에도 공직에 근무하는 사람은 성실하고 근면한 업무수행을 통하여 행정의 실효성도 높이고, 국민에게 실질적인 혜택도 주어야 한다. 정시를 게을리 하고 집무에 소홀한 관리는 아무리 청렴하다 하더라도 공직자가 취해야 할 기본자세는 아니다. 조선시대 초기 청백리의 선정기준이 지나치게 청렴만을 강조하다보니 정사에 소홀하고 부하들의 비리나 부정을 막지 못하면서도 청백리라는 명성을 얻기도 하였다. 직분에의 성실과 근면한 업무태도는 공직자가 지녀야 할 기본적인 도라할 수 있다.

마지막으로 공직자는 애민(愛民)하는 마음이 있어야 한다. 즉 국민에 대한 뜨거운 사랑이 있어야 공복으로서의 자격이 있다. 행정은 국민을 위해 있는 것이고 공직자는 국민에 봉사하는 자리이기 때문이다. 청렴하고, 공정하며, 자기 직분에 대해 근면하고 성실한 직무태도는 자연스럽게 국민에 대한 사랑하는 마음으로 연결된다. 결국 공인이 지녀야 할 기본적인 규범과 도의는 청렴과 공정, 그리고 직분에의 성실과 애민이라 할 것이다. 이러한 공인의 도는 예나 지금이나 변함이 없다 할 것이다.

(2009. 6. 24. 도진 산방에서)

공(公)과 사(私)

공직자는 공(公)을 위해 존재한다

공무원(civil servant)을 우리는 공복(公僕)이라 한다. 순수하게 단어의 뜻만으로 해석하면, 국민의 심부름꾼, 국민에 대한 봉사자라는 의미이다. 그러면 공무원, 공직자, 공인이라는 단어를 구성하고 있는 공(公)의 의미는 무엇이며, 과연 그들은 공을 위하여 존재하고 있는가? 공인으로서의 도리를 다하고 있는가?

공직자들이 업무상 지켜야 할 규범 중 가장 중요한 윤리가 먼저 공(公)과 사(私)를 구별하는 일이다. 공과 사의 구별은 윤리 이전에 공직자들이 지켜야 할 의무이다. 그러면 공(公)은 무엇이고 사(私)는 무엇인가를 알아야 그들이 해야 할 규범과 도리의 내용을 알게 될 것이다. 즉 공의 의미를 알면 당연히 공을 위해서는 어떤 공직윤리가 필요한가를 알 수 있다. 공과 사는 어디에서 나와서 어떻게 발전되어 왔으며, 공이 내포하고 있는 이념과 철학은 무엇인가를 살펴보자.

공(公)이란 무엇인가?

먼저 공(公)이라는 한자는 八과 厶가 합쳐진 글이다. 八은 '서로 등을 돌리다, 서로 배치되다' 라는 뜻이고, ㅿ는 私의 본자(本字)이다. 한비자(韓非子)에서는 사(ㅿ = 私)는 '스스로 에워싸다' 라는 뜻이며, 공(公)은 '사를 등지다' 즉, '에워싼 것을 개방하다' 라는 뜻이 있다고 했다. 이러한 기본적인 의미에서 점차 파생되어 공(公)은 사(私)를 등지고 대중과 공동으로 한다는 의미로 해석하여 공(共), 또는 대중과 함께 통한다고 하여 통(通), 또는 스스로 에워싸다의 반대 의미로서 평분(平分)과 공평(公平) 등의 뜻이 생겨났다.

원래 중국에서는 우주만물의 저절로 그러한 모습(自然)이야 말로 지극히 바른 것(至正)이라는 관념이 전통적이었다. 『장자(莊子)』 응제왕(應帝王)은 "사물이 자연에 따르고 사(私)를 용납하지 않는다면, 천하는 다스려진다(順物自然而無容私焉 而天下治矣)."라 하고 있다. 여기서 사(私)는 마음에서 넘치고자 하는 것을 말하며 공(公)은 본성에 맡겨 저절로 낳은 것을 이른다. 치우침 없는 보편적인 존재방식, 즉 자연본래의 중정(中正)한 존재방식이 공이며, 사는 그 중정을 어지럽히는 저급한 인간의 작위, 즉 편사(偏私)의 의미를 담고 있다. 다시 말하면, 공은 어느 한곳에 치우치지 아니하고 올바른 것, 가장 자연스러운 것이라는 의미를 말한다.

이와 같이 공과 사는 항상 대립되는 의미로 사용되어 왔다. 진(秦)의 여불위(呂不韋)는 공을 다음과 같이 말하고 있다.

> *"옛날 성왕이 천하를 다스릴 때에는 반드시 공(公)을 우선했다. 공으로 하면 천하는 태평해지는 것이니, 태평은 공에서 온다. … 천하를 얻는 것은 … 공(公)에서 비롯되며, 천하를 잃는 것은 편(偏)에서 비롯된다. … 천하는 한 사람의 천하가 아니라, 천하 사람의 천하다. 음양의 조화는 한 종류만을 성장시키지 않고, … 감로(甘露)와 시우(時雨)는 한 사물만을 사사로이(私) 하지 않으며, 만민의 군주는 한 사람만을 친애하지 않는다. … 천지는 광대하고 … 만물은 모두 그 은혜를 입어 그 이로움을 얻는다."(『여씨춘추』「귀공」)*

위의 서술에서도 공은 편(偏)에 대비되는 공평(公平)이며, 사에 대비되는 공(共), 평(平), 통(通)의 뜻이 살아 있음을 볼 수 있다. 나아가 공은 어느 한곳에 치우치지 아니하고 올바름(正)의 의미를 내포하고 있다.

공의 개념의 발전과정을 통틀어 공의 의미를 정리하면, 원리적 도의적인 관점에서 볼 때, 공은 하늘의 무사(無私)와 불편성(不偏性)에 근거하여 나온 공평(公平), 공의(公義), 공정(公正), 공정무사(公正無私), 불편부당(不偏不當), 정의(正義) 등의 의미를 함축하고 있다. 이러한 의미에서 사를 버리고 공정하고 공평하게(公) 국민과 함께한다(共)는 의미의 공공(公共)이라는 용어를 사용하게 된 것으로 볼 수 있다.

경제적 사회적인 관점에서 볼 때, 공은 구체적으로 생민(生民)에 대한 균분(均分) 및 공평(公平)의 개념으로 사용된다. 여기서 생민은 지상의 민(民)도 아니지만 조정의 민도 아닌 하늘이 낳은 백성, 즉 생존을 하늘에 의거하는 백성을 의미한다. 하늘이 낳은 백성이기 때문에 민심은 곧 천심이 된다.

(1) 공(公)은 하늘의 이치(天理)인 동시에 자연의 이치이다

원래 중국에서 공의 개념은 하늘에서 나온 것으로 보았다. 즉 군주나 조정, 국가를 사(私)로 간주하는 것은 천이나 천하를 공으로 여기는 관점에서 나온 것이다. 공은 하늘의 이치(天理)인 동시에 자연의 이치이기 때문에 옳은 것이며 인욕의 사와 구별된다. 인간은 천리와 인욕이 마음속에서 다투는 존재이다. 인간으로서의 도덕적 완성을 기하려면 인욕을 제거하고 본성 속에 있는 천리를 순조롭게 실현시켜야 한다. 공(公)은 바로 천리이며 사(私)는 곧 인욕의 사(私)인 것이다.

공은 인(仁)뿐만 아니라 때로는 의(義), 또는 자기의 사욕을 극복하고 돌아가야 할 예(禮)에 비유되어 거의 하늘의 이치와 같은 사회적 규범성을 갖고 있다. 경제면에서는 특정한 한 사람이나 일부 집단에게 이익이 치우쳐서는 안 된다는 의미의 공정(fair)과 공정한 분배(fair distribution)의 의미를 가지며, 사회정치면에서는 개인, 단체, 소수, 다수를 망라한 총체적인 자유(freedom)와 평등(equity)의 의미로 사용된다. 다음에 인용하는 글은 하늘이 낳은 생민(生民)을 위하는 것이 곧 공이요, 천하 만민이 곧 공이라는 의미를 알게 해준다.

> *"하늘은 백성을 낳고 그들을 위해 군주를 세워 다스리고 가르쳐서 본성을 잃는 일이 없게 하였다. … 하늘은 백성들을 매우 사랑한다. 어찌 한 사람(一人)으로 하여금 백성들 위에서 방자하게 하고, 그 방탕함을 좇아 천지의 본성을 해치도록 하였겠는가?" (『춘추좌전』 양공 14년조)*
>
> *"하늘이 백성을 낳은 것은 군주를 위한 것이 아니다. 하늘이 군주를 세운 것은 백성을 위한 것이다." (『순자』「大略」)*
>
> *"무릇 군주의 도리는 다른 것이 아니다. 천지자연의 이익을 이용해서, 백성을 위해*

그것을 인도하고 조정하며, … 그들이 한결같이 원하는 바를 충족시켜 주고, 그들이 한결같이 싫어하는 바를 제거해 주어서, … 제 몫을 잃는 일이 없게 해준 뒤에 비로소 하늘이 군주를 세운 뜻이 성취된다. 어찌 한 사람으로 하여금 백성 위에서 방자하게 하고, 천하를 착취해서 자신을 받들도록 하는 일이 있을 수 있겠는가!"(呂坤, 『呻吟語』)

(2) 서양의 공(公)은 민중의 공(公), 공개의 공(公)이다

한편, 서양에서 공의 의미는 어떻게 사용되고 있는가? 독일에서의 공무(öffentlicher Dienst)라는 용어에 포함되어 있는 공공(öffentlich)이라는 용어는 "열린"이라는 뜻의 offen에서 나온 것으로, "은폐된 것이 아니라 모두의 눈으로 보아 명확하게 보이는 것처럼 열려 있는 것"을 가리키는 단어이다. 즉 공공은 권력자에게 귀속하는 것이 아니라 민중의 어느 누구에게도 〈열려 있는〉, 〈공개된〉, 〈투명한〉이라는 의미를 가지고 있는 단어이다. 따라서 공무원은 정당한 이유 없이 직무상의 정보를 국민에게 은폐하는 것은 허용되지 않음을 의미하고 있다. 이 형용사는 프랑스 계몽사상의 정신을 받아들여 19세기 독일에서 슬로건처럼 많이 사용되었으며, 현대의 하버마스에 이르기까지 유럽의 사회시스템 이론에서 중요한 역할을 수행하고 있다.

또한 미국이나 영국에서 공의 의미로 사용되고 있는 영어 단어 "public"은 고대 라틴어로부터 기원하였으며, 본래 민중(people)이라는 이미를 지니고 있다. 중국에서의 "公"은 자연의 공, 천의 공, 천하의 공, 만민의 공이라는 의미로 서양에서는 민중의 공, 공개의 공이라는 의미로 발전되어 왔다.

결국 동서양을 막론하고 공의 의미는 사와는 대비되는 것으로, 하늘이 만드신 백성을 위하여 공정하고 공평무사하게, 투명하게, 정의롭게 업무를 처리하여야 한다는 사회적 규범성과 윤리성이 내포된 개념임을 알 수 있다.

공무원은 공(公)을 위해 존재하는가?

그러면 공무를 담당하는 공무원은 과연 공을 위해 일하고 있는가? 우리나라 공무원하면 먼저 떠오르는 단어가 철밥통, 복지부동, 무사안일, 부정부패, 폐쇄적인 관료주의 등이며, 또 국민을 위해 일한다는 의미보다는 관료이익의 극대화를 위해 존재한다는 부정적인 이미지가 먼저 생각난다. 각종 의식조사에서도 정치인 다음으로 부패한 조직이 관료집단이라고 나타나고 있음을 볼 때, 공직자들이 공을 위해 일하고 있다고는 말하기는 어렵다.

전통적인 관존민비의 사상이 뿌리 깊게 자리하고 있고, 또 정부주도형의 중앙 집중의 성격이 강한 우리나라는 공무원집단의 권력이 강할 수밖에 없다. 권력은 5년마다 바뀌지만, 관료들은 바뀌지 않는다. 진보정권이든 보수정권이든 집권하면 공무원집단을 〈전문가집단〉 또는 〈권력의 기반〉으로 간주하면서 철저히 의존하다 보니 관료집단의 권력은 더더욱 막강해졌음을 부인할 수 없다. 관료조직을 효율화시키지 않고서는 미래를 담보할 수 없다는 진실을 알면서도, 어느 정부도 부패한 관료조직을 개혁하지 못했다.

물론 지금도 자신의 직분에 충실하면서 국가발전과 행정서비스 전달에 혼신의 힘을 다하는 공무원도 적지 않게 존재한다. 필자도 그러한 사람들을 알고 있다. 문제는 구조적이고 제도적인 모순에서 오는 병리현상이다. 개인적으로는 아무리 공을 실천하고 싶어도 문화와 환경이 그렇지 못하면 홀로 독야청청할 수는 없지 않겠는가? 이러한 것들은 과감히 혁파해야 한다.

공(公)을 위해 일할 수 없게 만드는 구조적 제도적요인은 제거되어야 한다

죽어 있는 공직생명체를 다시 건전하고 건강하게 활성화시키기 위해서는 먼저 개개 공직자들의 〈공에 대한 마음의 눈〉을 밝히는 작업을 하면서, 그 마음의 눈을 병들게 하고 있는 환경적 요인을 제거해 주어야 한다. 전자는 공직윤리가 막힘없이 흐르게 하는 작업이 될 것이고, 후자는 비효율적인 관료조직을 효율적인 조직으로 바꾸어 나가는 작업이 될 것이다.

(1) 고인 물은 썩는다. 공직에 항상 새로운 기운이 흐르게 하라

첫째는, 관료조직의 정체성과 비윤리적 문화를 쇄신할 수 있는 신진대사가 우선 이루어져야 한다. 윤리적 인간을 수혈하는 신진대사는 공직생명체를 활성화시키는 필수요소이다. 동의보감을 보면, "통하지 못하면 아픈 법이고 통하게 되면 아프지 않다(不通卽痛 通卽不痛)."고 하였다. 사람의 몸이 아프지 않고 건강하기 위해서는 순환이 원활하여 신진대사에 문제가 없어야 한다는 의미이다.

조직이나 정부도 마찬가지이다. 거대한 관료조직이 근속년수나 연공서열만 금과옥조로 여기면서 신진대사가 이루어지지 않는다면 병들 수밖에 없다. 고여 있는 물은 썩게 마련이다. 한번 공직에 들어가면 평생을 공직에 있을 수 있는 제도는 늘 맑은 기운이 흐를 수 있는 제도로 반드시 손질을 해야 한다. 이러한 폐쇄적이고 방어적인 관료조직은 공무원들로 하여금 우물 안 개구리로 만들 뿐만 아니라, 창의와 창조적 사고방식을 질식시키게 만들어 복지부동, 복지안동, 소극적인 업무태도, 그리고 공을 위해 일하지 않는 풍토를 조장시킨다.

요즘 중국사회에서는 관유쯔(官油子)라는 말이 유행한다. 우리말로 쉽게 번역하면 뺀질이 공직자라는 말이다. 중국 신문에서는 그들의 특징을 다음과 같이 묘사하고 있다. 이 또한 신진대사의 부족에서 나오는 병리현상이라 할 것이다.

> *"경력이 화려하고, 공직사회 내부의 불문율에 익숙하다. 사람과의 관계는 밝지만, 실질적인 일은 등한시한다. 허풍을 떨고 책상머리에서 지시하는 데 익숙하다. 학습에는 게으른 대신 사교에는 능하다. 국민은 안중에도 없고 상사나 기관장의 꽁무니만 따라 다닌다. 장기적인 안목 없이 단기 성과와 공을 세우는 데 급급하다. 도박과 재물 그리고 여색에 빠져 있다."*

신진대사를 활성화시키기 위해서는 ① 중앙배분식의 획일적인 고시제도를 철폐하여, 분권화되고 그리고 다양한 공무원선발제도로 바꾸어야 한다. 그리고 선발방법도 과거의 기능형 또는 기술형 모형에서 인성과 기능을 모두 볼 수 있는 이념형 모델로 바꾸어야 한다. 또한 ② 3급 이상의 고위직을 전면적으로 개방직으로 바꾸고, 아울러 계약직으로 임용하여 관료주의를 극복하고 효율화하는 방안도 검토하여야 할 것이다. 아울러 ③ 대통령의 임명직을 오히려 광범위하게 확대하여 정권이 표방하고 있는 국정운영철학을 책임지고 수행할 수 있는 교두보로 활용하여야 할 것이다. 그래야 공직에 맑고 힘찬 기운이 스며들 수 있다.

상위 공무원의 유일한 충원수단인 현재의 5급 고시제도는 단 한 번의 시험만으로 결정되는 매우 비합리적인 제도일 뿐 아니라, 수기(修己)가 아닌 치인술(治人術)만을 요구하고 있어 마음의 눈인 가슴보다는 머리만을 강조한다. 따라서 합격자들은 항상 기수(期數)로 묶어지면서 관료집단의 자기세력 확대재생산의 제도적 토대로서 기능해 왔다. 상위 공직자들의 충원이 고시출신의 내부적 승진만으로 독점되어 왔기 때문에 우리나라 고위 공직사회는 폐쇄성이 매우 강하다. 또한 복잡다양하고 전문화된 행정수요에 대응하기도 어렵다.

(2) 윤리적 기반을 지속시키는 방법을 강구하라

둘째로는 공무원에 대한 사후적 감독기능을 대폭 강화하고, 평가를 통하여 행정의 책임의식을 보강하여야 한다. 윤리적 인간을 공직에 유입하여 새로운 기풍을 진작시키는 것도 중요하지만, 충원된 공직자들에 대한 지속적인 감독통제를 통하여 공직의 윤리적 기반을 유지시켜 나가야 한다. 공직자에 대한 감독과 통제는 주인으로서 당연한 권리이자 책임이다. 공(公)에 대한 마음의 눈이 멀지 않도록 지속적으로 공무 능력에 대한 검증과 평가시스템을 철저하게 정비하여야 한다.

(3) 공직에 대한 개혁은 공직자가 해서는 안된다

마지막으로 국민이나 전문가집단 주도로 공무원조직에 대한 대대적인 개혁이 있어야 한다. 지금까지 관료집단에 대한 개혁은 거의 시도조차 하지 못했다. 정권교체 때마다 말로는 개혁이니 혁신을 부르짖었으나, 실제로 공무원 개혁은 언제나 공무원에게 맡겨 놓았었다. 실로 고양이에게 생선을 맡겨 놓은 셈이다. 한국의 고질병인 학연 지연 등의 연고주의, 인간관계와 순응성을 특히 강조하는 가족주의적 풍토, '우리가 남이가' 하는 끈끈한 동료의식 등은 과감한 수술보다는 서로 덮어주고 잘못을 축소하는 식의 형식적인 개혁으로 끝날 수밖에 없다. 따라서 공직에 대한 개혁은 고용인이자 주인인 국민이 직접 나서거나, 사회 전문조직의 안을 토대로 국민의 강력한 지지를 받고 있는 정권에 의하여 대대적으로 이루어져야 한다.

공직윤리가 막힘없이 흘러 모든 공직자들이 진정으로 공(公)을 위하여 헌신하고 공헌하는, 그래서 국민이 믿을 수 있고 투명한 윤리적 정부(ethical government)는 언제쯤 가능할까? 영원히 불가능한 것은 아닌지 ……?

(2010. 4. 24. 도진 산방에서)

바른 마음 바른 길(正心正道)

명분과 의리를 지켜라

명분과 의리를 지켜 목숨을 버릴 것인가? 사세와 실질을 좇아 업적과 영화를 쌓을 것인가? 이 두 갈래 갈림길에서 우리들의 선조들은 반드시 하나의 길을 택해야 했다. 적장자 승계원칙의 임금 자리를 둘러싸고 끊임없이 정변이 일어났기 때문이다. 조선의 선비들은 대체로 명리를 버리고 치명의 길을 즐겨 선택하였으나, 역사에 맥맥히 살아남아 후세들에게 정심정도(正心正道)의 교훈을 주고 있는 단심(丹心)의 역사가 있기에 우리를 행복하게 해 준다.

역성혁명(易姓革命)을 음모하고 있던 무신 이성계에겐 당시 고려의 민심을 한몸에 얻고 있는 문신 정몽주가 가장 큰 걸림돌이었다. 이를 회유하지 않는 한 혁명의 성패가 불투명했다. 그래서 음모와 술수가 뛰어난 방원으로 하여금 그의 마음을 떠 보라고 시켰다. 정몽주와 술자리를 같이 한 방원이 거나하게 취한 술기운을 빌어, 「이런들 어떠하리 저런들 어떠하리.……」하는 시를 읊게 된다. 이 시가 그 유명한 하여가(何如歌)이다.

이런들 어떠하리 저런들 어떠하리(此亦何如 彼亦何如)
성황당 뒷담이 무너진들 어떠하리(城隍堂後垣頹落 亦何如)
우리도 이같이 죽지 않은들 어떠하리(我輩若此爲不死 亦何如)

이 하여가에 대응하여 정몽주는 「이 몸이 죽고 죽어 일백 번 고쳐죽어, ……」로 시작되는 단심가(丹心歌)로 응수하였다.

이 몸이 죽고 죽어 일백 번 고쳐 죽어(此身死了 死了 一白番更死了)
백골이 진토되어 넋이라도 있건 없건(白骨爲塵土 魂魄有也無)
임 향한 일편단심이야 고칠 리야 있으리 (向主一片丹心 寧有改理歟)

태종만큼 야심적이던 세조도 단종 복위를 음모하다가 옥에 갇힌 성삼문, 이개, 박팽년에게 김질(金礩)을 보내어 술자리를 마련하고 방원의 하여가(何如歌)로 마음을 떠보게 했다. 이에 성삼문은 포은의 단심가(丹心歌)로 응수했고, 이개는 「야광명월이 밤인들 어두우랴」하는 단가로 응수하였다. 또한 박팽년은 「아무리 여필종부라 한 들 임마다 좇을쏘냐」로 응수하였다. 이같이 정심정도를 바꿔보려는 사심사도(邪心邪道)의 유혹은 우리 역사에서 끊임없이 되풀이되고 있다.

폭군 연산군 때 대제학 홍언충이 갑자사화에 연루되어 혹독한 고문을 받고 피투성이가 된 채 옥문 밖에 버려져 있었다. 간신 김안로(金安老)가 나타나 "참혹하도다!" 하고 "지혜를 죽이고 학식도 몽매해져 옳고 그름과 좋고 나쁨을 못 가리는 그런 사람이 되고 싶지 않은가?"하고 유혹했다. 이에 홍언충은 "그렇게 되면 저승에 가서 외롭지 않겠는가?" 하고 고개를 흔들었던 것이다.

몇 년 전, 이러한 정도정심(正道正心)의 단심(丹心) 사례를 읽을 수 있는 사진 한 장이 공개되었다. 공산주의 치하에서 민족·민생주의를 고수하던 고당(古堂) 조만식(曺晩植) 선생을 소련의 한 정치장교가 기방에 모시고 회유하고 있는 1945년도의 사진이다. 그 사진에서 하여(何如)하는 소련 장교와 단심(丹心)하는 고당의 정황(政況)이 실감나게 드러나고 있음을 본다. 고당이 거절한 술잔은 방원이 정몽주로부터, 세조가 사육신으로부터 거절당한 술잔과 똑같은 정신이 담긴 술잔이다. 그 후 고당은 처참하게 학살되어 대동강 변에 아무렇게나 묻혔다고 한다. 하지만 고당은 지금 저승에 가서 조금도 외롭지 않을 것이다.

정심정도가 없는 세상이다. 밤에는 여당, 낮에는 야당하는 정치인들, 대통령하고자 정당을 밥 먹듯 갈아 타는 사람들, 명예와 권력유지를 위하여 간까지다 빼어버리고 동분서주하는 군상들이 불쌍하다. 저마다 명리와 이익을 찾아 철세같이 날아다니는 현 세태가 어지럽다. 비록 만신창의가 되어 너덜거리는 우리의 역사건만 이 단심으로 일관된 금줄같이 싱그러운 한 줄기의 정신사(精神史)가 있었기에, 그나마 우리의 역사가 지탱되어 온 것이 아닐까? 그리고 젊은이들에게 어떻게 살아야 하는가에 대한 인생 선택의 사례를 제시하는 게 아닌지?

(2009. 3. 20. 서재에서)

미복(微服)정신과 전시행정

있는 그대로의 민심을 읽어라

예나 지금이나 성군이 되기 위해서는 민심을 정확하게 파악하고 그들의 고통을 함께할 수 있어야 한다. 공자(孔子)도 어진 정치를 하는 법은 백성으로 하여금 따라오게 하는 데에 그 뜻이 있다고 하였다. 백성을 따라오게 하기 위해서는 먼저 민간의 질고를 알아야 하고 애민(愛民)하는 마음이 있어야 한다.

세종대왕은 경복궁 경회루 인근에 초가삼간을 지어놓고 백성들이 괴로운 일을 당할 때마다 이 초가집에 거처하면서 민초들의 고통을 공감하였다고 한다. 가뭄이나 장마가 길어져 백성들이 고통을 받고 있다거나, 어느 지방 백성들이 홍수로 집을 떠내려 보내고 노숙을 한다는 소식을 접할 경우, 침전(寢殿)을 피해 이 대궐 속 오두막살이 생활을 했던 것이다. 어느 해 여름 장마가 길어져 그 오두막살이 집을 드나들기 어려울 정도로 땅이 질었다. 시종들이 임금이 나아가는 길에 전포(氈布)를 깔았다. 이를 본 임금은 여염집에 무슨 전포를 깔더란 말이냐고 호통을 쳐 이를 거두게 하고 그 대신 짚을 깔고 걸었다고 전한다.

이렇게 백성들의 고통을 더불어 느끼고, 또 민심을 손수 살피며 민원을 직접 듣는 방편으로 미복(微服)이라는 게 있다. 즉 신분을 숨기기 위하여 여염의 백성처럼 변장을 하고 돌아다니며 민정과 민심을 살펴 수렴하는 정치수단이다.

역사상 가장 이상적인 국가로 치는 요(堯)나라의 요임금이 나라 다스리는 정치수단으로 즐겨 이용한 것이 바로 이 미복정치(微服政治)였다. 있는 그대로의 민심을 파악하여 국정에 반영하는 이 미복정신은 아무도 몰라야 하는 것이 생명이다. 우리나라에서는 조선조 성종임금이 이 미복정치를 가장 많이 활용하였다. 해진 갓을 젖혀 쓴 노서생(老書生)의 행색을 하고 성균관에 찾아들어 조정에 대한 서생들의 숨김없는 비판과 의견듣기를 즐겨 하였다. 관리들을 통하여 걸러진 정보보다는 생생한 국정의 문제점을 알 수 있어서 좋았다.

성종임금의 미복정치

어느 날 성종임금은 평복한 선전관 한 사람을 대동하고 수수한 옷차림을 한 후 이곳저곳을 돌아보았다. 날이 저물어 인적이 거의 없어질 무렵 남산 밑 어느 조그마한 초옥에 당도하였다. 이상스러운 사나이가 지게에 무엇을 지고와 땅을 파고 있었다. 그 연유를 물어보니 수십 년 동안 과거에 낙방한 그 서생은 까치가 집 앞 나무에 집을 지으면 급제한다기에 까치집이 있는 나무를 베어 사립문 앞에 세운다는 것이었다. 과거시험에 관한 이런저런 애로사항을 물은 후, 임금은

"그럼 당신은 시(詩)를 잘 하오? 글(文)을 잘 하오?" 라고 물었다.

"무엇이든 잘 하지만 모두 안 되오."

"그럼 글이나 잘 읽고 있으오. 이제는 까치집이 있는 나무를 갔다 심었으니 쉬 과거하리다." 이 말을 남기고 임금은 그 집에서 사라졌다.

남산을 휘돌아 인왕산 근처까지 왔다. 밤은 이미 깊어 순라꾼들만 드문드문 다닐 뿐이었다. 인왕산 밑에서 세어 나오는 희미한 불빛을 찾아가 보니, 한 젊은 서생이 책을 읽다가 곤한지 불도 끄지 않고 그대로 책상에 고개를 파묻고 쓰러져서 자고 있었다. 임금은 문 밖에서

"여보시오, 글 안 읽고 왜 자고 있소." 하고 물었다. 그 소리에 눈을 번쩍 뜬 서생은 아무 소리하지 않고 글 읽기를 다시 시작하였다. 밖에서 다시 불러도 못 알아들었는지 서생은 그대로 열중하여 책을 읽는다. 다시 부르니

"누구시오?" 하고 문을 열었다.

"지나가는 길손인데 순라꾼에게 쫓기어 가지 못하고 여기까지 왔소. 한 밤 유하고 가게 해 주오."

"고생하십니다. 그러시면 비록 누추하고 좁은 방이지만 이곳에서 주무시고 가시오." 그날 밤 성종은 그 서생과 함께 지내게 되었다.

"손님은 주무시오. 나는 조금 더 글을 읽다가 안방으로 가겠습니다. 내 염려는 말고 주무시오."

"아니오. 나도 글 배운 사람이 되어 당신이 보는 책을 조금 보고 있소. 어서 더 보시오." 이 말에 주인은 아무소리 없이 책만 본다. 하도 열심이라 옆에서 보기 딱할 지경이었다. 임금은 밤을 세워가며 글읽는 젊은 사람이 어딘가 모르게 믿음직스러웠다. 선전관은 옆에서 코를 골며 자고 있다. 임금은 주인에게 그렇게 책을 열심히 보아 무엇 하냐고 물었다.

"벌써 10년간 과거를 보아도 늘 떨어졌소이다. 학문이 부족한 탓이지요. 과거할 때까지 읽을 것이오."

"대단한 결심이구료,"

"아니요, 남자란 한번 결심하면 끝까지 해보아야 하는 법이지요."

"장하시오" 임금은 칭찬을 아끼지 않았다. 얼마 후 안에서 방문이 열리며 부인의 목소리가 났다. 조금 후에 주인이 나가더니 안주 조금과 함께 술상을 들고 들어왔다.

"대단히 죄송하외다. 저의 아내가 매일 한밤중마다 치성을 드리고 내오는 술이외다. 시장하실텐데 조금 드시오." 주인은 자고 있는 선전관까지 깨우려 했다. 임금은 그 사람은 술을 못하는 사람이니 깨우지 말라고 하고 두사람만이 술을 들었다. 비록 탁주일망정 구미에 담겼다. 이런 저런 나라 돌아가는 애기를 나눈 후, 또 다시 과거 애기를 꺼냈다.

"그래 이렇게 좋은 선비가 늘 낙방만 한단 말이요?"

"그게 다 운수올시다. 조금도 염려 마십시오. 때가 되면 과거하겠지요." 주인은 여전히 태평하게 책을 보았다.

"글제를 몰라 그러시는 것이 아니요?"

그날 초저녁 까치집 얘기를 하고, 새벽닭이 울 즈음하여 임금은 환궁했다.

돌아와 과거시험의 문제점을 은밀히 검토해 보니, 그동안 시험관들이 부정하게 급제여부를 조작하여 왔음을 알고 개혁을 지시하는 한편, 임금은 선전관을 보내 두 사람을 따로 다른 궁중으로 불러 들여 작소(鵲巢; 까치집)라는 글제를 내고 별시를 치르게 하였다. 그제야 두 선비는 간밤의 객이 임금이었음을 알고 글을 지어 바치고 나왔다. 얼마 후 특지로서 급제되었음을 알렸다. 그 후에도 임금은 두 선비를 애호하여 더욱 그들의 앞날을 지도하였다. 그 외에도 미복정치를 통하여 많은 선비들을 채용하여 문운의 발달을 촉진시켰다(이수광, 지봉유설. 이상옥, 한국의 역사에서 인용).

비단 임금뿐만 아니라 황희, 맹사성, 허조 같은 이름난 재상들의 미복에 관한 이야기도 많다. 미복한 황희 정승은 성균관 서생들이 자신을 욕하는 것을 듣고 함께 스스로를 욕했다는 이야기는 유명하다.

미복정치는 사라지고 전시행정만 남아 ……

그런데 요즈음의 미복정신은 어떠한가? 민정파악은 뒷전이고 관계부하들을 줄줄이 대동하고 언론에 보도가 잘 되도록 미리 손을 써 놓고, 시장에 가서 시끌벅적하게 물건 값을 물어보고 먹어보기도 한다. 또 산에 쓰레기를 줍고, 만원전철을 타는 등 남보라는 행사가 줄을 서고 있다. 명분은 미복정신에 따른 민생파악이라는데 실제로는 "…… 척" 하는 전시효과(展示效果)만 노리고 있다. 오히려 서민들에게 불편만 안겨 주고 있다.

청와대에서 여러 사람들은 모아 놓고 하는 정책설명회나 보고회도 거의 전시효과만 노린다. 미리 짜여진 각본에다 건의나 문제점에 대한 발언기회도 주지 않는다. 미리 정해진 몇 사람들만이 행사주관부서에 사전 보고하여 검열을 받은 내용을 앵무새처럼 읽고 있을 뿐이다.

필자가 총장재임시절 경험한 일이다. 권위주의 타파를 위하여 어느 정도 기여한 노무현 대통령이 대학총장들을 모셔 놓고 행하는 교육정책보고회 자리에서, 이러한 전시관행을 미리 알고 있었는지 아니면 미복정신이 생각났는지, 마이크를 잡고 "미리 연락받고 준비해 온 총장들 이외 다른 총장들의 의견을 듣겠습니다." 하고 시작하였으나, 그 결과는 같았다. 그것도 전시였다. 각본대로 진행한 후 시간이 부족하니 의견 있으면 관련부처에 서면 제출하라는 것이었다. 이렇게 전시정치, 전시행정, 보이기 위한 쇼가 일반화되어 있지만, 생중계나 뉴스를 보는 일반 국민들은 대통령이 민의를 파악하고 국민의 의견을 제대로 수렴하고 있는 것으로 착각할 것이다.

정부가 행하는 정책에 많은 문제점이 있음에도 불구하고 정책보고회에서의 의견과 건의 또는 평가는 모두 다 〈잘되고 있다〉는 내용뿐이다. 내년에도 더 많은 예산을 달라는 요구뿐이다. 참으로 미복정신이 살아 있는지 궁금하다. 미복정치는 있는 그대로의 민의를 파악할 수 있도록 의사전달 및 표현의 장애물을 제거하는 것이 중요하다. 미복은 아무도 몰라야 하는 것이 생명이다. 대통령 앞에서 또는 임금 앞에서 그들을 욕하겠는가? 이제 전시정치, 전시행정은 식상해 있다. 아름답던 미복정신을 오염시키는 그런 전시행위는 그만 두었으면 한다.

(2009. 7. 2. 도진 산방에서)

청백리 반석평

자기 스스로를 속이지 마라

반상과 서얼제도가 엄격하였던 조선시대에도 이러한 역경을 개척하여 명재상의 청백리로 오랫동안 이름을 떨친 이가 있으니 그가 바로 반석평(潘碩枰)이다. 자는 공문(公文), 호는 송애(松崖)이다. 이익의 성호사설(星湖僿說)에는 그에 대한 이야기가 이렇게 실려 있다(이상옥, 한국의 역사 전3에서 인용).

조선 중기 연산군이 등극한 이후 4대 사화를 거치면서 학자들과 정객들의 갈등은 극에 달하였으며 출세를 위하여 모함과 무고가 판을 치는 어지러운 세상이었다. 이 시대에 남의 집 종의 신세가 된 소년 반석평은 틈만 있으면 글을 읽으려고 하였다. 옛날부터 학우등사(學優登仕)라 하여 학문이 넉넉하여야만 벼슬을 할 수 있다고 하지 않았던가? 남의 집의 종 신세이지만 세상에 나온 보람을 찾아보려고 이를 악물고 틈틈이 책을 보았다. 어느 따뜻한 봄날이었다.

뜻을 성실히 한 소년 반석평

“애야, 무엇하느냐? 이리 와서 다리나 좀 주물러라.” 세도가 당당한 주인 이 참판이 부르는 소리다.

"예." 즉시 대답하고 사랑으로 들어간 소년은 이 참판의 다리를 주무르면서, 한편으로는 품속에 지니고 다니던 책을 몰래 펼쳐 놓고 들여다보고 있었다. 자꾸 한눈을 팔게 되니 다리가 제대로 주물러지지 않는다.

"무엇하느냐, 한눈 팔지 말고 제대로 주물러라." 다시 정신을 차려 주무르고 있으나 역시 눈은 책으로만 가 있었다.

"그놈 장난이 심하군," 하면서 주인은 옆을 보았다. 마침 소년은 통감 제2권을 펼쳐 놓고 읽는 중이었다.

"무슨 책이냐? 장난 말고 어서 주무르기나 해라." 책을 가지고 장난하는 줄 알고 하는 말이다.

"예." 그러나 여전히 정신이 차려지지 않는다. 마침 초(楚)의 항우와 한(漢)의 유방이 싸우는 장면으로서 패공(沛公)이 몰려가는 대목이다. 책을 보면서 무엇이 좋은지 싱글벙글하고 있다.

"이놈 무엇이 좋아 웃는 것이냐." 이 참판은 소년이 읽고 있던 책을 빼앗았다. 그제야 정신이 버쩍 든 소년은

"대감마님. 잘못했습니다. 쇤네가 책을 보다가 정신이 팔려 죽을죄를 졌습니다."

"이게 누구의 책이냐?"

"작은 도련님의 책이옵니다."

"작은 놈은 너더러 책가지고 장난하라던? 고얀 놈!"

"아니옵니다. 쇤네가 잠시 빌려 왔습니다."

"책을 빌려 오다니 글을 읽을 줄 아느냐." 잠시 망설이다가 고개를 끄떡였다.

"그래?" 그때야 이 참판은 정신이 드는 듯 책을 소년 앞으로 내밀었다.

"그럼 여기 읽던 곳을 한번 읽어보거라." 이 대목은 한(漢)나라의 창업사화의 한 대목으로서, 사마천(司馬遷)이 명문으로 묘사한 홍문연(鴻門宴)의 가장 극적인 장면이다. 소년은 무슨 벌이 내릴지 몰라 주저주저하다가 책을 죽 읽어 내려갔다.

그제야 놀라, 이 참판이 이번에는 글의 뜻을 물었다.

"홍문연의 실패는 누구 때문이냐?"

"유방의 호위병 번쾌(樊噲)가 들어와서 방해했기 때문입니다."

"그러면 누가 노하였느냐?"

"일을 꾸민 항우의 모사 범증(范增)이 노했습니다."

"음……" 만족한 듯이 이 참판은 고개를 끄덕였다. 볼수록 소년에게 관심이 갔다.

"너 공부하고 싶으냐."

"예. ……"

"공부해서 무엇 하려고?"

"과거보려고 합니다."

"남의 집 종도 과거보는 줄 아느냐?" 이 말에는 소년도 암연히 눈물을 머금는다.

"쇤네도 종의 신분으로는 과거를 보지 못하는 줄 아옵니다만 …."

"그런데 어떻게 과거를 보려 하느냐?"

"단지 소년의 어린 꿈이옵니다."

"허허 ……. 그놈 맹랑한 대답을 하는구나."

그 이후, 소년은 짬나는 대로 책읽기를 게을리 하지 않았다. 이 참판은 알고도 모른 채 그냥 내버려 두었다. 한편 집주인의 둘째 아들은 독선생까지 두어가면서 공부를 하였으나, 놀기를 좋아하고 게으른 나머지 글에는 큰 진전이 없었다. 그러나 소년은 독선생의 귀여움을 받아가며 주인 아들의 책으로 공부하여 그 실력은 일취월장해 갔다.

소년 반석평은 나이가 점점 들어갈수록 자기의 신세가 처량하여 그 집을 뛰쳐나와 무엇인가를 해보고 싶었다. 어느 날 하직 인사차 주인의 방에 들어가 사정을 말하였다.

"할 수 없는 일이다. 네가 성공만 하면 종의 신분은 면해 주마. 그런데 네가 홀로 나가 어떻게 출세하겠니?"

"쇤네도 막막하옵니다만 어찌 대감께 소청하겠나이까?"

"아니다. 사람은 누구나 돌보아 주어야 하는 법이다. 우선 양반의 집에 들어가 그곳에서 좀더 공부한 후에 과거를 보도록 하여라." 소년은 더욱 감동하여 고개를 숙이고 있을 뿐이었다.

"내가 아들 없는 양반집으로 너를 들여보내 줄 터이니 그곳에서 수양아들노릇을 하면서 공부하다가 과거를 보거라. 그리고 우리 집에는 드나들지 마라. 세상에서 알면 너의 신상에 좋지 않을 것이니라."

"이 은혜 무엇으로 갚을 수 있겠습니까? 명심하여 대감의 말씀 따르겠습니다."

"오냐 알았다."

그날로 주인은 종 문서를 불사르고 소년을 자기의 일가 중에 아들 없는 집을 골라 수양아들로 보냈다. 비록 남의 수양자이지만 사람됨이 똑똑하고 영특하여 그 집을 돌보아 주면서 열심히 공부하여 얼마 후에는 소년등과(少年登科)하였다. 이 참판과 수양부모 모두 기뻐하였다. 한번 등용문을 통과한 이후 출세는 점점 빨라져 갔다. 먼저 검열과 교리를 거쳐 지방관으로 내려갔다. 지방수령으로 선치를 행하여 그의 명성은 날로 높아갔다. 나중에는 감사를 거쳐 형조판서로 경직으로 돌아왔다. 이제는 당당한 대감의 자리에 앉게 되어 매일 정2품관의 초헌을 타고 등청하게 되었다.

세월은 흘러 이 참판은 죽고 그의 아들들이 벼슬하며 나라에 봉사하였다. 그러던 중 이 참판의 아들 이오성은 당시 흔히 있는 역모사건에 걸려들어 옥고를 치르게 되었다. 의금부에서 문초하고 형조에서 문서를 처리하는 과정에서 이것을 본 반석평은 깜짝 놀라며, "아무래도 수상하다. 역옥에 관여될 일이 없는데 남의 모해를 받고 있구나."하는 생각이 들어 자기의 몸을 희생하면서라도 구해 줄 것을 결심하였다. 즉시 입조하여 어전에서

"이번 역옥에 이오성이 들어간 것은 무고인줄 압니다. 신이 이오성을 잘 알고 있으니 그 책임은 신이 신명을 다하여 지겠사오니 방면하시기 바라옵니다."

하며 자기가 책임질 것을 밝히었다. 나라에서는 근자에 역옥이 연이어 계속하여 나오므로 반석평의 말대로 그에게 일임하였다. 덕택에 이오성은 풀려났다. 그러나 이오성은 자기가 어떻게 나온 줄은 모르고 있었다.

스스로 솔직하고, 스스로 부끄럽지 않아야 한다

다시 세상이 바뀌어 이오성의 집은 계속하여 몰락해 갔다. 어느 날 초헌을 타고 입조하는 길에 거지의 차림으로 지나가는 이오성을 보았다. 잠시 생각하다가 급히 하인에게 초헌을 멈추게 하고 지나가는 양반을 모셔오게 명했다. 반석평은 초헌에서 내려 맨발로 그 사람 앞에 가서 길게 읍을 하였다.

"소인 문안 아뢰오."

하인들뿐 아니라 가까이 온 이오성도 깜짝 놀랐다.

"누구신데 이러시옵니까? 혹시 대감께서 사람을 잘못 보시지나 않으셨소?"

"아니오이다. 이 참판댁 도련님이시죠? 쇤네는 전에 참판댁 종으로 있던 반석평이오이다." 그때야 알았는지 이오성은 눈물을 흘리며 말문을 열었다.

"이게 무슨 짓이오? 지나간 일은 잊으시오. 대감 어서 초헌을 타고 입조하시지오. 나는 영락한 집안의 한 선비에 지나지 않소이다. 대감은 과거를 잊으시고 국가에 봉사하시오."

"아니올시다. 쇤네는 선대감의 은덕으로 오늘 출세했습니다. 어찌 전날의 주인을 잊으오리까? 글을 배운 사람은 은혜를 잊지 못하는 것이외다." 모여든 사람들은 이 광경을 보고 모두 감격하였다.

"형조판서 대감이 전에 남의 집 종이었구나. 청백하기로 이름난 사람이 이제는 물러가겠구나."

"세상에 법도 망하도록 만들었지. 종이면 영구히 종이란 말인가. 한번 올라서면 나라에서도 그것을 봐주어야지." 이러한 얘기가 나중에 온 장안에 퍼져나갔다.

그날 반석평은 이오성을 자기 집으로 모셔가서 극진히 대접하고 그 전의 은혜를 갚는다고 하였다. 이오성은 난감하여 전날을 생각지 마시고 좋은 친구로 지내자고 제안하였다. 청백한 반석평은 이제 자기의 신분을 밝히고 다시 이오성을 상전으로 모시고자 결심하였다. 며칠 후 어전에 나가 왕에게 간청하였다.

"신은 죽을죄를 졌습니다. 국가의 제도를 속이고 전하를 속여 종의 신분으로 감히 대신의 자리를 더럽혔습니다. 신의 직을 파하시고 그 대신 전날 신의 주인 자제를 출사케 하옵소서. 그래야만 신의 죄도 속죄되겠나이다."

임금은 즉시 대신들을 불러 모아, 형조판서의 의로운 사건에 대하여 대신들의 의견을 물었다. 모두 묵묵히 앉아 있을 때 영의정 홍언필이 나서면서 말했다.

"세상에 드문 일이옵니다. 반석평은 비록 나라의 법을 어기고 종의 신분으로 대과까지 하여 정2품이 된 자이오나, 오늘에 와서 과거의 잘못을 뉘우치고 사죄하오니 그 뜻이 매우 가상한 일이오이다. 국가는 의리를 지키는 법이오니 의를 보아 반석평을 그대로 쓰도록 하십시오." 좌의정 김극성도 여기에 찬의를 표했다.

"반석평의 일에 대하여 신도 자세히 알아보았나이다. 그는 전의 주인인 이참판이 노비의 문서를 없앴기 때문에 양민으로서 출세한 것이옵니다. 따라서 현직에 머물러도 무방한 줄 압니다. 더구나 그는 청렴결백하여 청백리라 하옵는데 지나간 일은 논의할 것이 없사옵니다. 이오성 또한 반석평을 두둔하고 있으니 이 또한 의로운 관계입니다. 전하 때에 이러한 좋은 일이 생긴 것이니 오로지 전하의 높은 황은으로 이루어지는 일인 줄 아옵니다." 왕은 신하들의 의견을 받아들여 반석평을 그대로 봉직하게 하고, 이오성은 사옹원의 별좌를 제수하였다.

뜻밖에 의리를 지키는 사람이라 하여 다시 전직에 그대로 봉직하라는 어명을 받은 반석평은 사은숙배하고 전과 같이 형조에 나가 근무하였다. 이 사건은 여러 번의 정변과 사화로 위축된 당시 학자들에게 일종의 청량제 역할을 하였다. 남의 옛날 과오를 알아내 어떻게 하든지 헐뜯고 무고하여 내쫓는 것이 유행하던 시대에 이러한 미담은 일반사람들을 흐뭇하게 하였을 뿐 아니라 모두 반석평을 칭송하였다. 그럴수록 반석평은 황은에 보답코자 더욱 정려하여 후세 청백리 명상이라는 칭호를 얻어 오랫동안 명성을 날리었다.

(2009. 4. 3. 도진 산방에서)

법제처장 다산 정약용

낡고 썩은 법제는 부단하게 고치고 바꾸어라

단군이 고조선을 개국한 이래 오늘에 이르기까지 전체 역사를 통틀어 법제처장에 가장 적합한 인물을 선정한다면 누가 될까? 필자는 단연 다산(茶山) 정약용(丁若鏞: 1762~1839)을 추천할 것이다. 다른 사람들은 누구를 지목할까?

유교를 숭상해 온 옛 우리 조상들은 모임이 있을 때마다 곧잘 지식유희(知識遊戲)를 즐기곤 했다. 그 가운데 기인비목(其人備目)이라는 놀이가 있다. 이는 삼국시대 이래 역대 인물들을 평가하고 전형하여, 적정관직에 최고의 장관을 배치하는 인사배치놀이를 말한다. 예를 들면, 총리대신에 누군가가 황희 정승을 천거하면, 누군가가 유성룡을 천거한다. 그러면 둘이서 논쟁을 하게 되는데 결판이 나지 않으면 제3자가 고구려 재상 을파소를 천거하는 식으로 조각해 나가는 유희다.

일재시대만 해도 이 인사배치놀이가 지식인들 사이에 유행했었다. 어느 날 육당(六堂) 최남선(崔南善)의 사랑방에서 선정(조각)한 우리나라 통시대적인 최고장관들의 면면을 보면 공감하는 바가 크다. 다산 정약용은 여기서도 필자와 같이 법제처장격인 법제국 장관에 임용되고 있다. 모든 지식인들이 다산을 왜 법 · 제도 개혁의 최적임자라 평가하고 있을까?

우리나라 역사상 다방면에 걸쳐 가장 탁월한 학문적 업적을 쌓은 분을 한 분만 고르라면, 우리는 단연코 다산 정약용을 꼽을 것이다. 한 개인이 평생토록 쌓을 수 있는 저술의 양이 얼마나 많을 수 있으며, 탐구할 수 있는 학문의 분야가 얼마나 넓을 수 있는가를 〈여유당전서〉 154권 76책이 말없이 증명하고 있기 때문이다. 뿐만 아니라 그 많은 서적이 백미 아닌 것이 하나도 없다.

법 · 제도 개혁의 최적임자, 다산 정약용

다산의 실학은 학문을 위한 학문이 아니라, 나라를 부강하게 하고 백성을 잘 살게 하기 위한(經世澤民) 당세(當世)의 실무에 적용하기 위한 학문이었다. 그 연구도 철저한 분석과 고증을 통한 과학적인 방법을 통한 것이었으니, 우리가 지금 다산을 추앙하는 이유도 여기에 있다.

다산은 자신이 살아가던 시대의 여러 문제점을 사회과학적 방법으로 명확히 진단하고 분석하여 그 원인을 밝혀내고, 나아가 그 해결방안을 제시하고 있다. 다산은 500여 권이 넘는 방대한 저서를 남겼지만, 그 저서의 중심되는 내용은 썩은 지 오래된 세상에 대한 분석과 처방이라 할 수 있다.

시파와 벽파의 당파싸움이 극심했던 시대, 그 당파싸움의 결과로 18년간의 유배생활을 해야 했던 다산은 세상은 썩은 지가 이미 오래다(天下腐已久矣) 라고 단호하게 결론을 내린다. 그 부패한 이유를 다산은 국정을 운영하는 토양인 윤리적 질서가 잘못되었다는 점에서 찾는다. 유학의 근본원리인 인 · 의 사상을 해석한 주자의 성리학적 경학이론이 지나치게 이론적이고 관념적이며, 또 실천적이지 못하였기 때문에 일어나는 사회병리현상이 바로 부패의 원인이라는 것이다.

다시 말하면 경(經)의 뜻을 바르게 이해하고 해석하여 공자와 맹자의 본뜻을 찾지 못했기 때문에, 세상은 병들고 썩을 수밖에 없다고 진단했다. 국가의 정책과 법 · 제도를 떠받들고 있는 토양인 정신적 규범적 질서, 즉 공직윤리가 잘못되었다는 것이다. 따라서 관념적인 주자의 성리학적 경학이론을 재해석하여 새로운 실용주의적인 논리로 바꾸지 않는 한 세상은 제대로 발전해 나갈 수 없다고 믿었다. 확고한 신념으로 새로운 경학체계를 수립하여 주자학에 대립되는 『다산학』이라는 탁월한 학문체계를 완성하였다.

주자가 "인이란 사랑의 이치(仁者愛之理)요 마음의 덕(心之德)" 이라고 해석하자, 다산은 "인을 행한 뒤여야 어진 사람이라 이르고(行仁而後 謂之仁人), 의를 행한 뒤라야 의사(義士)라고 말한다(行義而後 謂之義士)."고 분명하게 실천을 강조하고 있다. "인의예지(仁義禮智)" 모두가 마음속에 있는 이치(內心之理)가 아니라 행동으로 옮긴 이후에야 그 의미를 설명할 수 있다고 하였다. 그동안 법과 제도의 수립 및 집행이 이러한 실천을 염두에 둔 것이라기보다는 선언적이고 관념적이었기 때문에 제대로 실천되지 않았다는 것이다. 법 · 제도 따로 행동 따로 격리되었다는 것이다. 행동이 없는 이론, 실천하지 못하는 양심, 이 두 가지 병폐 때문에 역사는 제대로 발전하지 못한다는 신념으로, 다산은 이(理)보다는 행(行)의 중요함을 역설했다.

고치고 바꾸는 일을 부단히 하지 않으면 세상은 썩는다

다산은 낡고 썩은 법과 제도를 고치거나 바꾸지 못하여 세상은 타락하고, 인민은 고통에서 벗어나지 못한다고 주장하면서 법제 개혁을 위한 연구에 일생을 바쳤다. 방대한 분량의 일표이서(一表二書: 경세유표, 목민심서, 흠흠심서)가 바로 그것이다.

고치고 바꾸는 일을 하지 않는다면 세상은 썩을 수밖에 없다고 보면서, 그 일은 당파의 이익을 초월하여, 백성을 위하여, 실학적 윤리질서 위에서 만들어져야 함을 강조했다. 개혁과 혁신은 일회성 또는 상징적 정치로 할 것이 아니라, 일상 행정에서 꾸준히 고쳐나가야 한다는 것을 강조하고 있다. 실제로 그는 실학적 윤리질서의 기반 위에서 다양한 개선책을 제시하고 있기 때문에, 지식유희 게임에서 만장일치로 다산을 법제처장에 임명한 것이 아닌가 생각된다.

요즘 우리나라는 당파싸움이 갈수록 심해지고 있다. 이름이야 정당이지만 어디에도 정당은 보이지 않고 밤낮 없이 당파싸움만 벌이고 있다. 참으로 한심한 일이다. 일의 옳고 그름이나 논리의 정당성 여부와는 관계없이 자기 당파의 주장에만 따르며, 상대편에게 삿대질하고 욕지거리를 퍼붓는 오늘의 정치인들, 누구를 위해 일하는지도 모르는 그들, 과연 공인의 도(道)를 알기나 하는 사람들인가? 다산이 부끄럽지 않는가?

(2009. 10. 1. 서재에서)

서양사상과 공직윤리

정의, 자유, 평등, 형평성

공직윤리는 공무원이 준수해야 할 도덕규범이다. 이 도덕규범이란 '일련의 행위에 대하여 사회적으로 옳고 그름을 판단할 수 있는 기준'인 동시에 현재 윤리적이라고 수용 규정되는 것을 비판하는 근거가 되기도 한다. 따라서 공직윤리를 확립하고 윤리적 기초가 든든한 공직사회를 만들기 위해서는 이러한 도덕규범, 즉 시비를 판단할 수 있는 기준에 대한 이해가 먼저 있어야 한다.

어떤 지역이나 시대를 지배했던 사상이나 철학에는 그 사회를 보편적으로 지배했던 도덕규범이 있었다. 공직윤리는 그 사회에 보편적으로 지배되는 도덕규범에 기초를 두어야 공무원의 반사회적 행동을 방지할 수 있다. 그러면 현재 서양사상을 지배하고 있는 도덕규범 중 앞으로도 계속 수용될 수 있는 도덕규범은 어떤 것들이 있는가? 그리고 이들이 우리의 공직윤리에 어떻게 수용될 수 있는가를 논의해 보자.

공직윤리는 시공을 초월하여 절대적으로 존재하는가?

구체적으로 서양의 윤리사상을 살펴보기 전에 먼저 공직자들의 도덕규범은 시공을 초월하여 절대적으로 존재할 수 있는가에 대한 논의를 살펴보자.

희랍의 철학자 아리스토텔레스(Aristoteles)는 정치를 하는 사람들은 '중용의 도에 기초한 실천의지(선의지)'를 지녀야만 올바른 정치를 할 수 있다고 보았다. 정치학 연구의 선구자인 플라톤(Platon)도 통치계급이 지녀야 할 최고의 덕은 '자신의 주관적 욕망과 정념을 절제할 수 있는 이성'이라 하였다. 이들 모두 동양의 유학사상에서 주장하는 과불급의 도, 즉 중용과 절제(예)의 사상과 일치한다. 이들은 공직자의 도덕규범은 변하지 않는 절대성을 가지고 있다고 주장한다. 이들은 시대가 변해도 변하지 않는 도덕규범, 즉 보편적 법칙은 존재한다는 주장이다.

반면에 듀이(J. Dewey)나 흄(D. Hume)은 사회적 필요성과 조건이 변화하면서 공직자의 도덕규범도 변화되어야 한다는 도덕적 상대주의를 주장한다. 미국의 실용주의(Pragmatism)를 완성한 듀이는 변화하는 인간의 욕구와 조건 속에서 인간은 원하는 결과를 얻기 위하여 항상 새로운 가치관을 개발한다고 보았다. 사회가 변화하면 인간의 욕구와 인간이 원하는 결과도 달라진다. 따라서 어느 결정이 객관적으로 정당하면서 이성적인가를 판가름할 수 있는 기준, 즉 옳다는 관념도 사회적 필요성과 조건이 변하면 변화되어야 한다는 주장이다.

이 두 주장을 종합하여 민스(R. Means)는 가치관은 영구적이고 근본적인 도덕규범과 변화하는 인간의 욕구와의 조화를 반영하여야 한다고 주장한다. 그는 가치의 본질은 역동적이며 시간이 지남에 따라 변화하게 된다고 본다. 즉 시간에 대한 인식과 도덕규범에 대한 인식이 서로 조화를 이루어야 하는데, 공직자들이 도덕규범에 대한 인식 없이 시간에 대한 인식만 하게 되면 현재의 규범에는 일관된 행동을 할 수 있지만 도덕적으로 비난의 대상이 될 수 있고, 반면에 공직자들이 시간에 대한 인식을 하지 못하면 도덕규범에 의하여 검토되어야 하는 상황이나 수요의 변화를 반영하지 못하는 행동을 할 수가 있다. 디지털시대에 아날로그 의사결정을 하게 되는 격이 된다.

그러나 시대가 변하고 상황이 변해도 절대적인 도덕규범, 즉 보편적인 법칙이나 규칙은 존재한다. 행정학자 왈도(D. Waldo)는 "시간과 공간을 초월한 영구불변의 도덕규범은 존재하며, 이는 개인과 정부를 초월한 정의(正義)의 근원이 되는 것으로 고차원의 도덕법칙이라 할 수 있다."고 주장하고 있다.

보편적인 도덕규범의 사례로, 디죠지(R. Degeorge)는 사회구성원의 생명에 대한 존중, 진실에 대한 존중, 협동에 대한 존중 등을 들고 있고, 베이어(K. Baier)는 약속을 어기거나 의무를 소홀히 하거나 책임완수를 하지 않거나 도둑질을 하거나 공금을 횡령하거나 공직을 남용하거나 하는 행위는 나쁜 행위라는 규칙을 들고 있다. 그 외에도 개인의 자율성과 평등, 부당한 간섭으로부터의 자유, 자존심, 기대를 보장받을 수 있는 권리 등은 모두 이러한 보편적인 도덕규범에 속한다 할 수 있을 것이다.

이러한 보편적인 도덕규범은 이를 구성하는 요소에 대해서는 비록 논쟁이 있다 하더라도 현대의 공직윤리에서 수용되고 준수해야 할 가능성이 많다. 도덕규범의 개념과 범위의 구체화는 오늘날 공직윤리의 내용과 가치를 개발하고 나아가 공직윤리관을 확립하는 데 많은 도움이 될 수 있다.

정의(正義)와 공직윤리

인류역사상 논리적 · 법률적 지각이 싹트기 시작하면서부터 정의는 '옳고 바른 일(righteousness)'이란 개념으로 인식되었다. 따라서 정의는 정치, 경제, 사회, 역사 등 모든 분야에서 여러 가지 이름으로 인간세계를 지배해 왔다. 정의는 인간정신에 있어 가장 원초적이며, 다른 어떠한 형태의 윤리보다 앞서는 가장 기본적인 원리로서 지금까지 그 위치를 고수하고 있다. 그러면 보편적 도덕규범으로서의 정의란 무엇인가?

서양에서의 정의의 어원은 희랍어 Dikaisyne, 즉 '정의라는 덕을 함양함'에서 나왔다. 이후 이 정의는 Dike, 즉 사회질서 유지와 안녕에 필요한 통제성의 성격을 띤 원리라는 의미로 사용되었다. 현재의 정의는 후자의 의미를 갖는 것으로서 법적인 혹은 제도적인 질서와 관련되어 있다.

플라톤(Platon)은 인간의 영혼은 순수한 이데아적인 부분과 육체에 매인 부분으로 나누어진다고 보았다. 이데아적인 부분은 '불멸의 이성(logiskiton)'이고, 육체에 매인 부분은 감각적인 정욕(epithymetikon)과 이 정욕을 이성의 명령에 따라 누르는 기개(thymbeides)로 구성되어 있다고 보았다. 이성의 덕을 지혜(知慧)라 하고 기개의 덕을 용기(勇氣)라 하며, 정욕의 덕을 절제(節制)라 하고, 이러한 영혼의 힘과 기능들이 주어진 본분을 지키고 영혼이 질서와 조화를 가질 수 있도록 위의 세 가지 덕을 통일하는 덕이 정의 내지는 공정이라 하였다. 이것은 국가를 이끌어나가는 지배계층, 특히 공직자들이 지켜나가야 할 의무요 윤리라 할 수 있으며, 공직자들의 이성과 책임을 강조하는 정의는 현대의 공직윤리로도 큰 의미가 있다고 본다.

플라톤의 이러한 견해는 동양사상에서 보는 것과 거의 같다. 동양의 유학에서는 정의란 예(절도)라는 덕목(원리)이 구체적으로 나타난 것으로 '바른 일 또는 본분에 맞는 일', '불의를 미워하고 부끄러워하는 마음', '시시비비를 정확히 따져 바르고 공정하게 하는 일' 등으로 보고 있다.

정의가 보편적으로 동의된 인간의 행동기준이라는 데 모든 사람이 동의하고 있다 하더라도 구체적으로 어떻게 행동해야 되는가에 대한 합당한 기준은 불투명하다. 롤스(J. Rawls)는 사람들이 어떠한 상황에서 정의의 기준을 세우고 합의하는가를 설명하기 위하여 정의의 기준을 두 가지로 나누어 제시하고 있다.

그 두 가지의 정의기준을 제시하기 전에 롤스가 제시한 정의론의 기본 가정은 ① 능력이나 공헌에 따라 차등 분배하는 것은 공정하다. 이를 공헌도 기준에 따른 형평(equity)원칙이라 한다. ② 사람들이 생존하는 데 필요한 만큼은 분배해야 하는 것이 공정하다. 이를 필요도 기준에 따른 평등(equality)원칙이라 한다. ③ 능력이나 필요기준에 의한 본래적 격차와는 관계가 없는 경우, 동일한 경우에는 동일한 취급을 하여야 하는 것이 공정이라고 보는 기준이다. 이를 무차별기준에 따른 공평(fairness)원칙이라 한다. 이러한 기본 가정에 입각하여 다음과 같은 두 가지의 정의기준을 제시하고 있다.

(1) 모든 개인은 다른 사람들과 유사한 자유와 병립할 수 있는 가장 광범위한 기본적 자유에 대하여 동등한 권리를 가져야 한다는 것으로서, 자유와 같은 기본적 권리들은 절대적으로 모든 사람에게 평등하게 주어야 한다. 이는 개인의 이익을 위해서건 사회의 이익을 위해서건 절대 교환할 수 없다는 원칙이다.

(2) 사회적 경제적 불평등은 다음의 두 조건을 만족시키도록 조정되어야 한다. 첫째, 그 불균등이 모든 사람들을 위해서 이익이 되리라는 것을 합리적으로 기대할 수 있고, 둘째, 그 불균등의 모체가 되는 지위와 직무의 기회는 모든 사람에게 개방되어야 한다.

롤스의 정의기준의 첫째는 기본적인 자유는 보장되어야 한다는 기준으로서, 이를 "동등한 자유의 원리"라 한다. 이 기본적 자유에는 정치적 자유, 언론 및 집회의 자유, 신체의 자유와 재산소유의 자유, 양심의 자유로서 민주사회의 통념들과 일치되는 자유이다. 이러한 기본권은 더 이상 정치적 흥정이나 사회적 이득에 희생되어서는 안 된다는 기준이다.

이러한 기본적 자유가 보장되면, 다음으로 사회적으로 빈곤층에 대한 복지의 배려, 즉 아리스토텔레스가 언급한 배분적 정의를 구현하여야 한다는 기준이다. 이 두 번째의 원리는 올바른 불평등의 기준을 밝힌 것이다. 인간사회에 관한 어떠한 사회학적인 모델도 모두 사회적 불평등을 내포하기 마련이다. 다소간의 불평등에 의존하지 않고는 고도의 산업사회는 상상하기 어렵다. 사회가 조직되기 위해서는 그 성원 간의 역할의 분화와 역할의 계층화가 불가피하기 때문이다. 따라서 사회적 가치와 경제적 가치를 모든 국민에게 똑같이 고르게 분배하는 절대적 평등은 어느 사회에 있어서도 불가능하다. 개인의 능력과 활동, 봉사의 차이에 따라 그 분배도 어느 정도 차등이 있어야 한다. 그 불평등은 정당하다고 인정할 수 있는 범위 내에서 억제되어야 한다.

롤스는 그 불평등이 정당성을 인정받을 수 있는 것은 다음의 두 조건이 만족될 때에 국한되어야 한다고 주장한다. 그 첫째 조건은, 사회에서 가장 불합리한 처지에 놓인 사람들까지도 그 불평등한 분배로 인하여 결과적으로 도리어 이익을 얻을 수 있으리라고 당연히 기대할 수 있는 그러한 내용과 정도의 불평등이라야 한다. 둘째로, 불평등한 분배의 근거가 되는 지위나 직무는 기회균등의 원칙에 의하여 모든 사람이 접근 가능하여야 한다.

롤스가 주장한 정의의 기준을 실현하기 위해 필요한 수단가치, 즉 공직윤리는 제1기준을 충족시키기 위해서는 책임성, 대응성과 주민참여 등이 될 것이고, 제2기준을 충족시킬 수 있는 공직윤리는 공정성, 사회적 형평성, 공익 등이 될 것이다.

사회적 형평성(social equity)과 공직윤리

사회적 형평성은 자본주의 시장경제의 발전으로 인한 지역 또는 계층 간의 빈부의 격차가 심화되면서 행정이 지향해야 할 가치기준으로 각광을 받고 있는 비교적 최근에 등장한 행정이념이다.

사회적 형평성의 내용과 본질은 모두 롤스(J. Rawls)의 정의이론에 근거하고 있다. 사회적 형평성의 개념은 학자에 따라 다양하다. 정치학에서는 평등과 정의로, 경제학에서는 배분적 정의와 같은 의미로 사용한다. 롤스의 정의론의 입장에서 사회적 형평성을 정의하면, '동등한 자유와 합당한 평등으로서 인간의 공적, 사적 관계에 적절하고 합당한 질서를 부여하는 원리'라 할 수 있다.

정치적 의미의 형평성은 정치참여의 자격요건문제, 각종의 차등문제, 각종 가치분배에 있어서의 특권부여의 문제, 자유시장에 대한 정부개입 정도의 문제 등을 고려하는 공정성의 원리라 할 수 있고, 경제학에서의 형평성은 소득재분배의 향상과 관련된 배분적 형평성을 의미한다. 또한 사회복지의 입장에서의 형평성은 불우한 사람이거나 소외계층에 대한 최소한의 생활수준을 제공하는 의미로 사용된다.

사회적 형평성에는 행정서비스의 분배방법과 관련하여 수평적 형평성과 수직적 형평성이 있다. 수평적 형평성(horizontal equity)이란 '동일한 것은 동일하게 취급하여야 한다(equals should be treated equally).'는 규범이다. 예컨대, 동일한 직급의 공무원은 동일한 보수를 받아야 하며, 동일한 업무를 담당하는 동일규모의 관서는 동일한 관서당 경비를 배정받아야 한다는 규범이다. 수평적 형평성을 유지하지 못하면 불만이 고조되고, 예산집행의 정당성이 침해된다.

수직적 형평성(vertical equity)이란 '다른 것은 다르게 취급하여야 한다(unequals should be treated unequally).'는 규범이다. 이 규범은 주로 사회적 약자나 경제적으로 가난한 자에게는 그가 받아야 마땅한 혜택보다 더 많은 혜택을, 즉 가장 유리한 방법으로 공공서비스를 제공하여야 한다는 것을 의미한다. 소득세에서의 누진세율, 사회복지지출, 조세지출예산 등은 모두 이러한 수직적 형평성을 달성하기 위한 조치인 것이다.

종래의 행정이 절약과 능률에 초점을 두어 형평과 정의의 문제를 소홀히 취급하였다고 지적하면서, 사회적 형평성을 중요한 행정이념으로 제시한 학자는 신행정학의 창시자 프레드릭슨(G. Frederickson)이었다. 그는 행정서비스가

경제적이고 능률적으로 제공되는 경우에도 '누구를 위한 경제와 능률인가?' 하는 질문에 관심을 가진다. 공직자들이 행정을 행함에 있어서 국민 개개인들의 사회 경제적 조건의 다양성을 무시하고 모든 국민을 동등하게 생각하고 행정서비스를 제공하여야 정의인가? 라는 것이다. 이러한 물음에 그는 사회적 형평성이 있는 행정이야말로 정의롭고 민주적인 사회를 건설할 수 있다고 주장하고, 절약과 능률 다음으로 사회적 형평성이 제3의 행정윤리가 되어야 한다고 주장한다.

행정은 국민이 낸 세금으로 운영되기 때문에 능률과 절약이 중요한 행정기준인 것은 사실이지만, 국민의 사회 경제적 조건이 다름에 따라 다양하게 나타나는 욕구수준을 반영하지 못하면 정의도 아니고 민주주의도 아니라는 것이다.

공직자들은 국민의 욕구나 수요를 행정에 반영하여야 한다. 국민들은 각자 자기가 처한 사회 경제적인 조건과 입장에 따라 선호하는 가치가 다르다. 가난한 자는 최저 생계비의 지원이 더 필요하고, 같은 조건을 가진 자는 같은 대우를 받기를 원한다. 따라서 사회적 형평성은 공무원의 정책결정과 집행의 책임을 강조하고 행정의 변화를 추구하며 공공조직의 요구보다 시민의 요구에 대한 대응성(responsiveness)을 강조한다.

풍요와 함께 국가가 부유해지고, 지역간 계층간의 갈등이 심화되면 될수록, 정부의 시장개입과 정부의 역할이 강조되면 될수록 사회적 형평성이라는 행정기준은 더 중요해질 것이다. 현대 행정에 있어서 사회적 형평성(social equity)과 대응성(responsiveness)은 공직자들이 지켜야 할 중요한 행동지침이자 도덕규범이다.

자유(自由)와 공직윤리

자유는 민주주의의 기본이념인 인간의 존엄성을 구현할 수 있는 충분조건의 하나이다. 그러면 자유란 무엇이며, 그 자유에 대한 제한은 가능한 것인가? 특히 공무를 담당하는 공직자들은 그 자유를 위하여 자기를 희생하여야 하는가?

몽테스키외(C. Montesquieu)는 자유란 "자신이 하고 싶은 일을 할 수 있고 하고 싶지 않은 일을 강요당하지 않는 것"이라 정의하였고, 칸트(I. Kant)는

"자신의 도덕법칙에 스스로 복종하는 자율"로 파악하였다. 계몽사상가 루소(J. Rousseau)는 그의 저서 민약론에서 "자신의 사욕에 복종하는 것은 노예지만 자신의 바른 명령에 복종하는 것이 참다운 자유이다."라고 하였다.

이상의 내용에서 보는 바와 같이 자유의 개념은 한마디로 정의하기가 쉽지 않다. 그러나 모든 학자들의 정의를 종합하면 자유에는 다음 두 가지의 의미가 있다.

첫째는 '외부로부터 부당한 간섭이나 통제에서 벗어나는 것'을 의미하는 절대적 의미의 자유이다. 즉 '구속으로부터의 해방된 상태의 자유'로서 도덕적 자유, 사회적 자유, 생명적 자유로 칭하는 것으로 볼 수 있다. 도덕적 자유란 자유의지에 의한 선택을 근거로 하는 내면적인 정신적 자유를 말한다. 보통 사상과 언론의 자유가 여기에 포함된다. 사회적 자유란 한 국민으로서 가져야 할 제사회적 자유를 말한다. 조직참여의 자유와 투표의 자유 등이 여기에 포함될 것이다. 생명적 자유란 개인의 신체와 생명을 보호하고 보존키 위한 재화를 향유하는 것과 거주 이전에 관한 자유를 말한다. 공무를 담당하는 공직자는 비록 공인이라는 특별권력관계에 있다 하더라도 최소한 국가 구성원으로서 절대적 의미의 자유는 보장받아야 한다.

둘째로는 적극적 의미의 자유로서 자의에 따라 사고와 행동을 선택하는 자유를 말한다. 즉 "해방된 상태에서의 적극적 창조성을 지니는 자유"를 말한다. 여기에는 국정에 참여할 수 있는 자유, 법질서 태두리 안에서 자율과 책임에 입각한 시민적 자유 등이 여기에 속한다. 이 적극적 의미의 자유에는 항상 책임이 수반된다. 자신의 의사에 입각한 행위는 그 결과 여하를 막론하고 그 자신에게 책임이 존재하기 때문이다. 자유에는 항상 책임이 뒤따른다는 말은 이러한 적극적 의미의 자유에 해당된다.

그러면 자유는 무제한인가 아니면 제약가능한가? 가능하다면 자유의 제한을 정당화시키는 근거는 무엇인가?

자유를 광의로 해석하면, 개인이 원하는 행동을 마음대로 할 수 있도록 외부로부터의 어떤 속박이나 통제를 배제한다는 의미가 된다. 이러한 무제한의 자유는 실제로는 불가능하다. 무제한의 자유는 타인의 자유를 침해하게 되고 서로간의 무질서한 투쟁을 유발하여 오히려 자유를 훼손하게 될 가능성이 커지기 때문이다. 이러한 이유에서 근대 공리주의자 밀(J. S. Mill)은 자유에 대한 제약을 인정하고 있다. 그는 인간은 단순한 자연적 존재가 아니라 이성적 존재이기 때문에, 자유란 쾌락을 목적으로 삼는 것이 아니라 인격의 성장을 목적으로 삼는 것임으로 외부로부터 어느 정도의 간섭을 용인하고 있다. 특히 그는 자유가 확실히 보장되기 위해서는 자유에 대한 제약이 수반되어야 한다는 "자유의 역설(paradox of freedom)"을 주장한다.

그러면 어떠한 경우에 자유의 제약이 그 정당성을 인정받을 수 있는가? 이 문제에 대하여 밀은 유용한 기준을 제시하고 있다. 즉 인간의 행동범주는 자기본위적 행동과 타인본위적 행동으로 나눌 수 있는데, 타인과는 직접적으로 관계가 없는 순수한 사적활동을 의미하는 자기본위적 행위는 절대적 자유가 허용되어야 하고, 타인에게 직접적으로 영향을 미치는 행동인 타인본위적 행동은 타인의 자유와 권리를 침해할 수 있기 때문에 행동의 제약이 불가피하다고 명시하고 있다. 또한 어떠한 자유이든 진정한 자유가 되기 위해서는 그 전제로서 자율과 책임의식이 수반되어야 한다고 강조하고 있다.

자율과 책임의식이 수반되지 않는 자유는 공익을 해치고 사회질서를 어지럽히게 된다. 적극적 의미의 자유에 수반되는 자율과 책임의식은 공익을 구현하기 위해서 반드시 필요하며, 나아가 건전한 시민윤리의식을 형성하는 데 기여한다. 자유는 개인이 처한 위치나 개인이 소속한 조직이나 집단의 성격에 따라 차등의 원칙이 존재할 수 있다. 예컨대 공무를 수행하는 공직자들은 단순한 개인적 차원에서의 자유만을 고집할 수는 없다. 공익이라는 특수한 목적의 구현과 공복의식이라는 사명감 등에 의하여 특수한 성격으로서의 자유가 요구된다.

공직자에게는 절대적 의미의 자유는 보장받을 수 있으나 적극적 의미의 자유는 특별한 제약이 가능하고, 그 자유의 행사에는 특히 책임성이 요구된다. 따라서 인간의 존엄성과 민주주의를 가능하게 하는 인간의 자유사상 뒤에는 반드시 행정책임성이 확보되는 공직윤리가 필요한 것이다.

평등(平等)과 공직윤리

자유와 평등은 서양윤리사상을 구성하는 양대 축으로서 가장 기본적인 이념인 동시에 그 역사도 가장 오래되었다. 그러면 평등이란 무엇인가?

일찍이 희랍의 철학자 아리스토텔레스(Aristoteles)는 평등(equality)을 산술적 평등과 배분적 평등이라는 두 가지로 유형화하여 설명하고 있다. 그에 의하면, 산술적 평등은 개개인의 조건이나 특성과는 관계없이 획일적이고 기계적인 평등을 의미하며, 배분적 평등은 개개인의 능력이나 특성에 따른 비교적 평등을 의미한다. 산술적이고 기계적인 평등을 요구하고 주장하는 사람들은 주로 다수의 빈곤층들이며, 반대로 배분적 평등을 요구하는 사람들은 주로 소수의 부유층들이었다. 따라서 이는 항상 갈등을 일으킨다고 보았다.

서양사상에서의 산술적 평등은 인간의 존엄성과 개성을 중시하는 기본권의 보호라는 본질로 볼 수 있으며, 배분적 평등은 인간마다의 노력과 창의능력에 따른 차등보상제를 통하여 실현될 수 있다고 본다. 따라서 서양사상에서의 평등은 비록 갈등관계에 있지만 이 두 가지를 모두 포함하고 있다고 볼 수 있다.

서양에서의 평등사상의 뒷면에는 평등을 둘러싼 수많은 갈등과 투쟁이 있었으며, 평등의 이념이 확립되기까지는 오랜 기간이 필요했다. 또 시대마다 강조하는 평등의 개념이 달랐다.

그리스시대에는 직접민주정치가 이루어졌기 때문에 그 시대의 평등이란 민회(民會) 또는 정책결정에 참여하는 기회의 평등으로 보았다. 헬레니즘 시대에는 자연법사상에 근거를 둔 평등사상, 즉 "모든 인간은 Logos 앞에서 평등하다"는 만민법사상이 등장하였고, 로마시대에서는 "법 앞의 평등"으로 발전하였다.

기독교 사상은 "신 앞의 평등"을 주장하였으며, 시민사회의 등장과 시민혁명은 특권을 제거하기 위하여 "신분상의 평등"을 주장하였고, 산업혁명 이후 자본주의가 성장함에 따라 점차 "경제적 평등"으로 그 초점이 옮겨왔다. 이 경제적 평등은 한편으로는 사회주의사상을, 또 다른 한편으로는 현대 복지국가로서의 발전을 가져왔다.

오늘날의 현대적 평등은 아리스토텔레스(Aristoteles)의 배분적 정의에 해당되는 것으로서 비례적 평등이어야 하고, 그렇게 함으로써 자유와 조화를 이룰 수 있다. 사회적 가치와 경제적 가치를 모든 국민에게 똑같이 고르게 분배하는 절대적 평등은 어느 사회에 있어서도 불가능하다. 개인의 능력과 활동, 봉사의 차이에 따라 그 분배도 차등적이어야 하고, 또 각자의 필요와 욕구에 따라 분배도 차등적이어야 공정하다. 그리고 불평등은 정당하다고 인정할 수 있는 범위 내에서 억제되어야 한다.

자유와 평등은 상호 보완적 관계이기도 하고 상호 대립적 관계에 있기도 하다. 만약 자유만을 강조할 경우에는 무질서와 혼란, 그리고 다수나 강자의 횡포를 유발할 위험성이 있고, 평등만을 강조할 경우에는 통제 감시사회를 초래할 위험성이 커진다. 따라서 평등과 자유를 조화시킬 수 있는 것이 바로 정의와 가치적 공평, 즉 사회적 형평성이라 할 수 있다. 오늘날의 복지국가에서 필요로 하는 공직윤리는 비례적 평등과 배분적 정의, 사회적 형평성이라 할 수 있다.

(2009. 10. 6. 도진 산방에서)

유학사상과 공직윤리

수기치인의 덕목은 현대 공직윤리의 전범이 될 수 있다

행정은 궁극적으로 사람에 의하여 이루어진다. 아무리 행정의 기준이 되는 법과 제도가 중요하다 하지만, 그 법과 제도는 사람에 의해 만들어지고 사람에 의해 운영된다. 따라서 행정을 하는 공직자들의 가치관, 세계관, 태도, 성향, 그리고 사고방식은 공직윤리관 확립에 결정적인 영향을 미친다. 만약 오늘날의 현대적 가치관이나 이념만으로도 공직윤리관 확립에 전혀 문제가 없다면, 구태여 전통적인 가치관이나 이념을 되새겨 교훈을 얻어야 할 하등의 이유가 없을 것이다.

시대가 변하면 그 시대를 지배하고 있는 사상과 철학도 변한다. 시대가 변하여 지배적사상이나 철학이 아무리 변한다 하더라도 공직사회에는 변하지 않아야 할 지배적인 윤리적 질서가 있어야 한다. 근대사회 발전에 지대한 공헌을 한 오늘날의 자본주의와 시장경제는 물질적 풍요는 이루었으나 그 역기능과 부작용도 만만치 않다. 자본주의와 시장경제는 개인주의적 사고와 가치관, 물신주의와 인간성의 상실, 그리고 비인격적 인간관계를 가속화시켰다. 공직자도 사람인 이상 개인의 이익을 중시하지 않을 수 없게 되었고, 그로 인해 공동체에 대한 봉사나 국가공동체에 대한 연대의식은 점점 희박해졌다.

이렇게 공직자들이 공(公)의 의미를 상실하고, 공직이 가지고 있는 사회적 규범성과 윤리성이 점차 희박해지고 있는 시점에서 그 본래의 공직윤리를 확립시켜 나가야 할 필요성이 있는 것이다. 따라서 동양전통사상 가운데 유학에서 강조한 수기치인의 윤리관은 현대의 지나친 개인중심주의와 물신주의, 그리고 비인격적 인간관계 등의 부정적 요인을 해소시켜 주는 이론적 대안이 될 수 있을 것이다.

유학의 통치이념 –덕치주의와 왕도정치–

동양 전통사상의 주된 흐름은 중국의 유학사상이다. 우리 선조들도 유학사상을 받아들여 학문으로서 뿐만 아니라 정치 문화 그리고 실생활에 이르기까지 실천적 윤리로서 모든 분야를 지배했던 것이 사실이다. 특히 조선시대에는 국가통치이념인 동시에 사회의 지배적인 사상으로서의 역할을 했다.

유학을 간단히 정리하면, 공자의 사상을 중심으로 사서(四書) 오경(五經)을 경전으로 하여, 정치 · 도덕의 실천을 설하는 수기치인(修己治人)의 학문이라 할 수 있다. 사서는 논어, 맹자, 대학, 중용을 이르며, 오경은 시경, 서경, 주역, 춘추, 예기를 말한다. 유학이 지향하는 통치이념은 공자의 덕치주의와 맹자의 왕도정치 사상에 근거한 민본주의 내지는 위민주의라 할 수 있다.

유학의 핵심을 이루는 덕치주의는 덕(德)을 통하여 백성을 교화하고 무리 없이 지도하는 통치이념을 말한다. 이 덕치주의는 정령(政令)이나 형벌로 다스리는 패도정치의 한 형태인 법치주의를 반대하고, 오로지 '인(仁)'과 '예(禮)'를 수양하고 기르면서 각 개인의 도덕성을 함양하고 사회규범으로서의 이상적인 사회질서를 유지하고자 하였다.

공자는 당시의 사회적 혼란의 원인이 각 개인의 도덕성 상실에 있다고 보고, 이의 극복을 위해 내면적 도덕성으로서의 '인'과, 외면적 도덕성으로서의 '예'를 함양할 것을 제시하였다. '인'은 유학의 가장 기본적인 덕목이며, 덕치의 총체적 표현으로서, 사람을 사랑하는 어질고 따뜻한 마음씨를 이른다. 군주에서부터 백성에 이르기까지 각 개인은 수양과 도덕적 자각을 통하여 '인'을 실천하고 성취해야 할 것을 목표로 하고 있다. ‘인’의 극치를 성인이라 하고 ‘인’을 추구하는 자를 군자라 했다. 따라서 유학은 수기치인의 학문이다. 자기스스로를 수양하여 덕을 쌓고, 그런 연후 남을 다스릴 것을 강조한다.

다음으로 예라는 개념은 단순한 형식상의 행동이나 행동의 기준만을 의미하지는 않는다. 공자는 예란 사물의 질서라고 정의하고 있다. 즉 만물이 그 정당한 자리에 놓여 있는 이상적인 사회질서, 특히 합리적인 봉건적인 질서를 의미했다. 이러한 관점에서 공자는 사회규범으로서의 예를 당시의 봉건적 신분적 차별제도를 긍정하고 인정하는 예의 개념을 강조함으로써 오늘날의 민주주의 이념과는 다른 예를 부분적으로 창출하였다.

> *“백성을 인도함에 정령으로 하고 백성의 풍속을 통일함에 형벌로써 한다면, 백성들은 법령을 벗어나도 부끄러움이 없을 것이고 백성들을 인도하기를 덕으로써 하고 풍속을 예로써 한다면 백성들은 수치심도 있게 되고 또한 올바름에 이르게 된다.”(논어, 위정편)*

> *“정치의 본령은 오로지 사물을 바르게 하는 일 또는 사물을 바른 위치에 두는 데 있다. 통치자 자신이 바를 때에는 백성들은 절로 그 뒤를 따를 것이다.”(논어, 위정편)*

이와 같은 덕치주의는 군(君)과 신(臣)이, 그리고 부(父)와 자(子)가 각자 자기 위치에서 자기 역할을 충실히 수행해야 한다는 정명사상(正名思想)에 근거를 두고 있다. 이러한 정명의 이상과 연결시킨 덕치와 예치를 통하여 이상적인 정치의 실현이 가능하다고 보았다.

공자의 정치사상을 계승한 맹자는 인간은 기본적으로 선(善)하지만, 후천적으로 사악한 욕심 때문에 사회가 혼란해진다고 보았다. 당시의 사회적 혼란의 근본적 원인은 후천적으로 형성되는 인간의 사악한 욕심과 두려움이라고 보고, 이를 극복하기 위하여 인의(仁義)의 원리를 제시하였다. ‘인’은 맹자가 제시한 4덕의 으뜸으로서 사람을 어여삐 여기고 사랑하는 어질고 따뜻한 마음씨인 측은지심(惻隱之心)을 말하며, ‘의’는 시비를 정확히 따지고 불의를 미워하고 부끄러워하는 사회정의인 수오지심(羞惡之心)을 말한다.

맹자는 이러한 인의의 원리에 입각하여 나라를 다스리는 것이 가장 이상적이라고 보고 왕도정치를 제창하였다. 왕도정치는 공자의 덕치주의와 같이 민본주의에 입각한 애민사상(愛民思想)을 그 통치이념으로 하고 있다. 왕도라는 말은 서경 홍범편에 "치우침이 없고 공정하면 왕도가 광대하고, 공정하고 치우침이 없으면 왕도가 정직하다."라는 말에서 연유한 것이다. 왕도는 공평무사한 중용의 정치를 의미한다. 이 의미는 공직자가 기본적으로 지녀야 할 의무이자 윤리인 공(公)의 의미와 동일하다.

원래 중국에서 공이란 개념은 하늘에서 나온 것으로 보았다. 공은 하늘의 이치이며 자연의 이치이기 때문에 항상 옳은 것이며 인욕의 사(私)와 구별된다. 공은 어느 한 곳에 치우치지 아니하고 가장 자연스럽고 올바른 것으로, 편(偏)에 대비되는 공평, 사(私)에 대비되는 하늘의 무사와 불편성, 자연본래의 중정(中正), 어느 한편에 치우치지 않고 올바른 것 등에서 연유하였다. 맹자의 왕도정치는 이러한 공평, 공정, 불편무사 등의 공평무사한 중용의 정치를 그 근본이념으로 하고 있다. 다른 말로 표현하면 맹자는 바로 '공(公)의 정치'를 주장한 것이다.

한국 유학사상의 흐름 속에는 공자의 덕치주의와 맹자의 왕도정치, 즉 공의 정치가 그 주류를 이룬다. 예컨대 고려 성종시대의 최승로가 올린 시무 28조에는 "순수하고 전일한 군주의 덕과 사심이 없는 마음이 이상적인 사회를 이루고 치지(致知)를 실현하는 근거가 된다."라 하고 있다. 이는 바로 유학사상의 핵심을 지적하고 있는 말이다. 이러한 흐름은 조선조에서도 계속된다. 백성의 아픔을 잘 살피고 다양한 시책으로 그것을 치유한 세종의 업적이나 군주의 정심을 바탕으로 이상정치를 구현하려 했던 조광조의 도학정치(道學政治)는 모두 왕도정지의 한국적 구현이라 할 것이다.

유학의 근본사상은 공자와 맹자의 사상을 바탕으로 하는 인륜사상이다. 간단히 말하면 마음을 수양하여 세상을 다스리는 수기치인의 학문이다. 수기치인의 기본원리와 체계를 설명하고 있는 유교경전인 〈대학〉에서는 통치자나 행정관료의 기초적인 수련요건을 단계적으로 명시하고 있다. 즉 격물(格物: 사물의 이치를 궁리함), 치지(致知: 지식을 극진히 추구함), 성의(誠意: 뜻을 성실히 함), 정심(正心: 마음을 바르게 함), 수신(修身), 제가(齊家), 치국(治國), 평천하(平天下)의 단계적 수행과정이 바로 그것이다. 그 중에서 성의와 정심이 가장 중요한 조목이며, 이는 공직윤리의 가장 기본이 되는 청렴사상과 연계된다. 성의와 정심을 바탕으로 한 스스로의 수양이 곧 가정과 국가를 다스릴 수 있는 자질이 된다는 것이다.

자기 자신의 수양에는 여러 단계가 있다. 수양을 하려면 우선 마음을 바르게(正心) 해야 하고, 마음을 바르게 하자면 먼저 뜻을 성실하게(誠意) 가져야 한다. 뜻을 성실히 하자면 폭넓은 지식을 갖추어야 하고(致知), 지식을 갖추려면 세상만물의 이치를 궁리하여야 한다(格物). 그 중에서도 특히 유학자들이 강조했던 것이 정심과 성의였다. 정심을 〈대학〉에서는 다음과 같이 설명하고 있다.

> *"수신의 요체는 그 마음을 바르게 하는 데 있다. 마음에 분함과 노여움이 있으면 그것을 바르게 할 수 없으며, 두려워하는 것이 있으면 바르게 할 수 없으며, 좋아하고 즐기는 것이 있으면 바르게 되지 못하며, 근심걱정이 있으면 바르게 되지 못한다. 마음을 다하지 아니하면 보아도 보이지 않고 들어도 들리지 않으며, 음식을 먹어도 그 맛을 알지 못한다."(대학)*

결론적으로 말해 유학은 인의를 중심으로 한 덕치와 예치의 실현을 통하여 세상을 밝게 하고, 나아가 이상사회를 구현하려는 수기치인의 학문이다.

수기(修己)와 관련된 개인윤리사상

유교 정치사상의 핵심은 자기 자신의 인격을 수양하는 수기(修己)와 남을 다스리는 치인(治人)이다. 공직자가 되어 남을 다스리기 위해서는 먼저 스스로의 몸과 마음을 수양하여 도덕성을 함양해야 한다는 것이다. 즉 자기 수양을 통해 인격을 이루고, 사회적인 이상을 실현하기 위해 정치에 종사하는 것이 유교의 정치사상이자 철학이다.

따라서 공자와 맹자는 수기치인을 위해서 지켜야 할 여러 가지 덕목을 제시하고 있다. 그러나 이러한 윤리는 추상적인 개념을 통하여 교육한 것이 아니라, 언행을 통하여 모범을 보이고 구체적인 사례를 말했을 뿐이다. 즉 공자는 설교하고 맹자는 이것을 밝혀서 명교하였다고 할 수 있다. 그 중에서 대표적인 개인적 차원에서의 지켜야 할 윤리와 사회적 차원에서 지켜야 할 윤리를 정리해 보자.

먼저 개인적인 차원에서 몸과 마음을 수양하면서 함양하여야 할 윤리로서는 성, 성의, 정심, 공경, 극기, 신독 등을 들 수 있다.

성(誠) 또는 성의(誠意)란 '말한 바 또는 뜻한 바를 이루도록 정성을 다하는 것'을 말한다. 즉 의지를 바르게 하고 뜻을 성실히 하라는 규범이다. 참되고 거짓 없이 성실하게 뜻을 이루어야 한다는 개인 내면의 윤리이다. 이 성의는 수신에로의 출발에 있어 가장 근본이 되는 덕목이다.

정심(正心)은 바른 마음을 가지라는 규범이다. 요컨대, 마음은 모든 지각과 판단의 근거가 되기 때문에, 그것을 바르게 가지지 않으면 사물을 정확히 보고 그 의미를 알아낼 수 없다는 뜻이다. 그러므로 마음을 항상 바르게 유지해야 한다. 노여움이나 두려움, 편향적인 애착이나 근심걱정이 있으면 평온하게 될 수도 바르게 될 수도 없다. 노여움이나 두려움 등의 정(情) 자체를 부정하는 것이 아니라, 그것이 지나치거나 치우치면 마음의 바름을 얻을 수 없다는 의미이다. 〈중용〉에서 말하는 감정이 발(發)하지 않은 상태를 의미하는 중(中)이 아니라, 발(發)하더라도 모두 절도에 맞는 화(和)를 의미한다고 본다. 수신에는 무엇보다 마음을 바르게 하는 것이 제일 중요하다. 마음이 바르면 부정과 부패가 스며들 소지가 없어진다. 반대로 사리사욕의 유혹으로 마음이 흔들리기 시작하면 정심이 이루어질 수 없다. 정심을 이루기 위해서는 그에 앞서 뜻을 성실하게 가져야 한다.

성(誠)이 대내적인 윤리라면, 경(敬) 또는 공경(恭敬)은 대외적인 행동윤리이다. 즉 인간의 사유와 행위는 경을 통해서 대외적으로 나타난다. 마음속에 있는 것이 경을 통하여 나타나기 때문에 대외관계에서 경을 중시해야 한다는 것이다. 따라서 이 말은 대인관계는 항상 겸허하고 공손하게, 그리고 공경하는 자세로 하라는 의미의 대외적 윤리이다.

극기(克己)란 '사리사욕으로부터의 유혹, 즉 자기 자신을 이겨야 한다'는 대내적인 윤리이다. 사욕을 극복하여 예를 실행하는 것(克己復禮)이 인을 행하는 것이다. 공자는 논어에서 안연이 인에 대하여 묻자 다음과 같이 답하고 있다.

> *"자기를 극복하여 예로 돌아감이 인이니 하루라도 자기를 이겨서 예로 돌아가면 천하가 인으로 돌아갈 것이다. 인을 이룩함은 나로부터 이룩함이니라." (논어, 안연편)*

단 하루라도 자신의 사욕을 극복하고 예(禮)에 돌아간다면 천하가 모두 인(仁)에 돌아올 것이라 하였다. 오늘날 각종 유혹에 잘 넘어가는 공직자들에게 가장 중요한 덕목일 수 있다. 자기 자신을 극복하지 못하면 수기도 치인도 할 수 없게 된다.

신독(愼獨)이란 '남이 보이지 않는 곳에서도 일에 거짓이 없고 삼가하는 마음의 자세'를 일컫는다. 즉 남이 보든 보지 않든 항상 정직하게, 그리고 넘치지 않고 청렴하게 업무를 행하라는 덕목이다. 이 말은 대학과 중용의 "군자신기독야(君子 愼其獨也)"라는 글에서 나온 말로서, 성과 경의 정신을 일상생활에 실천함에 있어 신독하게 할 것을 강조한 데서 나온 말이다. 이 신독은 오늘날 공직자의 윤리인 청렴성 및 정직성과 연결되며, 조선시대 선비정신인 청빈과도 연결되는 덕목이라 할 수 있다.

이상은 몸과 마음가짐을 바르게 하는 데 필요한 개인의 윤리적 덕목이다. 국가나 사회를 다스리기에 앞서 자기수양을 강조하는 덕목이기 때문에, 이와 같은 윤리사상은 나아가 국가나 사회관계 속에서도 올바른 윤리관 확립에 토대를 제공해 준다.

치인(治人)과 관련된 사회윤리사상

한편, 유학에 담겨 있는 대표적인 사회윤리를 보면, 신(신의), 의(정의), 충(충성), 예(예양)라 할 수 있다. 자장이 공자에게 덕을 높이는 길을 묻자, 공자는 "충성과 신의에 힘쓰고, 정의를 향해 나가는 것이 덕을 높이는 길이다."라고 했다

신(信) 또는 신의(信義)는 인간관계의 믿음을 가리키는 말이다. 신은 인간의 말에서부터 시작되기 때문에 말에 대한 책임이 수반된다는 개념이다. 공자는 자로와의 대화에서 신(信)의 중요성을 이렇게 말하고 있다.

> *자공이 정사(政事)에 대하여 묻자, 공자께서 "식량을 충족시키고, 군비를 충분히 하고, 백성들을 믿게 하는 것이다." 자공이 다시 만부득 한 가지를 버려야 하면, 셋 중 어느 것을 버려야 합니까? 하고 묻자, 공자께서 "무기를 버려라." 자공이 다시 만부득 한 가지를 또 버려야 한다면 나머지 둘 중 어느 것을 버려야 합니까? 하고 묻자, 공자께서 "양식을 버려라. 자고로 사람은 누구나 한 번은 죽는다. 그러나 백성들이 믿지 않으면 나라가 존립할 수 없다."고 대답하셨다. (논어 안연편)*

만일 인간이 신의(信義)의 덕을 버리면 그때는 허울만 인간일 뿐 금수와 다름이 없다. 인간의 가치를 버리는 그 즉시 사람은 천지에 발 디디고 설 자리를

잃게 된다고 주장하면서, 공자는 최후까지 남아야 할 것은 도의와 신의라고 주장한다. 신(信)은 의(義)를 따라야 진정한 신(信)일 수 있다.

의(義) 또는 정의(正義)는 예라는 원리가 구체적으로 나타난 것으로 "바른 일 또는 본분에 맞는 일"이라 할 수 있다. '불의를 미워하고 부끄러워하는 마음', '시비를 정확히 따져 바르고 공정하게 하는 사회정의' 등을 말한다. 따라서 의(義)는 개인이 인간사회와 구체적인 관계가 맺어진 표현으로서 사회성을 띤 실천적인 개념이다. 인간은 이(利)에 취하면 불의에 빠지게 됨으로 이(利)를 보면 의(義)를 생각해야 하며 선비는 의(義)와 이(利)을 엄격히 구별해야 한다고 본다. 여기서 의(義)는 이(利)에 대립하는 개념으로서 의를 숭상하고 이욕(利慾)을 천시하는 개념이다.

충(忠) 또는 충성(忠誠)은 속마음에 자리 잡은 중심, 즉 주체성의 확립을 의미한다. 충의 본질은 인격의 내면성에 근본을 둔 자기존재의 발견이며, 각성을 의미한다. 따라서 충은 나의 존재 밖에 있는 대상에 대한 맹목적인 복종과 예속이 아니라 그 대상과 나의 존재가 확대되는 데서 충이 실현된다. 즉 자기의 중심을 다하여 국가, 군주, 사회 등 전체의 중심으로 돌아가는 것을 말한다.

마지막으로 예(禮)는 원래 인간의 욕망을 조절하고 사양하는 정신에서 나온 것이다. 예는 사람이 마땅히 지켜야 할 의칙과 예절을 말하며, 사회적 질서를 의미한다. 모든 생활분야에서 구체적인 실천을 의미하는 실천윤리로서의 의의를 가지고 있다. 그러나 공자는 사회규범으로서의 예를 당시의 봉건적 신분적 차별제도를 긍정하고 인정하는 예의 개념을 강조함으로써 오늘날의 민주주의 이념과는 다른 예를 부분적으로 창출하였다. 이에 대하여 비판을 가한 이가 순자(荀子)인데, 그는 당시의 봉건적, 신분적 차별을 인정한 예의 개념을 비판하고, 능력에 따른 차별적 대우로서의 예의 개념을 강조함으로써 희랍의 아리스토텔레스의 배분적 정의의 개념과 유사한 형태의 개념을 창출하였다.

유학사상의 공직윤리적 요소

유학은 우리나라 국민의 윤리사상 내지 일반인의 도덕생활에 절대적인 영향을 미쳐 온 것이 사실이다. 수기치인에 절대적으로 필요한 많은 규범과 도덕은 공직자들의 공직자세와 업무수행에 필요한 규범으로서 역할을 해 온 것이 사실이다. 특히 조선왕조의 관리는 바로 유학자들이었기 때문에 유학의 규범과 도덕은 바로 공직윤리가 되었음은 당연하다. 청백리의 선정기준이 바로 청렴성과 근면성이라는 덕목에 따랐음은 이를 말해 주고 있다. 그러면 구체적으로 유학의 윤리사상 중에서 어떠한 덕목이 현대의 공직윤리와 연관성이 있으며, 또 공직윤리 확립에 도움이 될 것인가를 고민해 보자.

유학의 근본사상은 공맹(孔孟)을 중심으로 한 인륜사상인 동시에 인도주의 사상이다. 먼저 유학의 지배적인 통치이념인 덕치주의와 예치주의는 기본적으로 백성을 사랑하고 위하는 위민, 보민, 애민 등의 민본주의를 지향하고 있다. 위민이라는 개념은 치자의 입장에서의 보혜(保惠)관계를 나타내는 것이어서, 현대의 '국민의 권리'라는 민권사상에까지는 이르지 못하였으나 치자의 윤리성과 그 책임을 강조했다는 점에서 현대의 민주주의국가에서 주장하고 있는 국민 권익의 보호와 공익의 증진이라는 공직윤리와 연결된다.

인(仁)은 남을 이해하고 용서하는 인간에 대한 사랑을 담고 있는 덕목으로서, 이는 인간애를 바탕으로 하는 인본주의의 표현이다. 이는 현대국가에서 인권과 인간의 존엄성을 강조하는 공직윤리와 연결된다.

성(誠)과 성의는 의지를 바르게 하고, 참되고 거짓 없이 성실하게 그 뜻을 이루어야 한다는 규범이다. 따라서 이는 오늘날의 근면성과 성실성과 연계되는 공직윤리라 할 수 있겠다.

정심(正心)은 마음을 항상 바르게 유지하라는 덕목으로서 정직과 공정이라는 공직윤리와 연결되어 오늘에 이르고 있다. 또 대외적인 공직윤리라 할 수 있는 경(敬)과 공경은 현대의 공직자들은 항상 친절하고 공손하게 민원인에게 봉사하여야 한다는 윤리와 어긋나지 않는다.

타인의 유혹과 자신의 사욕을 극복하고 예로 돌아가야 한다는 자기수양의 덕목인 극기(克己)와, 남이 보지 않는 곳에서도 일에 거짓이 없고 삼가하는 마음의 자세인 신독(愼獨)이라는 덕목은 모두 청렴성과 정직성이라는 현대의 공직윤리와 한 치도 다르지 않다.

유학에서 남을 다스리는 치인과 관련하여 지켜야 할 윤리와 덕목으로 제시하고 있는 신(신의), 의(정의), 충(충성), 예(예양)는 다음과 같은 현대의 공직윤리관과 연결된다.

신(信)과 신의는 인간관계의 믿음을 의미한다. 국정운영과 행정의 신뢰는 곧 행정행위자인 관료에 대한 믿음 여부에 의해 결정되기 때문에, 이 덕목은 행정의 신뢰성과 연결되며, 나아가 행정의 책임성과도 연계된다.

의(義) 또는 정의는 인의 실천적 덕목인 동시에 예(禮)라는 원리가 구체적으로 나타난 것으로 '바른 일, 본분에 맞는 일' 또는 '시비를 정확히 따져 바르고 공정하게 하는 일'을 의미한다. 따라서 의는 정의, 공정, 사회적 정의라는 현대의 공직윤리와 직결되는 덕목이라 할 것이다. 더 나아가 의(義)나 예(禮)의 이념은 현대에 있어서는 시대의 변천과 민주행정이라는 이념에 비추어볼 때 합목적성과 합리성의 기준에서 이해되고 인식되어야 한다.

충(忠)과 충성은 말 그대로 자기가 국가나 사회의 중심이 된다는 의미로서 현대의 공직윤리인 충성, 또는 사회적 국가적 연대감과 연결된다. 예(禮)와 예양(禮讓)은 진실한 마음을 외적으로 객관성 있게 표현하는 덕목으로서, 오늘날의 친절과 봉사의 윤리와 연계된다.

마지막으로 옳고 그름을 판단하는 마음인 지(智)는 정의와 청렴과 연결되는 덕목이라 할 수 있다. 이를 정리하면 표1과 같다.

표1에서 정리한 바와 같이, 수기와 관련된 개인적 윤리덕목과 치인과 관련된 사회적 윤리덕목 모두가 오늘날 우리 공직자들이 가져야 할 윤리와 거의 유사하다. 시대가 변하여 시장경제와 자본주의가 심화되면서, 이러한 전통적인 윤리관들이 퇴색되어가고 있고, 그 결과로 사회는 점점 더 삭막해지고 있다.

표 1 유학의 윤리덕목과 현대의 공직윤리와의 관계

수기관련 개인윤리	현대 공직윤리	치인관련 사회윤리	현대 공직윤리
인	사랑	인	인권, 존엄
성 또는 성의	성실성, 근면성	신 또는 신의	신뢰, 책임
정심	정직성, 공정성	의 또는 정의	정의, 공정
경 또는 공경	신중성, 친절성	충 또는 충성	충성, 봉사
극기	청렴성, 공익성	예 또는 예양	친절, 봉사
신독	청렴성, 정직성	지	정의, 청렴

즉 개인주의와 물질중심주의가 만연되어 공직사회마저 공의 의미를 상실하고 공이 존재하지 않는 조직으로 전락하고 있다. 서구에서조차 새로운 공직윤리의 확립을 찾아 동양의 사상과 철학을 심도 있게 연구하고 도입을 검토하고 있는 시점이다. 일부에서는 유교 민주주의가 그 대안이라는 주장도 흘러나오고 있다.

이러한 시점에서 수백 년 동안 우리사회에 뿌리내려 왔던 전통적인 윤리와 덕목들을 다시 음미하고 해석해 보는 것은 그동안 근대화과정에서 전통을 단절하면서까지 지나치게 서구일변도의 사상과 철학만을 신봉해 온 점을 반성해 보고, 나아가 올바른 윤리관을 확립하고자 함에 있다. 하루 빨리 윤리적 질서가 튼튼한 윤리적 정부를 만들어 가야 할 것이다. 신의와 정의, 공정과 청렴, 자유와 평등, 친절과 봉사, 공평과 공익, 충성과 애민 등 도덕과 윤리가 살아 숨쉬는, 그야말로 국민들이 살맛나는 나라를 만들어 나가는 것이 우리의 소명이 아니겠는가?

(2009. 11. 28. 서재에서)

실학사상과 공직윤리

실천이 없는 도덕과 윤리는 세상을 변화시키지 못한다

최근 2008년도 하반기부터 시작된 글로벌 금융 · 실물위기로 인하여 세계 모든 국가가 경기침체와 대량실업의 고통을 겪고 있다. 지난 1929년 발생한 세계 대공황에 버금가는 21세기 글로벌 금융위기를 겪고 있는 것이다. 이를 해결하기 위하여 수많은 학자와 전문가들이 그 원인의 분석과 해결방안을 모색하고 있고, 또 이후의 새로운 경제유영 패러다임의 발견을 위하여 노력하고 있다.

미국에서 시작된 이 금융자본주의의 붕괴가 왜 일어났는가를 규명하면서, 학자들은 그동안 시장의 '보이지 않는 손(invisible hand)'을 신봉해 왔던 신자유주의에 많은 문제점이 있음을 신랄하게 비판하였다. 이러한 비판에 편승하여 그동안 크게 각광을 받지 못했던 정부의 '숙달된 손(skillful hand)'을 다시 복원시켜야 한다고 주장하는 포스트 케인지언(Post Keynesian)이 강력히 고개를 들고 있다.

정부의 적극적 개입과 재정지출의 확대를 통하여 위기를 탈출하려는 세계 정상들의 모임이 활발해지고, 구체적으로 그 성과가 조세지출의 증가와 각종 유수정책으로 나타나고 있다. 이렇게 시장에 정부의 개입이 강화되면 될수록 관료들의 행정책임과 공직윤리는 더 중요해진다. 공직의 권한이 강화되고 재량권이 많아지면 많아질수록, 공직부패의 소지가 커지기 때문이다.

이러한 세계적인 경제 환경과 지배적인 사상의 변화조짐에 편승하여, 최근 우리나라에서는 조선 후기의 실학사상에 대한 재조명을 통하여 새로운 실용주의 철학을 정립하려는 노력이 많아지고 있다. 서양에서도 최근 국가통치의 도덕성이 얼마나 중요한 것인가를 인식하고 동양의 사상과 철학에서 그 답을 찾아보려는 움직임이 활발하다.

그러면 실학사상은 무엇을 말하며, 실학사상에서의 공직윤리는 어떠한가를 음미하고, 나아가 이러한 공직윤리가 현대의 공직윤리관 확립에 어떤 의미를 가지는가를 살펴보자.

실학이란 무엇인가?

어느 시대 어느 사회를 막론하고, 그 시대 사회가 내부의 침체와 외부의 격동에 의하여 낡은 체제가 허물어질 단계에 이르면, 새로운 질서를 세우려는 움직임이 있게 마련이다. 이는 자연의 이치이자 역사의 정칙이다.

우리나라는 과거 조선왕조 시대에 임진왜란과 병자호란이라는 두 큰 국난을 겪고 난 후에, 국가의 모든 제도가 무너지고 재정이 탕갈(蕩竭)되어 국민들이 도탄에 헤매게 되었다. 이러한 절박한 현실에 직면하여, 일부 재야 학자들 중심으로 과거의 낡는 체제를 개혁하고 새로운 질서를 확립하여 국력을 부강하게 하고 백성들을 편안히 살게 하자는 일련의 구국운동이 일어났다. 이것이 이른바 실학(實學)이 출현하게 된 배경이다.

요약하면, 실학이란 조선 후기에 대두된 일련의 현실 개혁적인 사상체계로서, 그 당시에 적용될 실무(實務)를 강구하는 학문을 말한다. 즉 17세기 중엽 이후에, 성리학의 공리공론에 반대하여 정치 경제적 현실 문제와 과학, 기술, 역사, 문학, 풍습과 같은 우리 문화에 대한 광범위한 연구를 통하여 당시 조선의 변화와 개혁을 주장하던 새로운 사상 조류를 말한다.

좀더 구체적으로 정의해 보면, 경세치용(經世致用)과 이용후생(利用厚生)을 목표로 하여 당시 조선의 유교정치체제의 이론적 기반을 이루고 있었던 주자학 사상의 사변적 성격을 비판하면서, 현실주의적 입장에서 정치 경제 사회적인 실천론을 전개한 일련의 사상적 경향을 실학사상이라 부른다.

실학이라는 용어가 조선 후기의 일련의 개혁적인 사상체계를 지칭하는 역사적 내용을 가진 한 개의 명사로 자리매김한 것은 1930년대 국학연구운동에 그 연원을 두고 있다. 식민지 지배하의 민족말살정책이 노골화되고 있던 1935년은 다산 서거 100주년을 맞이하는 해였다. 그해 민족적 문화전통의 재발견을 위한 기획의 일환으로 신조선사는 정인보와 안재홍의 교열로 다산의 〈여유당전서〉를 간행하게 되고, 이를 계기로 한국학연구의 불을 붙이게 된다. 해방 후 1950년대에 들어와 다산으로부터 외연을 확대하여 본격적인 연구가 진행된다. 이러한 일련의 과정을 거치면서 실학 또는 실학파라는 개념이 성립되었다.

실학은 유학의 부흥운동이며 사회개혁운동이었다

실학은 간단히 말해서 '현실에 쓰일 수 있는 실용적 학문'이라는 뜻이다. 보다 구체적으로 정의하면, 사물에 대한 객관적이고 실증적인 연구를 통해 진리를 탐구하는 학문경향을 말한다. 수기치인의 학문인 유학이 조선의 국교로 자리 잡은 이후, 초기에는 공자시대의 유학에 충실하여 어느 정도 실학적인 측면이 있었다. 그러나 점차 주자학(공자, 맹자, 증자, 주자의 도류를 정학(正學)으로 생각하는 사상적 유파)만을 유일한 정학으로 고수하게 되어 사상과 학문의 융통성이 점점 없어져 갔다. 더구나 17세기의 송시열에 이르러서는 주자학에 반주자적 주석을 다는 것을 사문난적(斯文亂賊)이라 하여 각종 정치적 박해를 가하기 시작했다. 주자학적 관점에서의 논의 이외에는 어떠한 사상이나 주장도 용납되지 않았다. 조선 유학의 경직성은 특히 이 송시열 이후에 나타났다.

실학이 발생하게 된 배경이나 원인은 매우 다양하다. 먼저 크게 유형화해 보면 국내 환경적 요인과 외부 환경적 요인, 그리고 성리학에 대한 반성과 재검토로 요약되는 사상적 요인으로 분류하여 설명할 수 있다.

먼저 17, 8세기의 조선왕조는 사회적 경제적 변동이 급격하게 진행되는 시기였다. 도시지역에서는 상공업의 발달로 인해 상공업자 계급이 형성되어 갔고, 농촌에서는 농민의 분화가 심화되고 있었다. 농지를 소유하지 못한 소작농들이 급격하게 농업에서 이탈하기 시작하면서 농업생산성이 낮아지기 시작했다.

이러한 농업종사자의 해체과정을 지켜보면서 일부 실학자들은 토지의 농민소유와 농업의 상업화를 주장하고, 나아가 지주적 토지소유의 개혁을 주장하기도 하였다.

경제적 변화와 더불어 중세적 신분제도도 급속하게 붕괴되기 시작하였다. 신분제도의 변동과정은 양반이 경제적으로 몰락되어 가는 하향과정과 하층민이 신분상승을 꾀하여 이를 성취해 가는 상향적 과정으로 나타났다. 이에 대해 실학자들은 하향과정에 놓여 있는 양반층의 생계대책뿐만 아니라, 상향과정에 들어선 하층민들의 이익을 보장해 줄 수 있는 현실적인 문제의 해결에 몰두하지 않을 수 없었다. 그 과정에서 실학자들은 사회현상에 대한 정확한 진단과 대책을 모색하였고 이를 통하여 현실개혁적인 실학사상이 형성되었다고 볼 수 있다.

조선 후기에는 이러한 사회 경제적인 변동과 함께 전통적인 통치 질서와 조세체제도 점점 붕괴되어 가고 있었다. 그동안 조선왕조를 지탱해 온 통치 질서는 유학의 수기치인의 통치이념에 근거하고 있었다. 중국에서의 유학이 조선에 들어오면서 본고장인 중국과는 달리 형식과 명분을 중시하고 공리공론으로 갑론을박함을 사대부의 사명으로 오해하고 생산 활동은 극히 천시하였다. 수기(修己)와 실천(實踐)을 통하여 잘사는 사회를 건설하려 했던 원래의 유학이 왜곡될 대로 왜곡되어 그 폐단이 극심하였다. 따라서 형식이나 명분, 공리공론을 떠나서 실질적이고 실용가치가 있는 이용후생을 목표로 학문을 하자는 운동이 광범위하게 일어나게 되고, 그 결과로 나온 것이 곧 실학이다.

그러므로 실학은 왜곡된 조선왕조의 유학에 대해서 보면 확실히 반역이지만, 정통의 중국 유학에 비추어보면 유학의 부흥운동이었다고 볼 수 있다. 다산은 한결같이 공자시대의 유학으로 회귀할 것을 주장했다. 따라서 실학은 당시의 사회상황을 개혁하여 전통질서의 붕괴를 막고 국가체제를 강화하려는 점

---

1) 동양의 전통우주론에서는 하늘은 음양오행으로서 만물을 생기게 하고 기(氣)로서 형체를 이루고 거기에다 이(理)를 부여하는 것으로 생각했다. 그러나 다산은 비록 구체적으로 창조주를 언급하지는 않았으나, 음양오행에 의한 우주생성을 부인한다. 또한 천명관의 전개에 있어서도 정주학파들은 인성은 곧 천리라는 천리설을 주장하여 무신론적 주장을 했지만, 다산은 유일신(상제로서의 인격신적인 존재)을 인정하고 우주를 의지의 소산으로 보고 있다.

진적 혁신운동이었다고 볼 수 있다.

한편, 서학(서양의 과학기술)의 전래와 실사구시를 강조한 청나라의 고증학은 실학의 등장에 크게 영향을 미친 대외적 요인이다. 17세기 이래 서학과 서교(천주교)의 전래는 종교적인 면에서 실학자들의 철학적 사유에 강한 영향을 미쳤다. 예컨대, 다산의 철학적 인식 가운데 유신론적 입장을 취한 천명관(天命觀)을 비롯한 일부 주장들이나,[1] 계급타파를 주장한 반계나 성호의 평등사상은 서학의 영향이라 할 수 있다. 또한 명말 청초의 학술사상에서 나타나는 민본이념이나, 청대의 고증학에서 강조한 실사구시의 이념은 실학의 학풍으로 전수되어 실학의 근본이념으로 자리매김하게 된다. 실사구시(實事求是)란 고증학이 내세운 학문 방법론으로 사실에 입각하여 진리를 탐구하려는 과학적 학문태도를 말한다.

요약하면 조선 말기의 실학은 그 시대의 사회현상에 대한 농민들의 어려움을 대변하는 사상을 내세워, 경제변화에 대처하는 발전적 개혁방안을 제시하기 위하여 나타난 실사구시의 연구경향이다. 즉 조선 후기 사회변화과정에서 나타난 여러 사회문제에 대한 원인규명과 처방 등, 현실문제의 해결에 중점을 둔 현실지향적인 연구경향이라 할 수 있다.

실학은 실용주의를 생명으로 한다

어떠한 사상과 제도도 성장, 발전, 쇠퇴의 과정을 거치게 된다. 조선 후기의 실학사상도 역시 태동기, 성숙기, 전성기, 쇠퇴기를 거쳐 왔다고 볼 수 있다. 실학은 처음에는 주로 관념적이고 형식적인 성리학적 세계에 대한 회의를 나타내며 새로운 자아각성을 하던 시기이다. 이를 태동기라 한다. 그 이후 성숙기에 접어들면, 사상적 측면보다는 주로 자유롭고 다양한 현실적인 분야에 관심을 가진다. 즉 정치, 경제, 사회, 역사, 지리, 사상, 어문 등 각 분야에서 많은 업적을 이룩하는 시기이다. 그 다음으로는 이러한 개혁안들을 실질적으로 국가사업에 반영하는 시기로서 전성기라 한다. 주로 영 · 정조의 탕평책과 문예부흥정책에 고무받아 이용후생을 강조하던 시기이다. 그 후 사회전반적인 개혁을 주장한 실학사상은 집권계층에 의해 수용되지 못하고, 이용후생학파는 문체반정의 탄압을 받고, 경세치용학파는 천주교 교란(신유교옥)에 휘말린 뒤 더 이상 세력을 확장하지 못하고 쇠퇴하게 된다.

일반적으로 실학의 연구경향은 그 내용을 중심으로 경세치용을 중시하는 연구경향(중농학파), 이용후생을 중시하는 연구경향(중상학파), 그리고 실사구시를 중시하는 연구경향(고증학파)으로 나눌 수 있다.

(1) 농지의 실용적 활용을 주장한 경세치용학파

경세치용학파는 17세기 전반에서 18세기 전반에 이르기까지 주로 토지제도나 행정기구 개혁의 연구에 중점을 두었던 학파를 말한다. 반계 유형원에서부터 성호 이익에 이르기까지 많은 학자들이 여기에 포함된다. 이들은 주로 화폐의 유통과 도시의 상업 고리대 자본이 농촌에 침투되면서 빚어지는 농업문제의 개혁에 초점을 두었기 때문에 중농학파라 하며, 이익에 의하여 주도되어서 성호학파라고도 한다. 이들은 이러한 사회문제의 원인이 기존의 예학과 성리학에 있다고 보고 이를 전면적으로 재검토하였으며, 동시에 비생산적이고 관념론적인 학문에서 벗어나 정치, 경제적인 현실문제로 관심을 돌리게 하였다.

(2) 상공업의 기술혁신을 주도한 이용후생학파

이용후생학파는 연암 박지원을 중심으로 한 북학파를 말한다. 이용후생이란 상품의 유통이나 생산기구의 발전 등 기술혁신을 통하여 백성들이 편리하게 생활하고 잘 살게 하자는 의미이다. 이용후생은 원래 유학의 덕치주의에서 나온 말이다, 원래 덕치는 선정(善政)이고 선정은 양민(養民)이니 양민의 구체적 내용이 바로 이용후생이라는 것이다. 서경에서 유래된 이 이용후생을 보다 구체적으로 설명하면 이용(利用)이란 기구를 만들고 재화를 유통시켜 백성들의 쓰임을 이롭게 한다는 뜻이며, 후생(厚生)이란 백성들이 배고프지 않고 춥지 않도록 한다는 뜻으로 오늘날의 복지에 해당되는 개념이다.

이들은 선진제국의 발전된 새로운 지식과 기술을 도입할 것을 주장하고, 대명 의리의 분위기를 무릅쓰고 청나라의 발전된 문물제도와 지식과 기술을 배우고 수용하자는 북학사상을 주장했다. 이들은 직접 중국을 여행하여 견문을 넓히고 상공업 및 모든 산업의 진흥을 위한 제도개선과 기술혁신을 제안하였다. 특히 상공업의 발전에 관심을 두었기 때문에 중상학파라고도 칭한다.

(3) 실증적이고 경험적인 사실을 중시한 실사구시학파

실사구시학파는 광의로 사용될 때에는 조선 후기에 나타난 신학풍인 실학 전체를 총칭하여 이르기도 하지만, 협의로는 완당 김정희에 이르러 일가를 이루게 되는 개념으로서 실증적이고 경험적인 방법을 통하여 사실을 고증하려는 일련의 연구경향을 말한다. 일면 고증학파라 부르기도 한다. 이 고증학파는 학문 자체를 목적으로 삼아 엄격한 객관적 태도를 확립하고 순수한 학문적 차원에서 실학을 발전시키자는 학파이다. 김정희의 실사구시 사상은 두 가지로 압축하여 설명할 수 있는데, 그 하나는 한대의 훈고학(訓詁學)에 기초한 연구에 몰입하여 정밀한 훈고를 통하여 경전의 뜻을 제대로 밝히는 일과, 또 하나는 몸소 행하여 실천한다는 것으로 요약할 수 있다. 당시 조선조에 유행한 훈고학은 글자의 뜻이나 밝히고 구절을 바로 잡는 데 불과할 뿐 도의의 근원을 밝히지 못하고 있었다. 이 학파는 근대의 실증적 과학연구 태도의 확립에 지대한 공헌을 하였다.

실학사상은 후세 우리들에게 어떠한 영향을 미쳤는가?

성리학과 실학은 그 통치원리와 통치이념에 어떠한 차이가 있을까? 실학도 기본적으로는 유학의 수기치인의 통치원리를 그대로 수용한다. 다만 성리학이 수기에 중점을 두었다면, 이에 반해 실학에서는 바로 치인의 원리를 강조하였다고 볼 수 있다. 유학의 학문시표인 '수기(修己)와 안인(安人)', '정덕(正德)과 후생(厚生)'이라는 기준으로 비교한다면, 성리학은 수기와 정덕에 치중하는 반면, 실학은 안인과 후생에 치중하는 경향이 크다. 또한 성리학이 인간과 자연의 합일을 강조하였다면 실학에서는 자연의 원리와 실학의 원리를 분리시키므로서 객관적 자연관을 이룩하고, 경험적 실천윤리를 강조하면서 평등사회관 내지 국가관을 모색하였다. 실학사상이 19세기 이후 한반도에 끼친 영향을 중심으로 그 의의를 정리해 보도록 하자.

(1) 낡은 질서에 대한 비판정신이 생기다

전통 주자학의 문제점에 대한 신랄한 비판, 명나라의 숭배풍조가 지배적인 가운데 청나라의 문물을 배워야 한다고 주장, 심지어 서학의 과학기술과 서교의 이념까지도 서슴없이 받아들여야 한다고 주장한 것은 이러한 비판정신에서 연유한 것이다. 이러한 낡은 질서에 대한 비판정신의 영향으로 인하여 국법으로 금하는 양명학이나 천주교에 몰입하는 자들이 많이 나올 수 있었으며, 또한 국학연구의 기초가 되는 민족의식이나 민중의 이익을 부르짖는 민본주의사상이 부쩍 늘어나게 되었다고 볼 수 있다.

(2) 개화사상(開化思想)의 원류를 이루다

19세기 말 조선의 정치사상은 전통사상을 유지할 것인가, 아니면 외래사상을 수용할 것인가? 하는 두 갈래의 흐름이라 할 수 있다. 전자를 위정척사(爲正斥邪) 사상이라 하고 후자를 개화사상이라 했다. 원래 실학은 외래사상을 흡수, 소화하여 나라의 힘을 키우자는 주장이었기 때문에, 이러한 실학사상은 개화사상에 직접적인 영향을 미쳤다고 볼 수 있다.

그러면 개화사상과 실학사상과의 구체적 연계를 살펴보자. 1876년 개항 이후 개화운동을 주도한 여러 집단들이 표방하고 있는 개화사상의 내용을 요약하면 다음과 같다. 즉 국민주체의식의 고취, 이용후생과 무실역행의 방법론 표방, 국제관계에 대한 안목의 확대, 문화개방의 제창, 민중참여 범위의 확대, 상공의 장려 등이다. 실학사상과 한치의 오차도 없다. 17세기 이후 지속되어 오던 실학사상이 19세기 이후의 특수한 정치상황에서 개화사상으로 나타났을 뿐이다.

(3) 자주사상과 민족주의 의식이 고취되다.

실학이 내세운 목표 중의 하나는 화이사상(華夷思想)을 지양하고 주체적 역사의식을 확립하는 것이었다. 그 이유는 명이 멸망하고 오랑캐라 멸시했던 청이 중원에 등장하자 그동안 품어온 중국에 대한 사대관념과 중화관념에 혼란이 오게 되고, 조선의 대외인식은 친청과 반청의 문제로 사회가 혼란스러워졌다. 이러한 대외인식 속에서 실학사상가들은 조선이 근본적으로 중국과 대등한 정치주체임을 내 세우기 시작한 것이다. 이익, 홍대용, 박지원, 정약용 등이 모두 중국이 세계의 중심이라는 중화사상에 대하여 반기를 들기 시작했다. 그들의 주장을 간단히 소개한다.

"지금의 중국은 대지 중의 한 조각의 땅에 지나지 않고 …… 대저 서양은 중국에 소속되지 않는다. 각기 황왕(皇王)이 있어 각기 자기 경내를 다스리고 있다."(이익, 성호사설)

"중국인은 중국을 정계(正界)로 여기고 서양을 도계(倒界)로 여긴다. 서양은 서양을 정계로 여기고 중국을 도계로 여긴다. 그런데 사람들이 하늘을 이고 땅을 밟은 곳이면, 그곳을 모두들 정계라 하는 것이니, 사실에서는 횡계(橫界)도 없고 도계도 없으며 다 같이 정계인 것이다."(홍대용, 심헌서)

"어찌 유독 중화에만 군주가 있고 이적(夷狄)에는 군주가 없겠는가? 천지는 넓고 넓어 한 사람 홀로서 지배할 수가 없고, 우주는 넓고 넓어 한 사람이 오로지 할 수 없다. 천하는 천하인의 천하이지 한 사람의 천하가 아니니다."(박지원, 열하일기)

"내 생각으로는 그 이른바 중국이라는 것이 어찌하여 중(中)이 되었는지 알지 못하겠고, 이른바 동국이라는 것은 어찌하여 동(東)이 되었는지 알지 못하겠다. 대저 동서남북의 중심이면, 어느 곳이나 중국 아닌 곳이 없으니, 이른바 동국이란 것이 어디 있겠는가? 대저 이미 어느 곳이나 중국 아닌 곳이 없으니 이른바 중국이란 것이 어디에 있겠는가?"(정약용, 송한교리치응사연서)

모두가 중국 중심의 천하사상을 부정하거나 상대적인 개념에 불과하다고 주장하고 있다. 중화라는 것도 어느 나라이건 우수한 문화를 가진 나라가 중화라고 하여 중국의 중화사상을 아예 배격하고 있다. 다산은 요동론, 고구려론 등 다수의 논문에서는 민족의 주체성을 강조하고 있다. 그리고 약소한 조선의 형편을 탄식하면서 부국강병, 안민보국을 계속 강조하고 있다.

원래 실학은 우리의 사회문제를 우리 스스로 비판적 관점에서, 실증적인 방법으로 분석해 보고 그 대안을 제시하려는 목적에서 시작된 것이기 때문에, 처음부터 민족의식과 근대지향성이 강한 주체적인 입장을 가지고 시작하였든 것이다.

(4) 훗날 민주주의와 민권사상에 영향을 미치다

성리학에서의 민본사상과 실학에서의 민본사상은 근본적으로 다르다. 성리학에서의 민본사상은 정치의 기본을 위민에 두는 위민사상이다. 여기서의 민본의 개념은 통치권자인 군주는 왕권신수(王權神授)의 입장에서 만백성에게 자애를 베풀고 사랑해야 한다는 의미에서의 민본이었다. 즉 군주는 기본적으로 하늘에서 백성의 군(君), 사(師), 부모(父母)로 선정한 것으로 보았기 때문에 백성은 주체로서의 존재가 아니라 어디까지나 통치행위의 객체적 대상일 뿐이며, 백성에게는 복종의 의무만이 일방적으로 부과되어 있고 통치자는 이러한 백성에게 무한한 배려를 하는 것으로 보았다. 이러한 민본, 애민 이념에는 백성은 몰주체적으로 매몰되어 있었다. 이를 전통적인 민본사상 또는 하향식의 민본사상이라 한다.

이에 대하여 실학사상가들 특히 다산이 설정한 통치권자와 민과의 관계는 통치권자인 군주는 왕권신수일수가 없고 근원적으로 민에 의하여 선출된 것이라 보았으며, 사회생활 관계에 있어서 하나의 평범한 지도자로 파악한 것이다. 백성은 천자라든가 통치자를 선출할 수 있는 권리를 스스로 지니고 있는 새로운 개념의 백성을 상정한 것이다.

이러한 관점에서 다산이 말하는 목민의 민은 군주의 객체로서의 민이 아니라 군주를 선출할 수 있는 권리를 가진 민이라고 할 수 있다. 그러므로 목자는 당연히 이 민(民)에 군림하거나, 지배하거나, 착취하려 들 수 없는 것이고, 오로지 백성을 위해서만 존재할 수 있다는 논리를 전개한 것이다. 이러한 다산의 민본사상은 주권재민적 민본사상 또는 민권사상이라 할 수 있다.

한 나라의 지도자는 하늘이 정한 것이 아니라 백성이 추천하여 정해진 것이니, 정치를 잘못하면 당연히 바꿀 수 있음을 주장한 다산의 주권재민적 민본주의는 매우 유명하며, 이는 후세대의 민주주의와 민권사상에 크게 영향을 미쳤다. 다음은 그 탕론(蕩論)의 일부이다.

> *"대저 천자는 어떻게 하여 있는가? 하늘이 천자를 보내어 이를 세우는 것인가? 또한 땅에서 솟아 나와서 천자가 되는 것인가? 오호(五戶)가 인(隣)이 되는데 오호에서 장을 추대하면 인장(隣長))이 되고, 오린이 리(里)가 되는데 오린(五隣)에서 장을 추대하면 이장(里長)이 되고, 오비(五鄙)가 현(縣)으로 되는데 …… 제후가 함께 추대한 사람이 천자가 되니, 천자는 여러 사람이 추대해서 이루어진 사람이다. …… 추대된 자가 자기임무를 수행하지 못하면 자리를 교체할 수 있고, 이는 무용수가 무대에서 교체되는 것과 같다.…"(정약용, 여유당전서, 탕론)*

이러한 통치자와 민과의 관계를 근거로, 다산은 정치란 무엇인가를 논한 짤막한 그의 논문 원정(原政)에서 명쾌하게 정치를 정의하고 있다.

> *"정치란 바르게 함이자, 우리 백성들을 고르게 잘 살도록 해주는 일이다. …… 누구는 토지를 많이 소유하여 부유하게 살고 누구는 토지를 소유하지 못해 가난하게 사*

는 거나, 고르게 소유하는 제도를 만들어 고르게 소유하게 하고, 부당한 방법으로 부자가 되고 토지를 많이 갖는 것을 바르게 고쳐주는 일이 정치이다."(정약용, 여유당 전서, 원정)

다산은 모든 백성의 능력에 따라 평등하게 하는 것, 즉 배분적 정의를 실현하는 것이 정치의 원리라고 한 것이다. 이러한 정치를 제대로 할 수 없는 통치자는 그 존재의의를 상실한다는 것이다.

이러한 실학의 민권사상은 19세기 이후 우리나라의 정치적인 개혁운동에 지속적으로 영향을 미쳐 왔다. 동학혁명이나 3.1운동도 이러한 실학의 민권사상이 그대로 계승되고 있다고 볼 수 있다. 그것은 기존질서를 인정하면서 대립이 아닌 공존의 관계에서 개혁을 추구하는 방법론에서 그 면모를 볼 수 있다. 동학혁명이나 3.1운동의 비폭력성, 무저항성의 근본원인도 이러한 민권사상을 바탕으로 나타난 것이라고 볼 수 있다.

실학사상에 나타난 공직윤리

실학사상도 기본적으로는 유학사상을 부정하지 않는다. 실학의 학자들도 주자학을 부정하면서 출발한 것이 아니라, 주자학을 긍정하면서도 그것의 현실적 한계가 있음을 자각하는 데서 실학적 문제의식을 제기한 것이다.

실학은 기본적으로 조선 후기의 사회기강의 문란과 임진왜란과 병자호란 등을 거치면서 궁핍해진 백성들의 생활을 타개하기 위해서 등장한 실증정신과 부국안민의 실용정신을 강조한 사상체계이다. 따라서 실학에 나타난 공직윤리 사상을 알기 위해서는 개개 실학자들의 사상과 개혁안들을 살펴보는 것이 먼저이다. 많은 실학자 중에서 실학의 선구자인 지봉 이수광, 토지제도의 개혁을 주장한 반계 유형원, 성호학파의 중심 성호 이익, 그리고 실학의 집대성자인 다산 정약용의 실학사상을 소개하고 그들의 공직윤리관을 정리해 보자.

(1) 이수광의 성실

이수광은 기본적으로 주자학을 존중하는 입장에 있으면서도, 그 당시 주자학의 기본문제인 태극, 이기, 4단7정 등 성리학의 이론에 뛰어들지 아니하고, 심성의 존양(存養)에 치중하는 수양론적 문제를 학문적 중심으로 삼고 있는데 특징이 있다. 이수광은 전통적인 성리학파의 입장으로부터 벗어나 새로운 방향을 탐색하고 있다는 사실을 보여주고 있다. 이와 같이 그의 철학적 기본문제가 심성의 이기론적 분석이 아니라 수양론적 실천방법의 탐색이라는 것은, 그만큼 그의 철학이 관념철학을 벗어나 실천철학적 성격을 지니고 있음을 보여준다.

그는 정치의 효과를 거두지 못하고 사회가 어지러워지는 것은 모두 부실한 병에 그 원인이 있다고 보고, 모든 일의 처리의 관건은 성(誠)에 있으며, 성실(誠實)로 정치를 행하면 실효를 거둘 수 있다고 주장한다. 곧 정치와 치인의 원리는 성(誠)이면서 동시에 도덕적 성실성을 요구한다. 성(誠)을 모든 것에 일관하는 원리로 삼고 이 성(誠)의 현실적 실현을 추구하는 것이 이수광의 실학의 요체이다. 따라서 그의 공직윤리관은 성실과 성에 있다.

(2) 반계의 배분적 정의와 형평

실학의 창시자라고 하는 반계 유형원은 부민, 부국을 위한 제도의 개혁을 강조한다. 그의 저서 반계수록은 전 26권의 방대한 저서로서 전제(田制), 교선(과학과 교육), 임관, 직제, 녹제, 병제 등으로 나누어 우리나라 재래의 제도를 예리하게 비판하고 그 개혁안을 제시하고 있다. 특히 토지제도(전제)를 가장 기본적인 제도라고 하면서 이 토지제도를 바르게 하지 않고서는 바른 정치를 할 수 없다고 주장한다. 즉 나라를 부강하게 하고 농민의 생활을 안정시키기 위해서는 토지제도를 개혁하여야 하며, 그렇게 함으로써 자영농민을 육성하여 민생의 안정과 국가경제를 바로 잡을 수 있다고 보았다. 그 개혁안으로는 토지는 국가가 소유하고 농민에게 일정량을 나누어 주는 균선제, 농병일치의 군사제도인 부병제, 신분제 및 세습제도의 폐지, 학제 및 관료제의 개선 등 다방면의 제도개혁을 주장하였다.

반계는 제도개혁을 매우 중시하였다. 그의 사상은 인간의 가치와 도덕성에 근거를 둔 제도개혁을 중시한다. 반계는 '도(道)가 밝아지면 기(氣)는 저절로 회복된다.'는 주자학의 정치적 사고에 비판을 가하면서 도(道)와 기(氣)의 중요성을 동시에 강조한다. 오히려 인간의 내재적 규범도 중요하지만 오히려 그것보다는 인간을 밖으로 규제하는 객관적 규범인 법과 제도를 더 유의하고 있다. 제도개혁을 통하여 백성을 잘 살게 하는 일, 즉 양민이야 말로 정치의 기본이며, 그러기 위해서는 지속적인 직업창출(항업)을 주장하기도 하였다. 반계의 제도개혁 중 가장 빛나는 것이 계급제도의 타파와 노예해방론이다. 그의 주장을 인용한다.

> *"백대를 가도 노예를 면할 길이 없으니, 설혹 노예 중에서 현재(賢才)가 나타날지라도 용처가 없고 노예가 되니 이 어찌 천리라 할 수 있겠는가? … 사람의 임금된 자는 하늘을 대신하여 사람을 다스리는 것이매, 국가도 나의 국가요, 백성도 다 나의 백성이거늘, 어찌 백성 사이에 노예라는 계급을 따로 만들어 내 백성을 해치고 인족(隣族)을 괴롭히고 독해를 사회에 끼치고 국가를 병들게 할 소냐."(반계수록 권 26)*

얼마나 충정에서 우러나는 인도주의인가? 미국의 링컨은 19세기에 노예해방을 주장하였지만 반계는 17세기 전반기에 노예해방이란 고매한 사상을 발표한 것이다. 반계보다 훨씬 후세대이자 실학파의 거장인 다산마저도 계급제도와 노예제도를 아주 주어진 것이자, 타고 난 것으로 인정하고 있음을 볼 때, 반계의 인권 및 인도주의 사상이 얼마나 앞선 개혁사상이었는가를 말해 준다. 다산의 계급관은 심지어 면천의 길을 막아야 된다고 주장하고 있음을 볼 때 매우 보수적이었다.

반계의 공직윤리을 요약하면 토지개혁에서 나타나고 있는 배분적 정의와 형평, 계급론과 인구론에서 보이는 인권사상과 인도주의 그리고 법과 제도를 중시하는 객관적 규범 등으로 요약할 수 있다.

(3) 성호의 평등과 인도주의

성호 이익의 사상은 반계 유형원의 사상과 거의 일치한다. 법과 제도를 중시하는 객관적 규범도 그러하고, 노예에 관한 소견도 빈계와 같이 폐지론을 주장한다. 성호는 노비에 대하여 각별한 동정심을 가지고 있었으며, 자기 집의 죽은 노예의 분묘에 제수를 차려 놓고 자기가 직접 축문을 읽고 제사를 지내주기도 하였다. 다음은 성호의 이러한 행적에 관한 일화이다.

---

2) 다산은 조선의 주자학파의 경전해석이 잘못되었다고 주장한다. 즉 성리학의 논리로 경전을 해석했던 주자학파들은 인의예지 모두가 재심지리(在心之理), 즉 마음속에 있는 이(理)라고 여겨 이론과 관념의 세계에 안주했다. 그러나 다산은 사랑하지 않고는 인(仁)이라 할 수 없고, 착하게 행한 뒤에야 의(義)라 할 수 있다고 하면서 실천한 뒤에라야 그 개념이 세워진다고 보았다. 그래야 공자(孔子)가 안자(顔子)에게 일러준 "자기를 이겨내서 예를 회복함이 인이다(克己復禮爲仁)." 라고 한 말과 위인의 위(爲)는 '힘을 써서 일을 행함'이며, '손을 대서 이루기를 도모함' 이라는 의미를 설명할 수 있다고 주장한다. 공자는 원래 인의의 실천을 강조했다.

"너 평생을 두고 나를 위하여 봉사하였는데 너 죽은 지 벌써 몇 년이 흘렀구나. 네 자식이 불초하여 그간 벌초도 않고 제사도 지내지 아니하여 네 분묘가 헐었구나. 내 우연히 지나다가 이것을 보고 그냥 지날 수 없어 간소한 병과(餠菓)를 준비하여 너의 외손에게 들려 차려 놓고 몇 마디의 축문을 내 손수 읽으니 너 무식하여 이해하지는 못할 것이나 영혼이라도 와서 흠복하기 바란다. 사람들이 나의 이 행동을 보고 반드시 웃을 것이나 나는 측은한 정을 못 이겨 이리하는 바이다(성호, 성호사설)."

(4) 다산의 청렴과 공정

마지막으로 실학을 집대성한 다산은 실학의 세 가지 특징이라고 간주되고 있는 경세치용, 이용후생, 실사구시 등을 한데 모아 하나의 총체를 이루어 놓았다. 반계와 성호의 개혁이론을 흡수하고 소화하여 자기의 개혁이론 전개의 바탕을 삼았다고 할 수 있다. 그의 사상에 많은 영향을 미친 것은 서학(서양의 과학기술)과 서교(천주교)였으나, 이상적인 사회관은 공자의 시대로 되돌아가는 것이었다. 그는 원래 모습의 유학을 동경했을 뿐만 아니라, 실제로 유학이 이루고자 하는 큰 목표 중의 하나인 인의예지라는 덕목을 현실세계에서 구현해 내는 일을 위해 일생을 바쳤다. 그러한 요순시대의 태평성대를 이룩하기 위한 방법론이 바로 목민심서였다. 특히 관리들의 청렴성 회복이 이상세계로 가는 첩경이라 보았다. 그리고 행하지 않는 인(仁), 실천하지 않는 인(仁), 마음속에 내재하고 있는 관념적인 인(仁)은 인(仁)이라 할 수 없다고 보았다. 다산의 철학세계의 중심은 한마디로 실천적이라 할 수 있다.[2)]

다산의 실학사상에서 나타나는 공직윤리관을 정리하면, 청심과 청렴, 공정과 형평, 애민과 위민, 실용과 공익, 행정의 능률성과 생산성, 주권재민적 민본주의(민권사상) 등으로 정리할 수 있다. 이러한 실학의 공직윤리를 도표로 정리해 보면 다음과 같다.

표 2 실학자들의 공직윤리관

실학자	공직윤리관
이 수 광	성, 성실성
유 형 원	배분적 정의, 형평, 평등, 인도주의, 양민 객관주의적 규범(법과 제도)
이 익	형평, 인도주의, 준법정신, 객관주의적 규범
정 약 용	청렴, 공정, 근면, 형평, 애민, 민본(민권), 능률 자주, 봉사, 실천, 공익, 실용, 객관주위적 규범

(2010. 5. 4. 서재에서)

제3부

공정과 청렴

절대적이고 보편적인 공직윤리는 존재하는가?

"오직 목민관(공직자)의 청렴은 여자의 순결과 같다. 한 오라기의 오점이라도 평생의 흠이 되나니, 어두운 밤이라고 말하지 말라. 하늘이 알고(天知) 귀신이 알고(神知) 내가 알고(我知) 네가 알고(汝知) 있지 않는가?" (다산, 율기잠)

공정과 청렴

청렴하면 공정해지고
공정하면 권위가 선다

동서고금을 막론하고 관직에 있을 때 꼭 지켜야 할 두 가지의 규범이 있다. 그것은 공정과 청렴이다. 우리는 이를 공직 제1의 윤리라 한다.

공정(fairness)이란 불편부당하고 공평하고 올바르게 업무를 처리하는 것을 말한다. 업무를 처리할 때 사사로운 감정에 휩싸여 공정하지 못하면, 일을 바르게 처리할 수 없을 뿐 아니라 나중에는 깊은 곤욕을 치르게 된다. 사적인 연고에 의하여 특정한 사람의 편에서 업무를 처리하거나 사익을 전제로 업무를 처리하게 되면, 상대적으로 불이익을 받는 자들이 생겨나게 되고 백성의 원성을 사게 된다. 나중에는 아무리 공정하게 업무를 처리하여도 의사결정에 권위가 서지 않게 된다. 따라서 공정이야말로 공무처리의 권위이자 힘이라 할 수 있다. 공정하지 못하면 아무리 법적 강제를 강화하더라도 행정의 권위가 서지 않는다. 권위(authority)란 법에 의하여 정해지는 것이 아니라, 일반 국민들(정책대상집단)의 인정과 수용에 의하여 정해지는 심리적 힘이기 때문이다.

공정은 공무처리의 권위이자 힘이다

청렴(integrity)이란 마음이 청백하고 재물을 탐내는 일이 없음을 말한다. 다산 정약용은 목민심서(牧民心書)에서 "청렴하게 한다는 것은 수령된 자의 본연의 책무로서 온갖 선정의 근원이 되고 모든 덕행의 뿌리가 된다. 청렴하지 않고 목민관이라 할 수 있는 자는 일찍이 없었다."라고 적고 있다.

한(漢) 나라의 병서인 삼략(三略)에는 "향기로운 미끼 아래에는 죽은 물고기가 있고, 후한 상 뒤에는 용맹스러운 사람이 있다."고 했다. 향기로운 미끼는 물고기를 잡는 도구이고 이익과 재물은 사람을 잡는 미끼에 불과하다는 말이다. 동서고금의 역사적인 인물 속에는 이익과 재물을 탐하다가 충과 절의를 잃고 치욕의 길을 갔던 사람이 무수히 많다.

최근 우리나라의 정치사에도 자기의 직위를 이용하여 재물을 탐한 사람들이 얼마나 많았든가. 심지어 대통령까지도 재물을 탐하여 재임 후 옥고를 치르거나 스스로 목숨을 끊지 않았는가. 부패한 공직자들의 말로가 어떠하였던가를 생각하면 청렴이야말로 누구에게나 당당할 수 있는 가장 중요한 힘이라 할 수 있다.

향기로운 미끼 아래에는 죽은 물고기가 있다

만해 한용운은 그의 채근담(菜根譚)에서 "관직에 있을 때 명심해야 할 것이 두 가지가 있다. 공정하면 판단이 현명해지고, 청렴하면 위엄이 생긴다."고 하였다. 공정하지 못하면 자신이 가진 현명함조차 발휘할 수 없으며, 청렴하지 못하면 아랫사람으로부터의 위엄이 생기지 않는다고 하였다. 또 "자신이 영화를 원하지 않으면 이익과 돈의 유혹을 어찌 근심하겠으며, 자신이 출세를 경쟁하지 않으면 관직이 위험한 것을 어찌 걱정하겠는가?"고 하였다. 즉 자신이 영화를 꿈꾸지 않으면 이익과 뇌물의 미끼에 걸리지 않는 것은 당연하며 어떠한 고난도 염려할 하등의 이유가 없는 것이다. 또한 자신이 출세를 위하여 남과 경쟁하지 않으면 자신이 누리고 있는 위치는 절대 위험하지 않다는 것이다. 경쟁이란 남과 하는 것이 아니라 자신과 하는 것이며, 자신과의 경쟁이 진정한 싸움이라 할 수 있을 것이다. 나를 이기는 것이 바로 출세의 길이며 공직의 길인 것이다.

공정하고 청렴하면 판단이 현명해진다

공정하고 청렴하면 매사에 권위가 서고 판단이 현명해진다. 목숨을 걸고 십만 양병을 주장했던 율곡 이이는 공정과 청렴을 금과옥조로 하여 공직생활을 했기 때문에 나라의 미래를 내다볼 수 있는 형안을 지닐 수 있었다. 시대가 변하고 상황이 변하면 그에 적절하게 정치도 정책도 변해야 한다는 그의 시무(時務) 사상은 통찰과 방법의 리더십을 키웠던 것이다. 그러하기에 율곡은 당당하게 국정전반에 대한 각종 개혁을 주장할 수 있었고(時務六條啓), 나아가 10년 이내에 환란이 닥칠 것을 예언하면서(萬言封事) 십만 양병을 주장할 수 있었던 것이다.

율곡이 얼마나 청렴하게 공직을 수행하였는가는 그의 죽음을 통하여 알 수 있다. 판서를 몇 번씩 지냈으면서도 너무도 청빈하여 집 한 채 장만하지 못했으며, 남의 집 셋방에서 죽음을 맞이하였다. 심지어 수의(囚衣) 조차도 남의 것을 빌릴 수밖에 없었다고 한다. 그는 일생을 두고 흐트러짐 없는 성실로 사단칠정(四端七情)을 논하고 경세제민의 방책을 설파하였다.

돌아가신 지 425년이 지났건만 아직도 우리 가슴에 서글픔과 아쉬움이 남는 것은 당시 책임 있는 벼슬아치들은 태평세월에 평지풍파를 일으킨다고 오히려 그를 탄핵하므로서, 임진왜란이라는 국난을 막지 못했다는 사실이다. 참고로 임진왜란은 만언봉사를 쓴 지 18년 후, 그리고 율곡이 죽은 지 8년 만에 일어났다. 당시 현실을 바르게 판단하지 못했다는 것은 공정한 현실 판단을 하지 못하는 관료들이 정권을 잡고 있었다는 것을 말해 준다. 당파들의 대립과 이해관계, 그리고 개개 공직자들의 편견과 사사로운 감정이 국정운영을 좌지우지 했음을 말해 준다. 올바르지 못한 판단과 국정운영은 나라의 운명을 좌우한다는 사실을 공직자들은 항상 명심하여야 할 것이다.

(2009. 3. 20. 도진 산방에서)

어느 청백리의 주택거래

청렴은 서로 경쟁하라

대통령이 새로운 공직후보자를 지명하면 그들은 먼저 국회의 인사청문회를 통과하여야 한다. 공직자로서의 자질과 능력을 검증받아야 하기 때문이다. 최근 수년 동안 공직자 자질검증과정에서 완벽하게 자유로웠던 사람은 거의 없었다. 특히 탈세, 신고누락, 다운계약서의 작성, 부동산 투기 의혹, 위장전입 등 무수히 많은 불법적이고 부적절한 행적이 도마 위에 오르곤 하였다. 그들 중 몇몇은 스스로 공직을 사퇴하거나, 대통령이 임명을 철회하기도 하였다.

나라의 지도층이라는 사람들이 온갖 편법과 부정을 통하여 수십억 원대의 재산을 모운 과정을 지켜보면서, 정직하게 살아온 대다수의 일반서민들은 어떤 생각을 할까? 인간의 재물에 대한 욕심은 끝이 없을 것이다. 그러나 윗물이 맑아야 아랫물이 맑은 법이다. 고위공직자들이 재물을 탐하면 부하에 대한 위엄과 권위가 없어지고, 결국 일선행정도 오염된다. 그 결과는 국가 또는 국민 전체에게 돌아간다.

경행록(景行錄)에서는 "정치의 요체는 공정과 청렴"이라고 하였으며, 한나라의 학자 충자(忠子, 충담)는 “관직의 다스림은 공평함보다 나은 것이 없고, 재물에 대해서는 청렴함보다 나은 것이 없다.”고 하였다. 청렴은 공직자로서 지켜야 할 제1의 윤리규범이며, 이 윤리는 국가사직을 떠받드는 정신이자 힘이라 할 수 있다.

법구경에서는 “하늘이 칠보를 비처럼 내리어도 욕심은 오히려 배부를 줄 모르나, 그 즐거움은 잠간”이라 하였다. 또 “욕심은 끝없이 이어져서 그 꼬리를 스스로 밟는 일이 없다. 욕심이 가득 차면 찰수록 텅 빈 것처럼 보이는 그 마음이 문제요, 그러나 청렴은 꼬리가 짧아 스스로 밟음으로써 깨우친다. 밟히는 것마다 가난이요 아픔이라 하더라도 꽉 차 보이는 그 마음이 곧 재산이다.”라고 하였다. 욕심은 채울수록 마음이 공허하고 청렴은 채울수록 마음이 찬다는 법구경의 가르침이다. 공직후보자에 대한 인사공청회를 보면서 생각나는 옛날 우화 아닌 실화 한도막을 소개한다.

청렴은 서로 경쟁하라

고려 명종 때 현덕수(玄德秀)라는 관리가 있었다. 그는 지방 관리를 마치고 개성으로 돌아와 집을 한 채 장만하기로 애쓰던 중, 마침 마땅한 집이 있어 계약을 하고 돌아왔다. 그런데 그날 저녁 노극청(盧克淸)이라는 사람이 찾아와서 말했다.

“오늘 당신이 우리 집을 사기로 계약을 하신 모양인데 없는 일로 하십시다.” 현덕수는 의아해하며 되물었다.

“그게 무슨 말이오. 계약은 분명한 약속이외다. 도대체 그 이유가 무엇이요?” 그러자 노극청은 담담하게 대답했다.

“그 집은 제가 몇 해 전에 은 아홉 근을 주고 산 것입니다. 그동안 몇 년을 살면서 수리 한 번 한 적도 없는데, 제가 없는 사이 아내가 무려 은 열두 근을 받고 팔았습니다. 그것은 나의 청렴을 더럽히는 일이라 계약을 파기하는 것 외에는 어쩔 도리가 없습니다.” 현덕수가 다시 정중하게 말했다.

“그것은 지금의 시세로 받은 것으로 압니다. 얼마 더 받는 것이야 해로울 게 없는 일 아닙니까?” 노극청은 답답한 듯 짜증스럽게 말했다.

"그렇다면 제 아내가 더 받은 은 세 근을 되돌려 받아 주십시오. 그것이 안 된다면 집을 팔 수 없습니다." 막무가내였다. 다시 현덕수가 말했다.

"당신만 청렴함을 고집하지 마시오. 나도 평생 동안 의롭지 않은 일은 해 본 적이 없소. 남의 집을 제값보다 싸게 샀다는 말은 결코 듣고 싶지 않단 말이오."

옥신각신하다가 마침내 두 사람은 그 은 세근을 부처님께 시주하는 것으로 결말을 지었다.

이 이야기는 〈고려사〉와 이규보의 〈노극청전〉에 있는 실제 있었던 이야기이다. 그런데도 실화로 느끼지 않는다. 오히려 우화에 가깝다. 우화에 가깝다고 생각하는 우리의 마음이 더 부끄럽다. 우리들이야말로 얼마나 잘못된 시대에 살고 있는가? 청렴의 의미를 까마득히 잊고 살아가는 우리들이야말로 얼마나 탐욕스러운 사람들인가?

이 세상에 손해 보는 바보가 어디 있는가……?

한 의원이 장관 후보자에게 따졌다. 후보자가 그 당시 구입한 2억짜리(다운 계약서는 1억 원으로 되어 있음)가 현재 시가로 7억 원이 되니까 …… 장관 후보자가 대답한다. "아니요. 현재 9억 원이 훨씬 넘습니다." 자랑스럽다는 말투다. 능력이 있다는 말투다. 아, 이를 어찌할꼬!

정신적 쾌락을 최고의 선으로 생각했던 에피쿠로스는 "충분한데도 적다고 하는 사람은 무엇에든 만족할 줄을 모른다."고 했다. 석가모니는 "만족할 줄 모르는 사람은 부유하더라도 가난하고, 만족함을 아는 사람은 가난하더라도 부유하다."고 하지 않았는가?

자기 이익만을 최우선으로 생각하는 사람이 어찌 공(公)을 위해 일할 수 있겠는가?

(2009. 8. 15. 도진 산방에서)

권력부패 X-파일

수신(修身) 제가(齊家) 이후에 치국(治國)하라

전국을 뜨겁게 달구었던 국민장(國民葬)도 끝났다. 그리고 노무현 대통령도 떠났다. 어느 신문사 주필의 칼럼에서처럼, 그의 죽음은 왜적의 총탄에 맞고 쓰러진 이순신 장군의 호국의 죽음도 아니고, 질병의 고통 속에서도 한글을 창제하다 병고로 쓰러지신 세종대왕의 애민의 죽음도 아니건만, 우리 국민은 그토록 애도하면서 그를 떠나보냈다. 방송이나 인터넷은 마치 희생당한 영웅인 양 그리고 있었지만, 그의 죽음의 뒷맛은 무언가 개운하지가 않다. 왜 죽음이라는 극단적인 방법을 통하여 자신의 부패문제를 덮으려 했는지는 알지 못하지만 분명한 것은 자기의 도덕성에 치명적인 흠결이 있었음을 인정하면서 떠났다는 점이다.

그토록 도덕성을 강조했던 그로서는 권력부패의 내용이 세상에 밝혀질 경우, 육체가 살아 있어도 사는 것이 아니라 생각했을지도 모른다. 자기의 죽음으로서 모든 것이 끝나리라 생각했을까? 권력부패의 진실까지 묻혀지리라 생각했을까? 아니면 우리의 온정적인 부패문화를 미리 알고 인정에 호소하여 남은 가족만이라도 편안하게 살게 하려고 했을까?

이제 그의 죽음과 함께 진실을 담은 수사파일도 덮였다. 그러나 과연 그 진실이 영원히 묻힐 수 있을까? 다산은 목민심서(牧民心書)에서 “청렴하게 산다는 것은 수령된 자의 본연의 의무로서 온갖 선정의 근원이 되고 모든 덕행의 뿌리가 된다. 청렴하지 않고 목민관이라 할 수 있는 자는 일찍이 없었다.”라고 적고 있다. 또 목민관이 청렴하기 위해서는 “먼저 스스로 절약하고 검소해야 하며, 청렴한 이후에야 능히 자애로우며 애민(愛民)할 수 있다.”고 설파하고 있다. 목민관은 먼저 백성을 사랑하여야하는데 그 애민의 근본이 곧 청렴과 근검절약이라 주장하고 있다. 또한 다산은 “뇌물을 주고받는 일은 누구나 비밀로 하지만 밤중에 한 일이 아침이면 드러나기 마련이다.”고 하고 있다. 진실은 밝혀져야 하고 또 밝혀지게 마련이다.

우리나라는 부패공화국이라 표현할 만큼 부패가 만연되어 있다. 국제투명성기구가 발표하는 부패인식지수가 4.0으로 중간점수(5.0)도 되지 못한다. 청렴의 정도가 100점 만점에 40점에 불과하다는 의미이다. 90개국 중에 48위에 머물고 있다. 그 이유는 무엇보다도 정치권의 부패와 권력부패, 정경유착이 결정적으로 한국의 순위를 낮추는 데 기여했다고 본다.

우리 사회에서 부패는 개인의 탐욕과 가치의 문제라기보다는 다양한 제도 내에 관행으로 자리 잡고 있거나 권력중심부에 의해서 체계적이고 조직적으로 이루어지는 것이라는 점에서 구조화되어 있다. 이러한 관행은 일반 시민들에게 있어서도 부패의 쟁점화가 정치권의 국면전환용 정도로 여겨지고 또 부패 자체는 의당 있을 수밖에 없는 문제로 간주됨으로써 부패에 대한 관용의 정도가 대단히 높아 부패가 문화로 자리 잡는 수준에 이른 것이다.

이번 사건의 경우도 예외는 아니었다. 전직 대통령의 권력부패사건이 마치 정치권의 국면전환용으로 보는 시각이 강했을 뿐 아니라, 또 몇 십억 정도의 권력부패쯤이야 별것 아닌 것으로 인식하는 정도가 뚜렷하였기 때문이다. 이러한 부정부패에 대한 허용적인 조직문화는 통제와 처벌을 어렵게 하고 나아가 도덕불감증으로 이어지게 마련이다. 민주화 이후 전직 대통령들의 통치자금(전두환, 노태우 대통령)과 관련된 권력부패를 단죄하는 과정에서 면역이 생긴 탓인지, 아니면, 통치자금으로의 부패가 아니라 가사자금의 부패라는 성격의 차이 때문인지는 모르나, 지나치게 온정적이고 감싸주는 분위기였던 것만은 부정할 수 없다.

대통령은 역사를 두려워해야 한다

한 나라의 지도자의 덕목은 어느 누구보다도 더 도덕성을 요구한다. 그 이유는 대통령의 행동과 태도는 전 국민을 대표할 뿐만 아니라, 전 국민에게 영향을 미치며, 동시에 국가의 미래이기 때문이다. 수신(修身) 제가(齊家) 연후에 치국(治國) 평천하(平天下)라 하지 않았는가? 인간다운 바탕이 갖추어지지 않아 제가(齊家)할 수 없는 사람이 하물며 치국하고 평천하할 수 있겠는가? 대통령이 바르지 못하고서야 어찌 국가를 제대로 다스릴 것이며, 나라의 권위가 서겠는가? 다산은 그의 목민심서에서, 제가(齊家)야말로 청심(淸心) 다음으로 중요한 목민관의 덕목임을 강조하고 있다.

> *"몸을 닦은 뒤 집을 정제하고, 집을 정제한 뒤에 나라를 다스린다는 것은 천하의 공통된 이치이다. … 제가(齊家)는 목민관의 선무이다. 제 집도 제대로 정제하지 못하면서 어떻게 고을을 다스리고 나라를 다스릴 수 있겠는가. … 권솔로 대동하는 일은 정해진 법을 지켜야 하며, 행장을 꾸미는 일은 검소하여야 하며, 음식은 절약하여야 하며, 규문은 엄정하고 근신해야 한다. 또 청탁은 끊어버려야 하고, 물품구입은 청렴결백하게 하여야 한다. 이상을 철저하게 해야만 고을을 다스릴 수 있다."(목민심서 율기6조)*

절대적 권위를 가지고 있는 우리나라 대통령제 아래에서의 권력은 대통령과의 접근빈도나 근접거리에 정비례한다. 따라서 영부인이나 가족, 그리고 대통령실에 근무하는 고위공직자의 부패는 곧 대통령의 부패인 것이다. 제가(齊家)하지 못한 책임을 면하기 어렵다는 의미이다. 더구나 재임시절 자식의 주택구입자금을 공공연히 요구해서 청와대 수석을 통해 받는다든가, 퇴임 이후의 활동자금으로 불법적인 금품수수를 하였다는 사실은 명백히 부정이고 부패행위인 것만은 사실이다.

어느 퇴임 교수가 강연에서 "먹었다면 솔직히 먹었다고 하고 가야 되는 것 아닌가. 그게 인간적인 도리 아닌가?" 하였다는데, 두고두고 이 X-파일에 관한 이야기는 계속될 것이다. 이 또한 공직윤리 교육이라 생각한다면 행정윤리와 철학을 전공하고 있는 한 학자의 구겨진 자존심에 조금이라도 위로가 될까?

(2009. 6. 20. 도진 산방에서)

청백리제도와 관료부패

인의(仁義)의 정신과 도(道)의 문화는 지속되어야 한다

예나 지금이나 공직자들은 유별나게 청렴성을 요구받는다. 공직자들에게 청렴은 곧 그들의 의무이자 책임이다. 청렴(integrity)이란 마음이 청백하고 재물을 탐내는 일이 없음을 말한다. 다산 정약용은 목민심서(牧民心書)에서, 청렴은 공직자가 지녀야 할 가장 소중하고 기본적인 자세이자 태도임을 강조하고 있다. 청렴해야 공정하게 공(公)과 사(私)의 구별이 가능하고, 행정의 권위가 선다고 주장하면서, "청렴하지 않고 목민관이라 할 수 있는 자는 일찍이 없었다."라고 적고 있다. 또 목민관이 청렴하기 위해서는 "먼저 스스로 절약하고 검소해야 하며, 청렴한 이후에야 능히 자애로우며 애민(愛民)할 수 있다."고 설파하고 있다. 목민관은 먼저 백성을 사랑하여야하는데 그 애민의 근본이 곧 청렴과 근검절약이라 주장하고 있다.

특히 공직자에게 청렴이 왜 중요한가? 공직자들은 국민에게 고용되어 그들이 낸 세금으로 월료를 받을 뿐만 아니라, 국가와 공공의 이익을 위하여 존재하는 자들이기 때문이다. 따라서 공직을 수행함에 있어 청렴하지 않으면 부패하기 쉽고, 부패하게 되면 업무를 공정하게 처리할 수 없게 되어 국민의 신뢰를 잃게 된다. 부패한 관료의 행정서비스를 누가 믿을 것이며 그들의 정책결정에 누가 권위를 부여하겠는가?

관료부패란 공직자가 사적인 이익(금전적 이득, 지위확보, 영향력 행사)이나 여타 어떤 목적을 위해 공적인 역할을 남용하거나, 그 지위와 관련된 법적 · 사회적 규범을 위반하는 행위를 말한다. 관료부패는 공직을 수행하면서 공정하지 못하게 월급 이외의 금전적 이익을 얻으면서 일어나는 것이 일반적이다. 공적인 일에 사적인 이익을 연계시켜 금품을 수수하거나, 사적인 일을 공적으로 처리하여 사적인 이익을 취하는 행위는 모두 관료부패에 해당될 것이다.

그 외에도 금전적 수수와는 직접적으로 연계되지 않더라도 국가예산을 낭비하여 특정인에게 이익이 돌아가게 하는 행위 등도 관료부패에 해당된다. 공(公)과 사(私)가 분명하지 못하고 청렴하지 못하면 행정업무처리가 공정해질 수 없다. 따라서 청렴과 공정은 서로 연계되어 있으며, 이를 공직 제1의 윤리라 한다.

구체적으로 관료부패 행위의 사례를 들어보면, 자신이 아는 업자에게 비싼 가격으로 물품을 구입하고 검수절차까지 생략하고 예산을 집행하는 행위, 직무상 알게 된 계약관련 비밀을 업자에게 제공하고 금품 등을 수수하는 행위, 청탁 등과 함께 금품을 수수하고 그 당사자에게 유리하게 업무를 처리하는 행위 등은 모두 금전수수와 관련된 부패행위가 될 것이다. 또한 공공기관의 불용예산을 소진할 목적으로 법령을 위반하여 필요 없는 기자재를 구입하여 수년간 창고에 방치하는 행위 등과 같이 금전수수와 관련되어 있지는 않지만, 고의적으로 예산을 낭비하는 행위도 관료부패에 해당된다.

청렴과 공정은 공직 제1의 윤리이다

우리나라는 고려시대부터 공직자들의 청렴의무를 강조해 왔으며, 제도적으로 깨끗하고 청렴한 공직자들을 표창하기 시작해 왔다. 기록에 의하면 고려 인종 14년(1136)에 청렴하고 절개 있는 사람들을 뽑아 벼슬을 준 기록이 있다. '황금 보기를 돌같이 하라'는 아버지의 유언을 평생 간직하고 실천한 최영장군을 비롯하여 최석, 윤허 등이 고려시대의 대표적인 청백리였다. 일반적으로 청백리란 청렴결백한 전 현직 관리를 모두 지칭하는 말로 사용된다.

그러나 보다 정확히 말하면 청백리(淸白吏)란 재야로 돌아간 깨끗한 관리를 말하고, 현재 근무하고 있는 깨끗한 관리들은 염근리(廉謹吏) 혹은 염리(廉吏)라 일컬었다. 염근리로 선발된 관리들은 승진이나 보직에 많은 혜택을 받았고, 죽은 후에는 청백리로 받들어졌으며, 그 자손에게까지 벼슬이 내려지기도 하였다. 반대로 부정부패한 관리는 탐관오리(貪官汚吏) 또는 장리(贓吏)라 일컬었는데 이들은 장리안(贓吏案)에 수록되어 개인이나 자손에 이르기까지 두고두고 불이익과 가문의 수치로 남았다.

조선시대에 들어와 청백리의 선발은 보다 많이 이루어졌고, 전고대방(典故大方)의 기록에 의하면 모두 218인을 청백리 혹은 염근리로 선발하였다(태조 5, 태종 8, 세종 15, 세조 7, 성종 20, 중종 35, 명종 45, 선조 27, 인조 13, 숙종 22, 경종 6, 영조 9, 정조 2, 순조 4명). 그러나 이는 어떤 제도에 의하여 정기적으로 이루어진 것이 아니라 하나의 관행에 의하여 부정기적으로 이루어졌기 때문에 자료마다 청백리의 숫자가 다르게 나타나고 있다. 청선고(淸選考)에는 186명의 명단이 실려 있고, 또 비공식적으로 청백리 칭송을 받고 있는 청백리도 많다. 조선조 후기로 들어오면서 청백리의 선발은 점차 줄어들었으며, 세도정치로 인한 부패가 만연되는 시점에서부터 중단되어 버렸다.

청백리의 선발은 예조에서 후보자를 뽑아 올리면, 의정부 정승들이 심의하여 그 결과를 국왕에게 보고하는 것이 기본이었다. 때로는 정2품 이상의 정승급 고관들과 사헌부의 대사헌 사간원의 대사간 등이 후보자를 추천하기도 하였다. 조선 중기에는 비변사에서 후보자를 추천하였으며, 생전에 염근리로 선발되었거나 사망한 인물 중에서 청렴하다고 칭송받은 관리들을 청백리로 선정하였다.

청백리의 선정기준은 청렴성과 근면성이었다

청백리의 선발기준을 보면, 조선 초기에는 주로 청렴성(淸廉性)이 절대적인 기준이었다. 그러나 점차 공직자들의 업무수행능력이 중요시됨에 따라 조선 중기에 들어오면서 청렴성 이외에 정사(政事)를 다스리는 능력, 즉 근면성(勤勉性)도 그와 대등한 기준으로 중시하였다. 청렴성 하나만으로는 공직자의 업무수행능력과 통솔능력을 측정할 수 없었기 때문이다. 무능하고 업무를 게을리 하면서 청렴하기만 하다면 과연 그를 공직자의 표상으로서의 청백리라 할 수 있겠는가? 실제 청백리로 선정된 관리들 중에는 근면성이나 업무수행능력이 부족한 자도 있었고, 또 청백리로 선정되지 못하였지만 깨끗하고 능력 있는 관리로서 선정을 베풀고 주민들로부터 존경을 받은 인물도 많았다.

조선왕조가 518년이나 유지될 수 있었던 가장 큰 요인은 핵심통치기구였던 조선왕조의 관료제였다고 보는 것이 일반적인 경향이다. 즉 자질이 우수하고 유능한 관리들을 배출하는 과거제도가 있었고, 비판과 견제를 통하여 권력균형을 유지할 수 있는 제도적 장치가 존재하였으며, 감찰과 탄핵기능을 활성화시켜 자정(自淨)기능을 발휘할 수 있도록 하였을 뿐 아니라, 관료조직이 저비용 · 고효율의 원칙에 따라 편성되었다는 점이다. 그러나 무엇보다도 조선조 관료체제의 안정성과 지속성을 유지할 수 있었던 것은 관료제를 구성하고 있는 관리들이 유교적 수양원리와 윤리규범으로 무장되어 있었기 때문이다.

관리 스스로의 수양에 따른 것이든, 사회적 압력을 통한 것이든 관료들에게 요구되었던 윤리적 품성은 조선조 통치체제를 지속시키게 만든 무형의 힘이었다. 관리들의 윤리규범은 수기치인(修己治人)을 강조했던 유교사상에 의하여 관리 스스로 수양하게 만들었고, 또 당연한 윤리규범으로 따르게 만들었다. 그러나 오늘날과 같이 세밀한 법과 규정에 의한 통치가 아니라, 통치자 개인의 자의적 판단에 따르다 보니까 많은 비리와 부정부패가 저질러질 수밖에 없었다. 공직윤리를 상조하고 고양시키기 위한 청백리제도는 우리 역사의 동력이자, 살아 있는 교육이었다.

이러한 청백리제도가 더 이상 확대 유지되지 못하고, 19세기 세도정치가 심화되면서 폐지되게 된 것이 조선왕조의 쇠퇴와 관련이 있는 것은 아닌지 성찰해 보아야 할 것이다. 과거와는 달리 요즈음은 법치국가의 시대이다. 그러나 법률과 규정에 의하여 지켜야 할 세부지침을 아무리 강제한다 하더라도 관리들의 정신적 기반이 성숙되어 있지 않는 한 별 효과가 없음을 우리는 잘 알고 있다.

공직의 윤리규범은 법으로 강제한다고 해서 지켜지는 것은 아니다. 도리에 어그러지는 일을 차마 하지 못하는 마음, 즉 불인지심(不忍之心)의 문화, 도리

(道理)의 문화가 법적 문화에 앞서 강조되어야 한다. 그동안 물질적 풍요만을 추구하느라고 내던져 두었던 인의(仁義)의 정신과 문화를 다시금 교육의 중심에 놓아야 하는 이유가 여기 있다. 행정윤리와 철학이 중요한 이유도 바로 여기에 있다.

(2009. 6. 18. 도진 산방에서)

지도자론

정직(正直)한 사람을 뽑아라
능력보다는 청검(淸儉)하고

선거의 계절이다. 풀뿌리 민주주의가 정착되면서 우리의 손으로 지도자를 선출한 지 오래 되었다. 대통령, 국회의원, 지방자치단체의 장, 교육감, 지방의 회의원 등 우리가 직접 선출한 사람들이 국정을 운영하고 있다. 그들에게 우리가 바라는 것은 과연 무엇일까?

아마도 우리가 바라는 것은 옳고 바른(right) 정책과 법 · 제도를 만들어 좋은(good) 서비스를 우리에게 전달해 달라는 것일 것이다. 그러면 어떤 지도자를 고르면 옳고 바른 정책과 좋은 서비스를 제공받을 수 있을까?

옳고 바른 정책과 좋은 서비스는 공직의 생명원천인 윤리에서 나온다. 기름진 토양에서만이 튼튼한 나무가 자라고 탐스러운 열매가 열리듯, 공직토양인 공직윤리가 살아 있어야 바른 정책과 좋은 서비스가 나온다. 공직윤리는 좋은 정책과 좋은 서비스를 자라게 하는 토양이자 젖줄이며 생명력이다. 새로운 지도자를 뽑는 행위는 기존의 토양에 새로운 흙을 북돋우는 작업과 같다. 새롭게 투입되는 토양의 품질에 따라 기존의 토양을 죽일 수도 살릴 수도 있다. 생명력을 잃은 죽은 공직토양은 더 이상 옳고 바른 정책과 법 · 제도를 만들지도 못하고, 좋은 서비스를 나누어주지도 못한다.

선거는 단순히 업무능력과 인기를 가진 사람을 고르는 것이 아니라, 사물을 제대로 보는 〈마음의 눈〉과 국민을 〈헤아리는 마음〉을 가진 사람을 선별해 내는 과정이어야 한다. 즉 바른 정책과 좋은 서비스를 생산해 낼 수 있는 〈보이지 않는 마음의 눈〉을 가진 사람, 즉 윤리적 인간을 고르는 귀중한 과정이어야 한다.

경험적으로 볼 때, 민주화 이후 공직윤리의 파괴와 추락은 매우 심각하다. 지방자치가 실시된 이후 수많은 시장과 군수들이 뇌물수수죄로 옥고를 치렀다. 최근 서울대행정대학원(신도균 · 심인섭)에서 발표한 지방자치단체장의 부패에 관한 실증분석 자료에 의하면, 민선 3기와 4기 지자체장 중 38.3%가 기소됐으며, 유죄 판결을 받은 비율도 34.0%에 달하고 있다 더 구체적으로 보면, 민선 3기에서는 229명 중 75명이 기소돼 기소율이 32.8%였고, 4기에는 230명 중 101명으로 43.9%로 상승, 민선 1 · 2기에 비해 더욱 높아졌다.

경력별로 보면 정치인과 지역운동가 출신이 부패할 확률이 지역 유지나 공무원 등에 비해 높은 편인 것으로 나타났다. 즉 정치인 출신은 124명중 52명(47.5%)이, 지역운동가는 13명 중 6명(46.2%)이, 기업가는 47명 중 19명(40.4%)이 기소됐지만, 공무원과 지역유지, 학자의 기소율은 35%대에 머물렀다고 밝히고 있다(서울신문 2010.6.28). 여기서도 민주화 이후 공직윤리의 파괴와 추락이 얼마나 심각한지를 알 수 있다. 권력부패와 공직부패는 물론이고 온갖 범죄자들이 온 나라 곳곳에서 날뛰고, 거짓말과 사기가 일상화되어 바르고 정직함이 힘을 발휘하기 어려운 사회가 되어가고 있다. 실제 국민들이 느끼는 우리 사회의 부정부패는 어느 정도일까?

몇 년 전 연세대 사회발전연구소가 행한 설문조사에 의하면, 응답자 거의 대부분인 93.8%가 우리의 부패상태가 〈심각하다〉고 답하고 있다. 또 이 조사가 있은 지 2년 후 정신문화연구원에서 행한 동일한 조사에서도 93.3%가 부정부패가 심각하다고 응답하고 있다. 국민의 대부분이 우리 사회의 부패가 만연되어 있다고 인식하고 있다. 더 큰 문제는 시간이 지날수록 부패의 정도가 줄어들기는커녕, 그 심각성이 더해 가고 있다는 점이다. 부패가 〈매우 심각하다〉고 생각하는 응답자의 비율이 38.2%에서 48.5%로 10%가량 증가하고 있고, 그 첫 번째의 원인으로 정치권의 권력부패, 정경유착, 공직비리, 뇌물수수 횡령 등의 공직부패를 들고 있다.

공직에 생명력을 불어넣을 수 있어야 한다

온 나라가 정치화되어 "공직을 스스로 구하는 사람"이 너무나 많아졌다. 너도나도 공직을 스스로 구하고 있다. 다산은 목민심서에서 민생과 인권을 책임지는 "목민관은 스스로 구할 것이 아니다(牧民之官 不可求也)."라고 했지만, 스스로 구하지 않으면 얻지 못하는 세상이 되어 스스로 관직을 구하는 것을 탓할 일은 못된다. 그러나 그로 인해 빚어지는 윤리질서의 파괴가 문제인 것이다. 스스로 공직을 구하는 사람들은 표를 얻기 위해 수단 방법을 가리지 않는다. 지키지 못할 공약을 내걸고, 범죄 사실을 포함하여 경력과 이력을 속이고, 심지어 표를 매수하기도 한다. 자기 자신의 인격을 수양하는 수기(修己)는 없고 남을 다스리는 치인(治人)만 있는 세상에서 제대로 인격과 양심을 갖춘 사람은 발조차 부치기 힘들다. 악화가 양화를 구축하고 있는 사회가 되었다. 재대로 공직윤리를 갖추고 공인의 도를 닦은 사람이 견디기 힘든 정치문화가 되었다.[1] 이러한 상황에서 어떤 지도자를 뽑아야 바른 정책과 좋은 서비스를 제공받을 수 있을까?

우리 국민의 기대는, 〈좀 못살아도 좋으니 좀더 청검(淸儉)하고 정직한 공직자를 원한다.〉 능력 있고 정직한 사람이라면 더 바랄 게 없으나, 굳이 고르라면 능력보다는 청검하고 정직한 사람, 공직자로서의 공직윤리관이 바르게 서 있는 사람을 원하는 것이다.

청검하고 정직한 공직자로부터는 최고의 선에 가까운 정책, 법, 제도, 서비스는 기대할 수 없다 하더라도, 생명력을 지닌 새싹을 피울 희망은 가질 수 있기 때문이다. 최소한 그들은 공직의 생명원천인 공직윤리를 파괴하고 질식시키는 행위는 하지 않을 것이기 때문이다.

능력은 있으나 공직윤리가 서 있지 않은 사람들이 저지르는 부패는 공직질서를 통째로 붕괴시킨다. 청검과 정직을 갖춘 지도자들이 계속 배출되면 지금

---

1) 지난 2010년 6월 2일 제5기 지방선거 후보자로 최종등록한 사람은 총 10,018명이었다. 객관적으로 나타나 있는 이들의 청렴도를 분석해 보면, 지난 5년간 세금을 한 푼도 안 낸 출마자가 202명이였고, 전과 기록을 가진 후보자는 1,199명(12.0%)이나 되며, 여성 후보를 제외한 출마자 중 병역 면제 비율은 1,206명(14.5%)이나 되었다(2010.5.17일 BBS 논평). 지난 18대 국회의원 선거의 경우, 후보자 833명 중 114(13.7%)명이 전과기록자였다.

까지 파괴되고 추락된 공직윤리를 복원시키는 계기가 될 뿐만 아니라, 나아가 공직에 생명력을 불어넣어 오히려 경쟁력이 높아질 것이다. 다산은 목민심서 이전(吏典)에서 이러한 사례를 기록하고 있다.

> *"훗날 참판의 지위에까지 오른 유의(柳誼)라는 분이 홍주의 목사로 근무했다. 홍주의 관리들의 습속은 간사하고 교활함이 충청우도에서도 가장 심했다. 그러나 유의는 청렴과 검소하므로 스스로를 지키면서, 지극한 정성으로 백성들을 사랑해 주니 간교한 관리들이 모두 기쁨으로 복종하여 회초리 하나 쓰지 않았건만 털끝만큼의 탐학질 하는 사람도 없었다."*(목민심서)

예나 지금이나 무엇이 다르겠는가? 청검과 정직은 바르고 좋은 정책과 법제도를 생산하는 토양이 될 뿐 아니라, 청검하고 정직한 지도자는 만인의 귀감이 되고 공직에 생명력을 불어넣어 준다.

청검과 정직, 성의와 정심 등의 공직윤리를 이야기하면 마치 과거 공자 맹자만 찾는 고리타분한 이야기로 치부하는 사람도 있으나, 아무리 시대가 바뀌고 사회가 전문화되어도 그것은 공직자들이 지켜야 할 가장 중요한 행동기준인 것만은 틀림없다. 물론 자유, 정의, 인권, 평등, 공익 등의 도덕철학적 가치판단 기준도 중요하고, 업무와 관련된 능력과 전문지식도 중요하지만, 그것보다는 옳고 그른 것에 대한 판단기준, 즉 〈선의지〉가 있느냐 〈실천이성〉이 있느냐 하는 공직윤리가 더 중요하기 때문이다. 이들이 뒷받침되지 않는 전문적 가치판단의 윤리는 제 기능을 다하지 못한다. 청검하지 않으면서 공정과 공익을 얘기할 수 없고 정직하지 않으면서 정의와 인권을 어찌 논할 수 있겠는가?

아무리 애국애족을 하셨노라 하지만, 지극한 정성이 말이나 행동에 담겨 있지 않다면 믿을 수가 없다. 공직윤리가 뒷받침되지 않은 능력은 오히려 국가와 사회에 큰 해악을 불러온다. 그동안 많은 시행착오를 거쳤다. 이제는 학연이나 지연에 얽매이고 성씨가 같고 친분이 있다고 하여 아무개에게 투표하지 말고, 청검하고 정직한 마음의 눈을 가진 진정한 지도자를 찾아 나서야 할 때이다.

공직을 스스로 구하는 요즈음, 청렴하고 검소한 지도자, 그리고 정직한 지도자, 거짓과 위선이 아닌 극진한 정성이 말이나 행동에 담겨 있는 그러한 지도자가 많이 나오기를 기대한다.

(2010. 6. 28. 도진 산방에서)

뇌물론

하늘이 알고 귀신이 알고 나와 그대가 안다

공직부패란 공직자가 사적인 이익(금전적 이득, 지위확보, 영향력 행사)이나 여타 어떤 목적을 위해 공적인 역할을 남용하거나 그 지위와 관련된 법적 · 사회적 규범을 위반하는 행위를 말한다. 가장 대표적인 공직부패는 뇌물을 수수하는 행위라 할 수 있다.

노태우 전 대통령 비자금사건 공판에서 뇌물을 추궁 받은 재벌총수들은 한결같이 뇌물이 아니라, "성금" 이요 "관행" 이며, "통치자금" 이요 "전별자금" 이고 "감사표시" 이며 사회를 위한 "공여" 라는 분식용어를 많이 만들어 낸 바 있다. 노무현 전 대통령의 뇌물사건도 처음에는 정치적 보복 음모라는 주장으로, 다음에는 단순한 가사자금의 도움으로 항변하다가 최종적으로는 유서를 통해 재가(齊家)하지 못한 것이 자기의 책임임을 선문답형식으로 밝히고 떠났다. 모두 다 금전거래의 대가성이 없다는 주장이다. 역사가 생긴 이래 뇌물을 뇌물이라 하고 주고받는 전례가 있었던가?

부패 또는 뇌물의 역사는 구약시대부터 시작되어 창녀와 함께 가장 오래된 역사를 가지고 있다. 로마제국 시절 Corrupt(부패시키다, 타락시키다)라는 말은 "여인을 유혹해 육체를 탐하다"와 "관료에게 돈을 바치다"의 두 가지 의미로 개념 지워졌다. 부패의 어원 Corruption은 Cor(함께)와 Rupt(파멸하다)의 합성어로 공멸하다는 의미를 가지고 있다.

증여 연구의 대가 케네스 볼딩(Keneth Boulding)은 증여를 선물, 공물, 뇌물 등 세 가지로 대별하면서 모든 증여는 독소가 없는 선물을 가장해서 건네진다고 그 습성을 정의하고 있다. 선물(gift)은 사랑에서 울어난 선의의 증여를 말함이고, 공물(tribute)은 공포나 협박에 의한 강제의 증여를 말하며, 뇌물(bribe)이란 반대급부를 노린 타산된 증여를 말한다. 원래 독일에서의 선물을 의미하는 기프트란 말이 독이나 독소원념이란 말뜻도 된다는 것이 바로 그 때문이다.

재벌들이 갖다 바친 수백억 원의 돈이, 그리고 자식의 집을 사겠다고 달라고 한 수십억 원의 돈이 공물이나 뇌물성의 악화임이 분명한데 성금이니 공여니 사례니 하는 선물성 증여로 미화시킨다고 해서 법적으로 뇌물이 아니 되는 것은 아니다.

하늘이 알고 귀신이 일고 나와 그대가 안다

다산은 목민심서에서 "뇌물을 주고받는 일은 누구나 비밀로 하지만, 밤중에 한 일이 바로 아침이면 드러나기 마련이다." 고 하였다. 아무리 한 밤중에 몰래 한 일이라도 하늘이 알고, 귀신이 알고, 또 나와 그대가 아는데 어찌 아무도 모른다 할 수 있겠는가? 하고 경고하고 있다. 중국 후한 때의 유명한 청백리였던 양진(楊震)의 행적을 기록한 후한서의 양진열전에 의하면, 어느 날 양진의 추천으로 한 지방의 현감을 제수 받은 왕밀(王密)이 한밤중에 금 열 근을 품고 와서 사례하였다. 양진이 그를 나무랐다. "나는 그대의 인품을 아는데, 그대는 나의 인품을 모르는가?" 이에 왕밀이 은근히 말하기를 "어두운 밤이니 아무도 모릅니다." 하였다. 양진이 호통치기를 "하늘이 알고(天知), 귀신이 알며(神知), 내가 알고(我知) 그대가 아는데(汝知), 어찌 아무도 모른다 하는가?" 하니, 왕밀이 부끄럽게 여기고 물러갔다. 이것이 그 유명한 뇌물 4지론이다. 이 4지는 그 후 밀실거래를 경계하는 명언이 되었다.

뇌물은 직접 전해지기도 하지만 권력자의 부인을 통하여 전해지기도 한다.

이것이 "베갯머리송사"이다. 병자호란 때 화의에 반대한 척화파로 끝까지 항전을 주장하다 청나라에 끌려가 갖은 고초를 당한 바 있는 청음(淸陰) 김상헌(金尙憲)은 청백리로도 유명하다. 끌려가면서 읊은 "가노라 삼각산아 다시보자 한강수야 ……"라고 시작되는 그의 시조는 너무나 유명하다. 이 청음이 베갯머리송사로 인한 부패를 막는 방법을 한 선비에게 가르쳐 준 고사가 있다. 어느 벼슬아치가 자기 부인이 뇌물을 받아 비방을 듣고 있음을 걱정하자, 김상헌은 "부인의 요구를 하나도 들어주지 않으면 그 비방이 그칠 것이다." 고 일러주었다. 그 벼슬아치는 크게 깨닫고 그 말대로 따라 하였다. 그 부인이 항상 김상헌을 욕하기를 "저 늙은이는 자기만 청백리가 되었으면 그만이지 왜 남까지 본받게 해서 나를 이렇게 고생하게 하는가." 라고 했다는 것이다.

청백리가 되는 방법을 가르쳐 준 이유로 욕을 먹은 청음, 그 욕은 얼마나 자랑스럽고 영광스러운 욕인가? 아무리 부인에게 뇌물을 바쳐도 남편이 부인의 청을 들어주지 않으면 뇌물의 효력은 없어지고 부인에게 뇌물 바치는 일도 그친다는 것이다.

다섯들이 하지 마라

우리나라도 전통 벼슬아치 사회에서는 뇌물을 받지 않는 방법, 뇌물 하한선에 관한 불문율이 있었다. 속칭 "다섯들이 하지마라"는 불문율이다. 즉

첫째, 먹여들이(식음을 받는 것) 하지 말며,

둘째, 마셔들이(술 접대 등 향응을 받는 것) 하지 말며,

셋째, 태워들이(말이나 가마를 받는 것) 하지 말며,

넷째, 안겨들이(여색을 받는 것) 하지 말며,

다섯째, 왼손들이(뇌물성의 부정한 돈은 왼손으로 받기 때문에 이를 좌전이라고도 한다) 하지 마라는 것이다.

미국에서는 뇌물과 선물의 한계를 50불이라는데, 수십억, 아니 수백억 원을 받고도 대가성을 입증할 수 없어 뇌물이 아니라니 삼척동자도 웃을 일이다.

(2009. 5. 15. 도진 산방에서)

청심론

청렴은 모든 선의 원천이며, 모든 덕의 근본이다

동서고금을 막론하고 청렴 또는 청심을 빼 놓고 공직윤리를 얘기할 수 있을까? 관료치고 청렴의 중요성을 모르는 사람은 아마도 없을 것이다. 그럼에도 불구하고 주위의 여건과 특수한 환경에 몰리게 되면 알고서도 어쩔 수 없이 부정과 비리에 연루된다. 이처럼 관료의 처신은 어렵다. 가난한 사람은 자기의 궁핍한 형편에 마음이 흔들리고, 부유한 사람은 호사스러운 생활습관을 끊지 못해 부정의 유혹을 뿌리칠 수 없는 것이다.

그러면 청렴과 청심은 우리 민족의 문화 속에 어떻게 녹아 있을까? 청렴은 유교에서 특별히 표방하는 주요 교리, 즉 인, 의, 예, 지의 조목에 속하는 것은 아니지만, 정치적 이상을 추구하던 유학자들은 청렴을 공직자의 윤리로 가장 중요시하였다. 청렴은 유교정치사상의 핵심에 속하는 인정(仁政), 즉 덕치주의와 예치주의, 그리고 청빈사상과 정직의 윤리에 부합할 뿐 아니라, 또 큰 의미에서 충성의 정신과도 연결된다. 또한 청렴은 관료나 학자들의 개인적 수양덕목에 속하는 염치(廉恥), 출처(出處)의 의리, 명예심, 그리고 선비정신과도 결부되며, 결과적으로는 인격의 완성을 지향하는 인(仁)의 덕목에 함축된다.

욕심은 예로서 다스려라

부정부패는 인간의 욕심에서 나온다. 인간의 욕심은 좋은 욕심(欲)이든 나쁜 욕심(慾)이든 끝이 없다. 욕심이 너무 과도하거나 모자라면 문제가 생긴다. 유교에서는 지나치지도 않고 모자라지도 않는 적절한 태도를 취하는 중용의 도를 강조했다. 유교에서 중, 또는 중용은 가장 중요한 가치이다. 이렇게 욕심을 절제하여 치우치지 않고 적절하게 하는 것이 바로 예(禮)이며, 이를 예치주의라 한다. 〈예기〉에 예는 바로 절(節)이라 하지 않았는가? 예는 방죽과 같아 욕심이라는 물이 아무데로나 흘러가지 못하도록 하는 제동장치이다. 공직자에게 청렴은 바로 욕심을 절제하는 제동장치이자 공직윤리인 것이다.

중국 한나라 이후 오늘에 이르기까지 대부분의 나라에서는 인간의 마음은 본질적으로 선하다는 성선설에 입각하여 나라를 다스렸다. 그래서 인간의 욕심은 먼저 예(禮)로 권해서 절제하게 하고, 안되면 법(法)으로 다스리고, 법을 지키지 않으면 형(刑)으로 다스렸다. 그래서 나쁜 것에 물들지 않도록 하는 교육, 또 마음을 절제할 수 있도록 예(禮)에 관한 교육이 필요했던 것이다. 그것을 담당한 것이 유교의 수기치인의 학문이라 할 수 있다.

청렴은 천하의 큰 장사이다

우리나라 유학자 가운데 행정실제와 관료들의 공직윤리를 가장 깊이 연구하여 집대성한 사람은 다산 정약용이다. 전통시대 관료가 지녀야 할 심성과 행동준칙을 집대성한 〈목민심서〉는 역대 유학자들의 논의를 바탕으로 자기의 행정사상을 담은 책이다. 이 책은 12편으로 되어 있고 각 편마다 6조씩이니 도합 72개 조항으로 구성되어 있다. 그 중에서 제2편 두 번째 조항인 청심(淸心)이야말로 가장 핵심적인 공직윤리이다.

다산은 청렴이야말로 수령의 본분이며, 모든 선(善)의 원천이고, 모든 덕(德)의 근본이라고 하면서, 공직자들이 청렴한 마음을 지니고 그대로 실천에 옮기면 세상은 밝아지고 깨끗해진다는 것을 강조하고 있다.

청렴은 관리에게 가장 〈유익한 자산〉이자, 〈천하의 큰 장사〉라고 묘사하면서, 벼슬에 욕심이 큰 사람은 반드시 청렴해야 한다고 강조하고 있다. 청렴에 대한 평가와 명성은 계속하여 그 사람의 승진과 영전을 보장하기 때문에, 청렴하지 못한 사람은 지극히 어리석은 사람이라고 보았다. 그토록 명백한 이치를 지혜가 짧아 제대로 인식하지 못하고 부정과 부패에 물들면 관료로서 빛나는 전도를 망치게 된다. 다산은 이를 이렇게 표현하고 있다.

> *"청렴한 자는 청렴을 편하게 여기고, 지혜로운 사람은 청렴을 이롭게 여긴다. 지혜가 높고 사려가 깊은 사람은 그 욕심이 크므로 염리(廉吏)가 되고, 지혜가 짧고 사려가 얕은 사람은 그 욕심이 작으므로 탐리(貪吏)가 되니, 진실로 여기에 생각이 미친다면 청렴하지 않을 사람이 거의 없을 것이다(정약용, 목민심서)."*

다산은 〈율기잠(律己箴)〉이라는 책에서 관리의 청렴은 여자의 순결과 같은 것이라고 비유하고 있다. "오직 선비의 청렴은 여자의 순결과 같다. 한 오라기의 오점이라도 평생의 흠이 되나니, 어두운 밤이라고 말하지 말라. 하늘이 알고 귀신이 알고 내가 알고 네가 알고 있지 않는가?" 여기서는 후한서(後漢書)의 양진열전(楊震列傳)에 나오는 뇌물 4지론(四知論)을 인용하고 있다.

뇌물을 주고받는 일은 흔히 한밤중에 비밀리에 이루어진다. 그러나 그 비밀은 지켜지지 않아서 그 이튿날 아침이면 곧 드러나기 마련이다. 하찮은 것을 주고받는다 하더라도 거기에는 벌써 사사로운 정이 얽혀 있어서 일의 공정을 기할 수 없게 된다. 청렴하지 않으면 공정하지 못하게 되고 공정하지 못하면 하늘의 이치인 공(公), 자연의 이치인 공(公)을 위해 일하지 않는 것이 되어 공인으로서 자격을 상실하게 된다.

다산은 청렴을 방해하는 것으로 술, 계집, 재물을 들고 있으며, 이 세 가지의 유혹 때문에 청렴하다는 소리를 듣기 어렵다고 설명하고 있다. 하얀 도포를 입고 부임한 벼슬아치가 쥐꼬리만 한 뇌물에 유혹되어 그 도포에 먹물이 조금이라도 스미면 그 도포는 더러워져 씻을 수가 없다는 표현으로 깨끗하고 청렴한 벼슬아치가 될 것을 권하고 있다.

모든 것이 부패한 세상에서 다산은 청렴하면 만 가지의 문제가 해결된다고 생각한 이상주의자였다. 관리들의 청렴성회복이 이상세계로 가는 첩경이라고 여기면서 청렴의 방법론을 세세히 기록하고 있다. 청렴에도 3등급이 있으며 1등급이 아니면, 2등급 3등급이라도 좋다고 보고 있다. 최하등의 것은 아마

옛날 같으면 국법에 의하여 다스림을 받아야 할 것이나 그래도 범죄행위는 아니니 청렴하다고 할 수 있다고 용인하였다. 그렇다고 다산은 청렴만을 주장하지는 않았다. 청렴하면서도 생각이 치밀하여 행정에 밝아야 한다. 청렴만 하고 부하들의 비위나 부정을 막지 못한다면 청백리라 할 수 없음을 지적하고 있다.

> *"염결(廉潔)에는 세 가지 등급이 있으니, 나라에서 주는 녹봉 이외에는 아무것도 받아먹지 않고, 그 먹다 남은 것은 하나도 가지고 돌아가지 않으며, 체임되어 돌아가는 날에는 한 필 말에 몸을 실었을 뿐 옷소매에 맑은 바람만이 움직이는 것이 이른바 옛날 염리로서 최상등에 속하는 것이다. 봉록 외에 명분이 바른 것은 먹되 바르지 않은 것은 먹지 않고, 먹고 남은 것이 있으면 집으로 보내는 것이 이른바 중고(中古)시대의 염리로서 바로 그 다음가는 것이다. 무릇 이미 전례가 되어 있는 것은 비록 명분이 바르지 않더라도 먹되 전례가 없는 것은 제가 제일 먼저 시작하지 않고, 향(鄕)이나 임(任)의 벼슬도 팔지 않으며 재앙을 핑계로 곡식을 농간하지 않고 농사나 형옥을 돈에 팔려서 하지 않으며, 세금을 더 부과하여 남는 것을 착복하지 않는 것이 이른바 오늘날의 염리로서 최하등급이다."(정약용, 목민심서)*

최상등에 속하는 염리로는 중국역사상 가장 유명한 청백리이자, 백성들의 억울함을 풀어준 정의의 화신으로 신화적 인물이 된 중국 송나라의 명판관 포청천(포증)을 들 수 있다. 포증이 3년간의 단주(端州) 수령직을 마치고 떠날 때, 그 지역의 유명한 특산품인 "단주의 벼루조차 하나 가지고 가지 않았다."는 이야기는 미담이 되어 널리 퍼졌다.

단주의 벼루는 그 지역의 유명한 특산품으로, 문방사우(文房四友) 중에서 안휘성 선성의 종이, 절강성 호주의 붓, 안휘성 휘주의 먹과 함께 명성이 자자했다. 게다가 송대에는 황실에 올리는 중요한 물목의 하나였다. 과거 지방관들은 늘 조정에 바친다는 구실로 각지에서 벼루를 거두어들여 좋은 것은 훗날 뇌물이나 예물로 쓰려고 자신이 차지했다. 하지만 단주에 부임한 포증은 장인들에게 황실에 바칠 수량만큼만 제작하게 하고 자신은 단 하나도 거두지 않았다.

포증의 선정과 청렴이 먼 지방까지 알려지게 되자 인종(仁宗)은 그를 수도 경성(하남성 개봉)으로 불러들여 서울특별시장 격인 개봉부윤을 맡기게 된다. 결국 청렴이 관리의 유익한 자산이자 천하의 큰 장사임을 증명한 것이다. 포청천이 최상등의 이름 있는 청백리가 될 수 있었던 것은 그의 아버지 포숙(包肅)의 교육이 있었기 때문이다. 포숙이 일찍이 자손들에게 훈계하기를

"후세 자손 중에 벼슬살이 하다가 부정을 범하는 자는 집에 들어오게 해서도 안 되며, 또 죽은 후에 선영에 묻힐 수 없다. 내 뜻을 따르지 않으면 내 자손이 아니다."라고 하고 이를 돌에 새겨 후손에게 가훈으로 남기게 하였다.(포증집)

법이 있어도 법을 지키지 않는 세상, 찾아가면서 탐욕을 채우는 관리들이 만연되어 있는 오늘을 생각하면, 과연 청백리가 존재할까 하는 의심이 든다. 맑은 덕(淸德)과 맑은 기운(淸氣)이 사람에게 스며드는 그러한 청백리들이 그리운 세상이다.

(2009. 3. 5. 서재에서)

부자론

돈의 가치를 아는 자만이 부자가 된다

돈은 벌기 전에 먼저 쓰는 방법부터 배우라는 예기가 있다. 의미 있는 곳에 가치 있게 돈을 잘 쓸줄 알아야 돈을 번다는 말이다. 돈을 잘 써 부자가 된 사람으로 조선후기 대부호로 이름을 날린 이덕유(李德裕)를 꼽을 수 있다. 역관으로서 청나라와의 무역을 통하여 조선 최대의 부호가 된 사람인데, 재산이나 부를 모으는 데보다는 돈을 쓰는 데 더 신경을 쓴 사람이다(이상옥, 한국의 역사 9권).

조선 최고의 부자 이덕유 전

여기에는 재미있는 일화가 있다. 어느 해 그가 역관이 되어 청나라에 들어갈 때 요동 근처에서 사형수 한 사람을 만나게 되었다. 죽으러가는 사형수를 보자 측은지심이 발동하여 형리에게 물었다.

"여보 대관 그 사람을 무슨 죄로 죽인다는 거요?" 유창한 중국어(한어)로 물었으므로 대관은 이덕유가 조선의 역관인 것을 알아차렸다.

"네, 공금(관곡)을 횡령하여 죽는 거라오. 당신 돈 많이 있으면 살려 주겠소?" 빈정거리는 투로 되물었다.

"얼마나 되는데 사람을 죽이는 거요."

"한 천금 됩니다."

"그럼 돈 천 금만 있으면 그 사람을 살릴 수 있소."

"그렇소."

이덕유는 사람이 돈 때문에 죽는다는 것이 너무나 안타까웠다. 그리고 그 사형수의 외관이 나라의 재산을 횡령할 사람으로 보이지 않았다. 한참을 생각하다가 "여보 내 돈 천금을 줄 테니 그 사람을 살려 주시오."하고 지고 가든 전대를 풀었다. 청나라에 무역을 위한 자금으로 가지고 가던 전 재산이었다.

"정말이요." 그 많은 돈을 선뜻 내 놓다니 도저히 믿기지 않는다는 투였다.

"그럼 장부가 거짓말하겠소. 어서 돈 천금을 받고 그 사람을 내주오."

끌려가든 사형수는 이 말이 진정인지 반신반의하면서 서 있다가 돈을 내 놓는 것을 보고 이제야 살아났다 하고 쫓아가 이덕유의 손을 잡고 감사의 눈물을 흘렸다.

"대인, 나의 생명의 은인이시요. 그러나 대인의 전 재산을 내놓으면서까지 이러한 사람을 살려 주시어 무엇 하겠습니까? 그대로 가시오."

"돈은 또다시 벌면 되지만, 사람의 목숨은 다시 얻을 수 없지 않소. 괜찮소."

사형수는 사양하는 뜻을 표하였으나, 그럴수록 이덕유는 의협심을 발휘하여 돈 천금을 요동 관부에 바치었다. 조선의 역관이 사람을 살렸다 하여 과징금을 감액하면서 죄수를 방면하였다.

돈은 또다시 벌면 되지만 사람의 목숨은 다시 얻을 수 없다

그로부터 20여 년의 세월이 흘렀다. 이덕유가 다시 북경에 들어가게 되었다. 요동에 들어서니 산천은 전과 여일하나 논과 밭은 잘 가꾸어져 옥토가 수십 리 이어져 있었다. 막 요동성에 들어섰을 때 한 중년이 나와 반갑게 인사를 건넨다.

"대인, 조선에서 오신 이덕유 통사가 아니십니까?"

"그렇소. 누구시오."

"이제야 은인을 만났습니다. 나는 바로 20년 전에 대인이 살려주신 사형수올시다."

그때에야 이덕유는 옛날이 생각났다.

"아, 그러시오. 무사하게 지내시니 다행이외다."

"무사하게 지낸 것이 아니오라, 대인을 만나려고 십여 년간을 찾았습니다. 우선 저의 처소에 잠간 들리시지요." 한사코 그 사람이 이끄는 대로 가보니 큼직한 집에 제법 잘 살고 있었다.

산해진미가 가득한 주안상이 나왔다. 공손히 술을 바치고 난 후, 자기의 신세와 그 후의 이야기를 늘어놓았다.

"대인께서 가신 후 요동 관가에서 다시 공금횡령사건을 조사한 결과, 사실 관의 돈을 먹은 사람은 딴 사람인 것이 밝혀져 대인이 내놓은 돈을 도로 찾았습니다."

"아, 그러십니까. 공연히 고생하셨군요."

"그렇지요. 그래서 돈을 다시 대인에게 돌려들이고자 하였으나 보낼 길이 없어 이럭저럭 2, 3년 지난 후에 할 수 없이 그 돈으로 토지를 사게 되었습니다. 그 토지에서 나오는 돈은 순전히 대인의 돈이었으므로 건드리지 않고 다시 토지를 사서, 지금은 대두, 기장, 고량 등을 합쳐 만석이 넘습니다. 이것을 이제 대인을 만났으니 주인을 찾아드리는 것입니다."

"그야 내가 한번 내놓은 돈인데 어찌 다시 찾겠소. 귀하의 재산이 큰 것입니다."

"아니지요. 나의 목숨을 건져 주신 것만도 다행인데 어찌 은인의 물건을 먹겠습니까. 대인이 아니면 어찌 살아 있겠습니까." 그는 일어나 자기 장 속에서 오래된 문서를 끄집어냈나.

"보십시오. 이것이 문서올시다. 처음 토지를 구입한 기록과 그 이후의 소출, 그리고 또 그것으로 다시 산 것 등이 상세하게 기록되어 있습니다." 이득유가 자세히 보니 여러 해 동안 내려오는 추수기록이었다.

"그럼 이것이 전부 내 것이오?"

"그렇습니다."

"그러면 귀하의 그동안의 수수료를 빼야겠군요."

"그것은 주인의 마음에 달렸습니다. 내 어찌 마음대로 수수료를 빼겠습니까?"

"그렇겠소." 이덕유는 만석 중에서 오천 석을 제해 주면서,

"내가 그 토지를 할 수 없이 받겠으니 귀하도 수고한 수고료를 받으시오."

"너무 많아서 그럽니다."

“아니요. 금년만 받으시오. 명년부터는 1할만 드리지요.”

이덕유는 어디까지나 사무적인 말투였다. 그 사람은 황송하여 이덕유가 하라는 대로 따르지 않을 수 없었다.

이덕유는 곡식 오천 석을 팔아 다시 다른 물품으로 바꾸어 한양으로 돌아와 또다시 그 배의 이득을 얻었다. 그 후부터 매년 1만석의 곡식이 어음의 형식이나 다른 물품으로 들어와 더 큰 부자가 되었다. 당시 왕실이 청나라에 가 쓸 돈이 부족하면 으레 이덕유의 어음을 사용하였다. 청나라에서도 그의 어음이라면 임금의 어음보다 더 신용하였다.

소유보다는 존재와 삶의 질을 추구하다

이렇게 이름난 부자가 되자, 고종 임금은 재정이 궁색하면 늘 그를 찾았다. 그가 궁 안에 들어가 “음죽현감 이덕유 입시요”하고 전하면 아무리 바빠도 임금은 즉시 그를 불러들였다고 한다. 그는 조선시대 역관으로서 부자가 된 대표적인 사람이었다. 또한 부자가 될수록 검소한 생활을 실천한 사람이다. 출입 시에는 당나귀 하나만 타고 다니든지, 걸어서 다녔을 뿐 아니라, 겨울에도 비단옷 대신 무명옷을 입었다. 벼슬은 음죽현감을 지냈으나, 관리로서보다는 돈 벌고 쓰는 데 더 취미를 붙였다고 한다. 그는 돈을 버는 목적과 결과보다는 돈을 버는 과정을 중시했을 뿐만 아니라, 돈은 버는 데도 윤리와 도덕이 있음을 몸소 실천한 사람이다. 특히 사람을 보는 눈이 탁월하였다고 한다. 이 일화는 돈은 어떻게 벌고 써야 하는가에 대한 이덕유의 재(財)에 대한 철학과 투자 철학을 엿볼 수 있는 이야기이다.

과거 우리나라 거상들의 사치를 유형화하면 , 집 치례하는 사람, 의복 치례하는 사람, 입 치례하는 사람으로 구분할 수 있다. 이덕유는 먹는 데는 재산을 아끼지 않는 식도락가였다고 한다. 입 치례하는 데 한 상에 100전을 소비하였다고 하니 과히 돈 쓰는 데에는 멋있기로 그를 따라갈 자가 없었다고 할 것이다.

그는 소유욕구보다는 존재욕구와 삶의 질을 더 중시한 진정한 현대판 부자였다.

(2009. 4. 25. 도진 산방에서)

한국 청백리의 행정사상

청백리 이념은 미래의 역사에서도 빛을 발해야 한다

청백리사상은 조선유학의 핵이다

자본주의가 심화되면서 공직에 공(公)의 개념이 사라진 지 오래다. 공직에 윤리적 기반이 엷어지면서 우리의 전통사상이나 문화를 재발견하여 새로운 공직사상이나 문화를 형성하려는 움직임이 활발하게 전개되고 있다. 이러한 민족혼을 찾아서 새로운 공직윤리를 세우려는 과업에서 빠뜨릴 수 없는 것이 청백리정신이다.

청백리는 조선시대에 정2품 이상의 당상관과 사헌부, 사간원 등에서 추천하여 공식으로 인정한 청렴한 공직자를 말하는 것으로서, 청백리정신이란 바로 이 청백리들의 사상을 뜻하는 것이다. 일반적으로 청백리는 청렴결백한 전·현직 관리를 모두 지칭한다. 그러나 보다 정확하게 말하면 청백리는 재야로 돌아간 깨끗한 관리를 말하고, 현재 근무하고 있는 깨끗한 관리들은 염근리 또는 염리라 일컬었다.

조선유학이 한국의 사상사에 끼친 영향은 지대하다. 유학이 한국 사상사에 미친 공(功)과 과(過)를 평가하기는 어려운 일이지만, 대체로 죄나 과에 속하는 것으로는 모화사상, 당쟁, 상고주의나 복고사상, 계급사상, 문약(文弱)과 산업 능력의 저하 등을 들고 있다. 반면에 청백리사상의 밑바탕을 이루고 있는 인륜 도덕의 숭상, 군자학(君子學)의 권면, 그리고 청렴절의(淸廉節義)의 존중 등의 세 가지는 한국의 사상사에 끼친 지대한 공이라 할 수 있다.

조선시대의 청백리는 주로 전기에 많이 배출되었으며, 후기에 들어가면서 차츰 그 수가 감소되었다. 세도정치로 인하여 부패가 만연되었던 시점부터는 청백리의 선발은 중단되었다. 전고대방(典故大方)의 기록에 의하면 모두 218명, 대동장고(大東掌攷)에는 217명, 청선고(淸選考)에는 186명의 명단이 실려 있다. 태조~명종간의 청백리에 대해서는 전고대방과 청선고의 기록이 대체로 일치하나 선조~영조간의 기록에는 차이가 많다. 그 이유에 대하여는 확연히 알 수는 없으나 어떤 정치적인 원인이 개제되었거나 청백리와 염근리의 기록을 구분하면서 누락된 것으로 유추할 수 있다. 예컨대 전고대방에는 청백리로 기록되어 있으나 청선고에서는 기록이 없는 선조 때의 김장생(金長生)의 경우, 그의 연보에는 염근리로 선출된 기록이 발견된다는 사실에서 알 수 있다.

이 글에서는 한국 청백리들의 사상적 배경, 특히 행정사상을 일별해 보기로 한다. 이를 위하여 다음 5명의 청백리들을 선정하였다. 조선초기의 대표적인 청백리이며 조선의 기틀을 다진 황희 정승, 조광조의 지치주의(至治主義)가 실패로 돌아간 시대적 상황에서 사림파의 이념을 새롭게 확립시킨 회재 이언적, 퇴계 이황, 율곡 이이, 그리고 임진왜란이라는 국란기의 청백리사상을 알기 위하여 서애 유성룡을 선정하였다.

방촌 황희의 공(公) 중심의 가치관과 평등사상

우리나라 청백리의 대명사는 황희정승이다. 그는 조선왕조의 기틀을 다지고, 세종대왕의 찬란한 업적을 가능하게 한 청백리 명재상으로 우리에게 가장 많이 알려진 인물이다. 황희는 고려 말 공민왕대에 태어나서 세종대왕 시대에 성세를 이룬 명재상이었다.

황희(1362~1452)는 고려 공민왕 11년에 태어났다. 자(字)는 구부(懼夫)요, 처음 이름은 수로(壽老)였다. 본관은 장수(長水)이고 호는 방촌(厖村)이다. 14세에 음관(고위관직자의 후손인 경우 과거를 거치지 않고 관리에 임명되는 제도)으로 복안궁의 녹사가 되었다. 21세 되던 해에 부친의 명에 의하여 중생원시에 합격하고, 27세에 문과에 급제하였다. 이듬해인 공양왕 2년(1390)에 성균관 학관, 요즘으로 말하면 국립대학 교수로 임용되어 벼슬살이를 시작하였으며, 30세 때에 이태조의 건국을 맞이하였다. 관리가 된 초기부터 과감히 바른 말을 하였고, 그로 인해 자주 파직과 복직을 거듭하였다. 그 당시의 청렴하고 강직한 성품이 나중에 정승에 이르기까지 지속된다. 황희가 중용된 것은 태종대에 들어서이다.

64세에 우의정, 66세에는 청백리록에 선입되었으며, 69세에는 영의정에 올랐다. 90세에 서거했으며, 시호는 익성공(翼成公)이었으며 종묘에 배향되었다.

그는 너그럽고 도량이 넓어 온화하기가 이를 데 없었다. 정승을 18년간 봉직하는 동안 그의 탁월한 견식과 도량은 감히 그를 따를 자가 없었다. 그리하여 그는 하늘의 뜻을 몸소 실천한 군자(君子)인 동시에 일의 기틀을 꿰뚫는 철인(哲人)의 풍을 지녔다고 평가되고 있다.

〈방촌실기(厖村實記)〉를 통해 볼 때, 그의 사상은 우선 유가의 사상이 지배하고 있음을 알 수 있다. 어릴 때부터 유가의 교육을 받았으며, 특히 소학(小學), 가례(家禮), 성리(性理)의 서적을 좋아했다. 여기서 주목되는 것은 그는 시가와 문장을 중시하는 사장중심(詞章中心)의 유학공부를 싫어하고, 실천윤리의 실현에 힘을 기울였다는 것이다. 과거도 사장중심(詞章中心)이라 하여 응시하지 않았으나 부친의 엄명에 의하여 응시했다. 이러한 그의 입장과 가치관을 이해하면서 그의 대표적인 공직사상을 살펴본다.

첫째, 공(公) 중심의 절의(節義)사상이다.

그는 공을 본위로 하고 선비로서의 절의를 존중하였다. 그가 절의를 시가나 문장의 실력보다 높이 평가한 것은 새로운 인재등용법의 채택을 권한 것에서 잘 나타나 있다. 절의를 중시하되 민중을 위하는 길이 아닐 때에는 절의보다는 민중을 위하는 편에 섰다. 그의 이러한 공(公) 중심의 가치관과 실천중심의 가치관은 젊은 시절부터 확고했다. 고려가 망한 후, 고려 유신들이 모두 두문동으로 들어가려 할 때 그는 좌우에서 창생을 위해 일하는 것이 더 가치 있다고 권유하자 이를 흔쾌히 받아들였다. 이는 맹목적 절의보다는 민중을 위하는 실제적 길을 택한 그의 판단을 보여주는 대목이다.

그의 공직생활은 오직 마음속에 나라 일만 생각하고 가정 일은 관여하지 않는(留心國務 不關家事) 생활이었다. 천성이 검소하여 관복 하나로 일 년을 버티었을 뿐 아니라, 18년간의 영의정을 지냈음에도 불구하고 방바닥에는 장판 대신 멍석을 깔고 지냈다고 전한다. 후세에는 그가 평생 국사에만 전념하여 사리(私利)를 도모할 여지가 없었다고까지 전한다.

둘째로는 평등사상과 민본사상이다.

〈용재총화〉와 〈청파극담〉에 전하는 그와 노비들과의 관계나 백성에 대한 사랑은 지극하기 이를 데 없다.[1] 노복들에게 관대하였다는 것은 그의 천성이 너그러운 데에 기인한다고 보겠으나, 그보다는 '노복도 하늘이 낸 백성이거늘 어찌 함부로 하겠는가?' 라는 그의 계급평등사상에서 나온 것이다. 〈방촌실기〉에 의하면, 황희는 자손들에게까지 '노복도 역시 하늘이 낸 백성(奴僕亦天民)' 이니 그 학대를 경계하라는 교훈을 남기고 있다.

이러한 그의 평등사상은 조선조시대의 엄격한 신분제도에서 결하기 쉬운 하층계급에 대한 인간적 대우와 백성에 대한 사랑을 보여주는 것이다. 이는 민본사상이 크게 창도되는 사림파이념에서도 결하기 쉬운 면이었으며, 후에 율곡 이이, 반계 유형원, 성호 이익 등에 의하여 환기되었을 뿐 노복들에 대한 인간적 대우 문제는 그다지 중요시되지 않았다.

회재 이언적의 군주도(君主道)사상

이언적(1491~1553)은 성종 22년에 경주에서 태어났다. 자는 복고(復古)이며 호는 회재(晦齋) 또는 자계옹(紫溪翁)이다. 조광조의 뒤를 이어 도학의 학문체계를 처음으로 확립하였으나, 특별히 누구의 가르침을 받지는 않았다. 타고난 총명함과 성실함으로 어려서부터 성리학을 읽고 나름대로 해석한 결과였다.

24세에 과거에 급제하여 경주교관으로 벼슬길에 나아갔고, 27세 때에는 도학을 몸소 실천하고 마음으로 익힌 내용을 담은 〈오잠(五箴)〉을 지어 수행에 정

---

1) 〈용재총화〉는 조선 전기 문신이자 학자인 용재 성현(1439~1504)의 수필집이고, 〈청파극담〉은 조선 성종 연간에 청파 이륙(1438~1498)이 중국에 사신으로 다녀온 견문록을 엮은 책이다. 이 두 책에 황희의 인간됨과 평등사상을 엿볼 수 있는 일화가 많이 수록되어 있다.

진하였다.[2] 홍문관 박사를 거쳐 사간(司諫)으로 있을 때 김안로(金安老)의 등용을 반대하다 그들 일파의 미움을 받아 파직되었다. 피직된 후 7년간 경주에서 성리학 연구에 몰두하였으며, 48세 되던 해 김안로가 죽자 다시 등용되어 그해 청백리에 선임되었다.

그 후, 대제학, 이조판서 등을 역임하던 중 윤원형 등 소윤일파가 조작한 양재벽서사건(良才壁書事件)에 연루되어 강계(江界)에 유배되었으며 63세로 그곳에서 서거하였다. 명종 3년에 문원공(文元公)으로 배향되었다.

그는 맑고 바르며 학문이 깊었으므로 조선 사림이 당대 제일가는 사람으로 받들었다. 그를 존경하는 퇴계는 그를 이렇게 평하고 있다. "재주가 뛰어나고 천품이 도에 가까웠다. 경전이나 역사에만 통하는 것이 아니라 문장도 힘들이지 않고 이루었다. …… 학문 이외에 몸을 닦는 일에 열중하고 …… 비록 한 스승의 문화에 들어가 공부한 적은 없으나, 도를 얻기 위하여 연구하고 실천하여 치지(致知)와 성의(誠意)의 공부에 힘썼다. 우리나라의 여말 이래로 호걸지사(豪傑之士)가 없어 이 도(道)에 뜻을 둔 자가 없더니 선생이 스스로 이 학문에 분발하여 덕이 부합하고 행이 빛나게 되었다."

회재의 대표적인 경세사상은 군주도(君主道)사상과 공도사상으로 요약할 수 있다. 군주국가에서 군주의 마음씀(人主之心術)은 국가의 운명과 민생의 고락에 직접적인 영향을 미친다. 따라서 회재의 주 관심은 군주를 깨우치고 교육시키는 일이었다. 그가 임금에게 올렸던 상소문으로서 〈일강십목소〉와 〈진수팔규〉는 군주사회의 통치원리를 제시한 것이다. 그는 하늘(天道)과 백성(人心)에 순응하며, 백성의 마음을 바로 잡으며 나라의 근본을 배양하여야 한다는 도학적 수양론을 경세의 근본으로 삼고 있다. 특히 군주의 위치와 마음의 중요성을 다음과 같이 설파하고 있다.

"왕의 마음이 바르면 조정이 바르게 되고, 조정이 바르면 백관이 바르며, 백관이 바름으로써 만민이 바르게 된다." 그의 군주도의 내용은 유명한 〈진수팔규(進修八規)〉라는 상소문에 잘 나타나 있다. 그 내용을 보면 다음과 같다.

① 임금의 마음은 천하의 근본임으로 털끝만큼도 어긋나면 안 된다. 마음은

2) 오잠(五箴)은 하늘을 두려워함(畏天), 마음을 배양함(養心), 공경하는 마음을 가짐(敬心), 허물을 고침(改過), 의지를 독실하게 함(篤志)을 말한다.

존(存)하고 방(放)하는 사이에 천하는 혼란하고 흥망이 결정된다.

② 마음을 비우고 포용력을 넓혀 언로를 넓혀야 한다.

③ 천심은 곧 인심이니 항상 공경하고 두려워하는 마음을 가져 백성을 거스르지 말아야 한다.

이를 보면 회재의 군주도(君主道)사상은 왕도정치를 기반으로 인이나 성현의 교화에 의한 도덕사회건설을 그 이상으로 하고 있음을 알 수 있다. 현실적으로 신분사회이기는 하지만 그 현실을 바탕으로 도덕을 실현하고자 하는 유교이념이 바로 그의 사상이라 할 수 있다.

그가 군주도(君主道)의 수련을 중시한 이유는 군주국가라는 특수한 성격을 의식한 때문이기도 하지만, 현실적으로는 군주의 횡포를 방지하는 데 주목적이 있었다고 볼 수 있다. 군주의 절대적 권력과 횡포를 방지하기 위한 구체적 방법으로서 군주의 교육(군주도의 함양) 이외에 궁세력(宮勢力)의 팽창을 경계할 것과, 언론의 확대 및 대신의 존중 등을 제시하였던 것이다.

회재는 당시의 시대적 상황을 질병이 깊은 상태라고 진단하고, 그 원인을 사회의 기강해이로 보았다. 따라서 상벌을 분명히 하고, 사설(邪說)을 물리치며 기강을 확립하는 일이 무엇보다 중요하다고 보았다. 그는 군주가 사욕을 버리면 선정이 행해질 것이요, 사설을 막으면 훌륭한 신하(良臣)가 나올 것이라고 전망하였다.

주자학적 실천윤리를 대표하는 존천리(存天理) 멸인욕(滅人慾)이라는 사상은 비단 군주의 수련에만 필요한 덕목이 아니라 민중의 교화에도 적용되어야 한다고 보았다. 따라서 기강, 염치, 절의, 공도 등의 함양을 통하여 민심을 교화하는 것을 정치의 기본으로 보았다. 이언적은 철저한 도학적 수기(受記)에 근거한 정치운영을 생각했다. 〈진수팔규〉, 〈봉선잡의〉, 〈구인록〉, 〈중용구경연의〉 등 그의 대부분의 저서들이 도학의 실천적 규범을 제시하고 있다.

이처럼 이언적은 관직생활 내내 왕도정치를 확립하는 데 노력했다. 이언적은 특히 수신(修身)을 강조했다. 그 중에서도 군주의 수신을 무엇보다도 절실히 여겼다. 수신 공부 중에서 가장 중요한 것으로 욕심을 억제하는 일을 들었는데, 그러기 위해서는 거듭 생각하고 반성하는 길이 최선이라고 보았다. 이를 실천하기 위하여 그는 매일 다음의 세 가지 일을 반성하였다. 첫째 하늘을 섬김에 미진한 점이 있는가? 둘째, 군친을 섬김이 성실하지 못한 점이 있는가? 셋째, 마음가짐이 바르지 못한 점이 있는가?

이언적의 도학에 대한 공부, 왕도정치를 위한 관직생활, 청빈한 생활 등은 당대에는 크게 주목받지 못하였다. 그러나 사후 그의 학문세계가 퇴계 이황에게 주목받아 평가되면서 도학에 대한 기여로 문묘에 배향되었다.

퇴계 이황의 정심(正心)과 휼민(恤民)사상

이황(1501~1570)은 연산군 7년 안동에서 태어났다. 자는 경호(景浩)이며 호는 퇴계(退溪), 도옹(陶翁), 퇴도(退陶), 청량산인(淸凉山人) 등을 사용하였다. 이황은 어렸을 때부터 책을 가까이하며 학문에 뜻을 품었다. 18~19세에 이미 철학적인 사색에 몰두하였으며 그 당시 이미 만권의 책을 읽었다고 한다. 책을 읽을 때면 아무리 피곤해도 자세하나 흩트리지 않았을 뿐 아니라, 참뜻을 깨달을 때까지 눈을 때지 않았다고 전한다. 중종 23년 28세 때 진사가 되고 34세에 문과에 합격하여 그때부터 관직에 봉사하였다.

정언, 승문원교리를 거쳐 대사성이던 45세 때에는 을사사화를 맞아 한때 삭직(削職) 당하기도 하였다. 이때부터 관직을 멀리하기 시작했다. 정쟁으로 일삼는 현실정치보다는 학문과 후진양성의 길을 가기 위해 고향으로 돌아가기를 결심한 것이다. 복직 후 한해를 채 넘기기도 전에 성균관 대사성의 자리를 버리고 초야에 묻힌다.

그 때부터 세상을 뜰 때까지 20여 년의 삶은 벼슬임명, 사퇴, 임명, 해직청원, 임명, 취임거부 등의 연속이었다. 특히 쉰여덟 살에는 아예 벼슬을 내리지 말아 달라는, 모든 벼슬을 사양하겠다는 〈치사소(致仕疏)〉를 올렸다. 퇴계의 벼슬은 실질적으로 보면 문서상의 임명과 사퇴의 연속이었다. 퇴계가 공식적인 귀향허가를 받은 것은 세상을 뜨기 2년 전인 예순 여덟이 되어서였다. 생전에 매화같이 꼿꼿한 선비이자 학자로 살고자 했던 퇴계는 "저 매화에 물을 주어라" 는 말을 남기고 70세를 일기로 마지막 눈을 감았다.

그는 젊어서부터 도학에 뜻을 두었고 만년에는 더욱 힘써 학문이 심히 정치(情致)하였으나 벼슬을 즐기지 않아 나아가기(進)를 어렵게 하고 물러나기(退)를 쉽게 하여 태산북두같이 존경을 받았다. 퇴계의 학문과 인품은 너무나 유명하다. 퇴계의 공직사상으로 가장 대표적인 것은 사(私)를 멀리하고 공(公)을 중시하는 정심(正心)사상과 백성을 위하는 휼민(恤民)사상으로 요약할 수 있다.

퇴계는 한 나라의 지도자로서 왕이 지녀야 할 가장 중요한 사상은 마음을 바르게(正心) 하고 사(私)를 멀리하여 나라를 다스려야 한다는 것이었다. 그의 생각을 집약해 보면 다음과 같다. "사(私)는 마음의 좀이요 모든 악(惡)의 근본이다. 옛날부터 나라가 잘 다스려진 날은 적고 어지러운 날이 항상 많았다. 몸을 멸하고 나라를 망치는 것은 다 임금이 사(私)라는 한 글자를 버리지 못했기 때문이다." 또 그는 이러한 사(私)를 제거하고 천리(天理)로 돌아가기 위해서는 학문을 게을리 하지 말아야 할 것을 주장했다. 그리하여 "편벽되고 기울어지며, 좋아하고 싫어하는 사(私)가 없어야만 왕도에 따를 수 있을 것이요, 한편에 치우치지 아니하고 법도에 어긋나는 일이 없어야만 왕도가 탕평하여 극에 모이고 극으로 돌아간다."고 결론지었다.

이러한 관점에서 퇴계는 왕은 사(私)를 버리고 정심으로 백성을 다스려야 한다는 것을 강조하기 위하여 〈성학십도(聖學十圖)〉를 저술하여 왕에게 학문의 표준으로 삼도록 하였다.

다음은 퇴계의 휼민사상이다. 이 사상은 그의 〈무진경연계답(戊辰經筵啓答)〉에 잘 나타나 있다. 이를 인용해 보자. " …… 조정에서는 한 번도 도탄에 빠진 민생을 구제할 생각을 않고 …… 살을 깎고 뼈를 긁는 듯한 착취가 무수히 자행됩니다. …… 무지한 백성은 위로 조정의 은덕을 입지 못하고 아래로 아전들에게 짐탈 당하여 …… 아아 나라의 근본이 어찌 동요치 않겠습니까? 옛날 어진 임금은 백성 보기를 상처 난 곳을 본 듯하며 어린아이를 보듯이 부모가 자식 사랑하는 마음은 한이 없습니다. …… 어찌 백성들의 부모가 되어 정치를 하면서 그 질병의 궁극함과 기한의 절박함에 대하여 못 들은 체 하리요 ……"

퇴계의 이러한 사상은 다음과 같은 일화에서도 잘 나타나고 있다. 젊은 시절 하인을 앞세우고 과거보러 한양을 가는 길, 이황은 길을 재촉하다 그만 끼니때를 놓치고 말았다.

"자리를 잡을까요?"

"그러자꾸나. 수염이 대자라도 먹어야 양반이라고 했으니."

하인은 가까운 집에 들러 뚝딱 밥을 해 왔다. 김이 모락모락 나는 콩밥이었다. 꼴깍, 하인이 연신 침을 삼키고 있을 때 이황이 물었다.

"쌀은 집에서 가져온 것이고, 콩은 어디에서 났느냐?"

"헤헤 길가에 있는 콩을 한 움큼 땄습니다요."

"이런! 이런! 내 것이 아니면 남의 것이거늘 어찌 함부로 손을 댔단 말이냐?"

이황은 하인이 아무리 잘못을 빌어도 끝내 밥 한 술 뜨지 않았다.

또 다른 일화도 전한다. 이황이 벼슬에 나간 후 도성에 있을 때 정승 권철이 찾아왔다. 권철은 임진왜란 때 행주대첩을 승리로 이끈 권률 장군의 아버지다. 이황은 반가운 마음에 저녁을 대접하였다. 그런데 밥상이 기가 막혔다. 보리밥에 나물 반찬 두어 가지가 고작이었다. 권철이 몇 숟가락 뜨다 말고 밥상을 물리자, 이황은 정색을 하며 말했다.

"이 음식은 백성들의 그것에 비하면 진수성찬입니다. 그럼에도 대감의 입맛에 맞지 않아 못 드신다니, 이 나라의 장래가 걱정스럽습니다. 관리와 백성들의 생활이 그처럼 동떨어져 있을진대, 어느 백성이 나랏일에 기꺼이 따르겠습니까?"

권철은 부끄러워 머리를 들 수 없었다. 돌아와서는 조정의 대신들을 불러 이황의 말을 전하고, 이후부터는 자신도 검소한 생활을 하였다고 전한다.

율곡 이이의 시무(時務)와 무실(務實)사상

율곡(1536~1584)은 중종 31년 강원도 강릉에서 태어났다. 자는 숙헌(俶獻), 호는 율곡(栗谷), 석담(石潭)이며, 시호는 문성(文成)이다. 12세 때(1548년 명종 3) 진사시에 합격하고, 19세에 금강산에 들어가 불교를 공부하다가, 다음해 하산하여 성리학에 전념하였다. 22세에 성주목사 노경린(盧慶麟)의 딸과 혼인하고, 다음해 예안의 도산(陶山)으로 이황(李滉)을 방문하였다. 2박 3일 동안의 짧은 기간이었지만 스승 퇴계를 만난 이후부터 학문과 현실에 눈을 뜨게 된다. 그해 별시에서 〈천도책(天道策)〉을 지어 장원하고, 이때부터 29세에 응시한 문과 전시(殿試)에 이르기까지 아홉 차례의 과거에 모두 장원하여 '구도장원

공(九度壯元公)'이라 일컬어졌다.

율곡은 퇴계와 달리 적극적으로 현실정치에 참여하여 사회를 개혁하고자 한 인물이다. 29세에 호조좌랑을 시작으로 두루 청요직을 거친 후, 해박한 정치적 식견과 왕의 두터운 신임을 바탕으로 40대에 대사간을 비롯하여 호조, 이조, 형조, 병조판서를 지내면서 정국을 주도했다.

평소 주장한 개혁안들을 실현하기 위하여 중립적인 입장에서 동인과 서인의 갈등을 중재하기 위해 노력하였으나 오히려 그 노력이 화가 되어 동인의 탄핵을 받게 되었다. 48세에 모든 공직을 버리고 율곡으로 돌아왔으며 이듬해 서거하였다. 너무나 청빈하여 그가 죽은 곳은 남의 집 셋방이었으며, 수의조차 남의 것을 빌릴 수밖에 없었다.

율곡은 퇴계와 함께 조선의 지성과 철학의 발전을 이끈 양대 산맥이었다. 율곡도 전통적인 유학으로부터 영향을 받아 다른 청백리들과 마찬가지로 민본덕치주의를 통하여 왕도정치의 실현을 추구했다. 그는 만민평등의 인간관을 바탕으로 정치의 주체를 백성으로 규정했다. 율곡은 임금과 백성과 국가의 관계에 있어서도 '맹자'의 이른바 '백성이 귀하고 나라가 그 다음이고 임금이 가볍다.'는 입장에서 백성이 가장 중요한 것으로 설정했다. 율곡은 '나를 어루만지면 임금이지만, 나를 학대하면 원수'라고 극언하며 백성의 입장에서 임금의 권력을 평가하고 있다. 이처럼 정치에 있어서 지도자의 역할과 위치를 매우 중요시하고 있다.

따라서 임금의 정심(正心)을 함양하기 위하여 나이 40세 때 홍문관 부제학 벼슬을 하던 당시 〈성학집요(聖學輯要)〉를 지어 선조께 바치기도 하였다. 선조가 성인이 되기를 바라는, 그래서 조선이 성인이 다스리는 나라가 되기를 바라는 율곡의 마음을 엿볼 수 있다.

율곡의 공직사상으로서 가장 대표적인 것은 그의 〈시무책〉과 〈만언봉사〉에서 주장하고 있는 시무(時務)사상과 무실(務實)사상이다.

(1) 시무(時務)사상

율곡의 정치철학은 지도자 또는 정치인의 시대인식을 매우 강조하는 것이 그 특징이다. 율곡은 〈만언봉사〉에서 "정치는 시대를 아는 것이 중요하고(政貴知時), 일은 실상을 힘쓰는 것이 필요하다(事要務實)."고 말하고 있다. 율곡은 특히 시대인식을 강조했다. 민본이라는 정치의 본질은 시대를 초월하여 영원히 변경될 수 없는 것이지만, 정치의 형태나 방법론은 시대적 상황의 변화에 따라서 거기에 알맞게 바뀌어야 된다고 생각했기 때문이다. 이러한 현실적인 통찰과 방법리더십에 의하여 국정전반에 관한 각종 개혁안과 십만양병설 등 미래를 내다보는 경장안(更張案)을 제시했던 것이다.

율곡이 타계하기 1년 전 병조판서 시절 올린 〈시무6조계(時務六條啓)〉는 조선이 시급하게 해결해야 할 6개의 과제를 제시한 글이다. 그 시작은 이렇게 시작된다. "우리나라가 태평한 세월이 오래되어 마음 놓고 즐김이 날로 심해져서 나라 안팎이 공허하고, 군사와 군량이 모두 모자라므로 적은 수의 외적이 침입해도 온 나라가 놀라 허둥댈 것이며, … 만일 큰 적이 침입해 온다면 반드시 패할 것이니 … 생각이 여기에 미치면 마음이 스산하고 간담이 서늘하옵니다." 이러한 문제를 해결하기 위하여 율곡은 인사, 재무, 국방, 교육 등 국정전반에 대한 개혁안을 제시하였다.

〈만언봉사(萬言封事)〉에서는 "오늘날의 사태가 이러하니, 10년을 지나지 않아서 반드시 환란이 닥칠 것입니다. …… 전하께서는 신의 계책을 쓰시되 …… 3년 동안을 이와 같이 하여도 나라가 진홍하지 아니하고 ……군병이 정예하지 않으면, 임금을 속인 죄로 신을 다스리시어 …요사한 말을 하는 자의 경계로 삼으시옵소서."

율곡은 목숨을 걸고 십만양병설을 간했다. 그러나 이에 대해 임금은 머뭇거리고 책임 있는 벼슬아치들은 태평세월 천지풍파를 일으킨다고 오히려 그를 탄핵하니, 그의 계책은 물거품이 되었다. 그로부터 꼭 1년 후 율곡은 나라의 장래를 걱정하면서 세상을 떠났다. 임진왜란은 만언봉사를 쓴 지 18년, 그리고 율곡이 죽은 지 8년 만에 일어났다. 시대를 미리 내다본 그의 이러한 상황통찰이 얼마나 정확했는지 국란이 일어나서야 알았던 것이다.

율곡의 시무(時務)사상을 현대적 의미로 간략히 요약하면, 정치와 행정은 시대와 상황에 적실하게 이루어져야 한다는 사상이다. 그는 시무를 이렇게 정의하고 있다. "시무(時務)는 어느 때나 일정한 것이 아니고 각각 마땅한 바가 있다. 그 대요를 요약하면, 창업(創業), 수성(守成), 그리고 경장(更張) 세 가지뿐이다. 수성할 때를 당하여 경장에 힘쓴다면 이것은 병도 없는데 약을 먹는 것과 같아 도리어 병이 생기게 될 것이고, 경장해야 할 때를 당하여 준수에 힘쓴다면 이것은 병에 걸려 약을 물리치고 누워서 죽음을 기다리는 것과 같다." 여기서 율곡이 말하는 창업, 수성, 경장을 현대 술어로 바꾸어 표현하면 창조, 승계, 그리고 개혁의 의미로 설명할 수 있다.

율곡은 정치란 창조해야 할 시기에 계승만 고집해도 안 되고 계승에 충실해야 할 시기에 개혁을 서둘러서도 안 되며 개혁을 추진해야 할 시기에 계승에만 안주해도 안 되기 때문에, 그래서 시대의 인식이 정치에 있어 가장 선결과제가 된다고 여겼던 것이다. 현대 행정의 관점에서 보면 적실성(relevance) 있는 행정을 해야 한다는 주장이다.

율곡은 이러한 정치적 관점에 근거하여 자신이 처한 당시의 시대적 상황을 시폐(時弊)가 누적되어 변법이나 개혁이 절실히 요구되는 경장의 시기로 보았던 것이다. 또 그 개혁은 현실에 대한 정확한 진단을 전제로 관리를 위한 개혁이 아닌 백성을 위한 개혁이어야 한다고 주장하였다. 이러한 시대인식에 근거하여 그는 〈동호문답〉〈만언봉사〉〈시무육조계〉 등을 지어 국정전반에 대한 개혁안을 제시하였으며, 경연을 통하여 '십만양병설'을 강력히 주장하였던 것이다.

(2) 무실(務實)사상

다음으로 그의 대표적인 사상은 무실(務實)사상이다. 이 사상은 율곡 경세론의 철학적 기초가 되는 기본사상이다. 율곡에 있어서 실(實)의 개념은 매우 다양한 의미를 가지고 있다. 무실(務實)사상을 간략히 정의하면, 정치와 행정을 행함에 있어 "실심(實心)을 가지고 실공(實功)을 통해 실효(實效)를 추구해야 한다."는 사상이다. 여기서 실심은 곧 진실하고 거짓이 없는 진실성을 의미하며, 실공이란 실질적인 노력이요 실천성을 의미한다. 즉 실공은 말뿐이 아닌 행동이요 이론만이 아닌 실천을 의미한다. 적어도 율곡은 당시대의 모순을 경장함에 있어서 이 실천성의 미흡, 공리공론의 폐단을 통감했던 것으로 보인다. 마지막으로 실효란 실용성을 말한다. 실심(진실성)을 주체로 하여 실공(실천성)을 통해 얻고자 하는 궁극적인 가치는 즉, 실리 내지 실효성의 확보라는 것이다. 율곡은 당시 빈소리뿐인 경장이나 형식적인 개혁이 아니라 실질적인 개혁을 통하여 실리를 추구하고자 하였다.

그는 전쟁이나 재앙에 대처하는 정책이나, 백성의 교화에 있어서나, 인재등용에 있어서나 형식과 겉치레에 치우쳐 실질적인 효과를 거두지 못하고 있음을 비판하고 있다. 이와 같이 율곡이 실용성과 실효성을 무실사상의 궁극적 가치로 삼는 것은 매우 중요한 의의를 갖는다. 그런데 실용성이나 실효성은 근본적으로 도덕적인 의미로서의 진실이 전제되지 않고서는 불가능하고, 또한 실천성이 갖추어지지 않고서는 기대할 수 없는 것이다. 이렇게 볼 때, 율곡의 무실사상에서 그 요체가 되는 진실성, 실천성, 실효성은 상호 연계되는 것이고, 어느 하나가 결여되어서는 엄밀한 의미에서 무실은 구현될 수 없는 것이다.

이와 같이 실(實)이란 다름 아닌 내용과 형식의 일치요, 이름과 실상의 부합이요, 이론과 실천의 합일이다. 따라서 율곡이 평소 주장한 이기지묘(理氣之妙; 이기일원론) 본래의 정신이 이(理)와 기(氣)가 서로 보완하면서 상함(相涵)하는 가운데 이(理)와 기(氣)의 본래성이 완전하게 조화 일치되는 데 있다면, 내용을 지닌 형식, 이름에 부합하는 실상, 이론의 실천화야말로 이기지묘의 가치적 함의와 상통하는 것이다. 이렇게 볼 때, 율곡의 무실사상은 곧 이기지묘의 실현을 적극적으로 표현한 것으로 볼 수 있다.

이러한 율곡의 현실인식과 역사의식을 강조한 시무(時務)사상은 임진왜란과 병자호란의 위기에서 각각 나라를 구한 서애 유성룡과 지천 최명길의 사상으로 그 맥이 이어졌을 뿐 아니라, 실리와 실효를 강조한 무실(務實)사상은 조선후기 실학사상의 형성에 많은 영향을 미쳤다. 다산은 남인 계열이면서도 퇴계의 철학보다는 율곡의 의견에 동의하고 있음을 스스로 밝히고 있다. 율곡은 시대를 앞서간 사람이었다.

서애 유성룡의 공도(公道)사상

유성룡(1542~1607)은 중종 37년에 안동에서 태어났다. 자는 이현(而見), 호는 서애(西厓)였으며, 명종 21년 나이 불과 24세에 문과에 급제하여 청요직을 두루 거친 후, 경연에 출입한 지 25년 만에 정승이 되었으며, 선조 26년에 영의정에 올라 국정을 총괄하였다. 51세 때 임진왜란이 발발하자 도체찰사를 맡아 전쟁을 지휘하였으며, 66세에 서거하였다. 시호는 문충(文忠)이며 풍원부원군에 봉해졌다.

난세에 탁월한 위기관리능력이 있는 영웅이 나는 법이다. 서애가 바로 이런 사람이다. 유성룡은 어려서부터 책을 많이 읽었으며, 특히 기억력이 좋아서 한 번 읽으면 바로 기억하여 잊어버리는 일이 없었다. 그는 4세 때 벌써 글을 익혔고, 6세 때 대학을 읽었으며, 8세 때에는 맹자를 읽었다. 13세 때 사학에 입학한 뒤 16세에 향시에 합격하여 사람들의 입에 오르내렸다.

21세 때 부친인 관찰사 유중영의 명을 받고 퇴계 이황을 찾아가 수개월을 머물면서 〈근사록〉 등을 배웠다. 당시 이황은 유성룡을 평가하여 "이 사람은 하늘이 낸 사람이다. 후일에 반드시 대성할 것이다." 라고 극구 칭찬하였다.

유성룡의 대표적인 사상은 공도(公道)사상과 병농합일(兵農合一) 사상이라 할 수 있다. 이러한 사상은 그의 탁월한 상황통찰력과 철저한 위기관리 리더십을 발휘하는 데 영향을 미쳐 임진왜란으로 위기에 처한 조선을 구하였던 것이다.

조선 후기 이긍익(1736~1806)이 지은 야사총서인 〈연려실기술〉의 평가에 따르면 서애는 "원대한 포부를 지녔고 과거에 급제하였으나, 부귀와 영달을 가볍게 보았고 항상 경세제민(經世濟民)의 업에 유의하였다. 예악교화(禮樂敎化) 이외에 병사와 재정에 관한 것을 세밀하게 강구하지 않은 것이 없었다. …… 일을 시행함에 부지런하고 간절하였다." 또 서애는 "위정(爲政)에는 본말의 차서가 있고 입정(立政)에는 선후의 떳떳함이 있다."고 주장하면서 공직자의 도리와 공직의 윤리적 기반을 강조하고 있다. 그의 공도사상은 다음과 같은 그의 수장에 잘 요약되어 있다.

첫째, 공론(公論)은 국가의 원기이다. 원기가 성하면 백사(百邪)가 범하지 못한다. 옛날의 명군들은 과감하게 직언하고 간하는 선비들을 정선하여 그의 이목(耳目)으로 삼았다.

둘째, 공도(公道)가 서면 공직자들의 청탁이 없어진다. 공도(公道)의 밝고 어두움은 인재를 전형하는 방법의 옳고 그름에 있다. 관리를 등용함에 있어 청탁과 세력에 의하여 등용하면 밝은 태양이 어두움에 묻히며 안목 있는 선비들이 세도를 탄식한다. 따라서 공도(公道)를 세워 인재등용의 공정을 기해야 한다.

셋째, 한 공직이 있으면 반드시 그 사람이 있다. 이름에는 허실이 있고 기국

(器局)에는 장단의 차이가 있음은 필연적이다. 따라서 그 장단을 살펴 맞는 곳에 배치한 연후에야 혼란이 없다.

넷째, 민심을 바로하기 위해서는 사익을 추구하는 마음을 지양하고 수오지심(羞惡之心)을 기르며 예의염치심을 길러야 한다.

다섯째, 백성을 위해 임금을 세움은 백성을 장양시키기 위함이다. 그런데 지금은 백성이 풍족하지 못하고 백성에 대한 착취가 심하니 과감하게 개혁하여 구휼에 힘써야 한다.

이러한 공도사상은 서애가 임진왜란을 맞아 조선을 구하게 만든 탁월한 위기관리 리더십의 사상적 배경이 되었다. 서애는 상황통찰력이 탁월했다. 상황이라는 것은 바람결같이 흘러가는 것을 말한다. 눈에 보이지 않고, 언제 일어나서 어떠한 과정을 거쳐서 어디로 흘러가는지 방향을 알 수 없는 상황에서도 이를 꿰뚫어 보는 능력이 서애에게는 있었다. 이를 현대 용어로 통찰의 리더십 또는 상황리더십이라 한다.

서애는 임진왜란이 일어나기 전부터 국제정세를 홀로 내다보고 있었고, 일본이 쳐들어오면 육군은 포기하고 전력으로 바다를 막아야 한다는 생각을 하고 있었다. 임진왜란(1592.4)이 발발하기 2년 전(1590) 일본에 다녀온 통신사들의 귀국보고 정보가 엇갈리고 혼란스러운 상황에서, 당시 좌의정이었던 서애는 하급관리로서 사람들의 눈에 띄지 않던 권율(權慄)을 의주목사로 천거하고, 육군 말단 장교인 정읍현감 이순신(李純信)을 전라도좌수사로 추천하였다. 위기에 대비한 이러한 서애의 인재등용은 바로 그의 공도사상을 말해 주는 것이다. 당시 종6품이던 이순신 장군을 정3품 당상관으로 7단계 끌어올린 것은 거의 불가능한 일이었다. 서애의 탁월한 상황통찰능력과 인재를 보는 눈은 바로 그의 철저한 공도사상의 결과라 할 수 있을 것이다.

이상의 공도사상 이외에도 서애는 〈병농(兵農)〉이라는 짧은 저서에서 당시의 상황이 양병의 필요성을 증대시켰다고 주장하면서, 중국의 3대시대의 제도인 병과 농을 합일하여 부국강병을 이루어야 한다고 역설하고 있다. 여기에서 그의 준비의 리더십과 방법(method)의 리더십을 볼 수 있는 대목이다.

그는 원칙과 명분에만 매달리지 아니하고 방법과 실용을 중시하였다. 당시 조선은 방법에 대한 개념이 없었다. 원칙과 당위, 명분만이 존재했다. 그는 원칙과 동시에 어떻게 하면 나라를 살리고, 어떤 방법을 강구하면 전란을 극복할 수 있다는 구체적인 방법을 수없이 내놨다. 그리고 그는 권좌, 즉 공직은 백성을 위해 일하기 위해 존재하는 것이며, 동시에 공을 이루었으면 물러나는 것이 하늘의 도리라고 생각했다. 그리고 이를 몸소 실천했다. 리더가 자기가 앉은 자리를 권력으로 생각하고 목적으로 생각하는 한 그 자리는 경직되고 아랫사람과 소통되지 않으며 그 조직은 관료화된다. 신선한 바람이 들어가지 않는다. 그의 공도사상, 주어진 책무를 다하고 떠날 것이라는 권력 비이데올로기 사상, 그리고 물러남의 리더십은 공직을 스스로 구하기 위해 또는 그 자리를 유지하기 위해 동분서주하고 있는 오늘의 우리들에게, 다시 한 번 서애의 공직윤리를 되돌아보게 하는 대목이다.

명나라의 힘에 떠밀려 울며 겨자 먹기로 일본과 강화를 맺고 전쟁이 끝나자 소인들은 그 책임을 유성룡에게 돌려 그를 탄핵했다. 유성용은 스스로 소임을 다했다고 생각하고 미련 없이 모든 벼슬을 사직했다. 서애는 1598년 11월 18일, 이순신이 죽는 날 자리에서 물러나 다시는 서울로 돌아오지 않았다.

선조는 유성용을 가리켜, "금옥같이 아름다운 선비"라 하였으며, 청백리를 선발할 때 영의정 이항복은 , "이 노인이야 말로 전부를 갖춘 분"이라 하였다. 그는 공과 사를 구별하고, 위정자의 도리를 모두 터득한 명재상이었다. 그토록 바르고 청백하였으니 가정경제가 풍요로웠을 리 없었다. 그의 제자 정경세는 스승 유성용을 찾아가, "성도의 제갈량은 뽕나무 8백 그루를 심어 생활했는데, 스승께서는 이조차 없으니 답답합니다." 라고 안타까워했다고 한다.

그는 얼음처럼 맑고 옥처럼 깨끗하여 한 점의 흠도 없는 일생을 보냈다. 당대에 염근리로 선정되었고, 후에 청백리의 칭호를 받았다. 그의 부음이 전해지자, 선조는 전국에 휴무를 선포하였고, 도성이나 시골을 막론하고 철시하여 목 놓아 통곡하지 않은 사람이 없었다.

청백리정신 …… 미래의 역사에서도 빛을 발휘해야

조선시대의 정치와 행정은 유교이념에 그 뿌리를 두고 있다. 이러한 유가정치는 다른 이념과 마찬가지로 긍정적인 면과 부정적인 면이 함께 있다. 긍정적인 면 중에서도 청백리정신은 유교이념이 남긴 가장 빛나는 우리의 유산이라 할 수 있다. 이 글에서 고찰해 본 청백리들의 이념을 정리해 보면 크게 세 가지로 요약할 수 있다.

첫째, 왕의 정심(正心)을 치도(治道)의 근본으로 본다.

군주국가에서 군주의 위치는 지극히 중요하며, 민중의 고락과 직결되었다. 따라서 군주의 자질은 왕도정치의 가장 중요한 것이었다. 물론 왕의 전권을 제한하는 언론기관이 있었지만, 왕의 전횡을 막는 데는 한계가 있었다. 따라서 왕의 정심(正心)은 가장 중요한 문제였던 것이다.

오늘날에도 이 문제는 중요한 의미를 가지고 있다. 왕의 위치에 지도자를 놓고 생각하면 그 의미가 이해될 것이다. 오히려 청백리들이 왕의 정심(正心)에 성리학적 차원을 부여하는 것에서 훌륭한 시사를 제공받아야 할 것이다. 민주주주의 체제인 오늘날에도 역시 지도자들의 능력과 자질의 양부(良否)에 따라 민중의 고락이 직결되고 있기 때문이다.

둘째, 공도(公道)의 확립이다.

성리학의 이념에서 빠뜨릴 수 없는 중요한 문제 중의 하나는 "인욕을 멀리해야 천리가 선다(滅人慾 存天理)."는 실천윤리이다. 공(公)과 사(私)의 문제는 바로 이러한 성리학적 차원과 직결되었던 것이다. 따라서 공은 엄숙성을 띠는 윤리적인 명제로서 부각되었던 것이다. 공(公)에 대한 가치부여는 가족주의를 초극하였을 뿐 아니라, 왕권조차 구속했다. 즉 왕권국가에서 왕은 곧 국가와 동격시 되었음에도 불구하고 궁(宮)의 부당한 낭비나 국고에의 개입은 공도에 저해함을 들어 반대하였던 것이다.

또한 공도정신은 붕당이나 관리의 부패를 지양하는 것으로 나타났다. 청백리들의 공과 사에 대한 엄격한 구분은 생활의 청빈함으로 나타났으며, 이러한 청빈을 고집한 이유는 공과 사를 성리학적인 멸인욕 존천리(滅人慾 存天理)의 차원으로 이해한 것에 기인하였던 것이다.

공도를 존중하는 경향은 또 명분 없는 진출을 꺼리는 것으로, 공직은 백성을 위해 일하기 위해 존재하는 것이므로, 동시에 공을 이루었으면 물러나는 것이 하늘의 도리라고 생각하는 것으로 나타났다. 퇴계와 서애는 이러한 사상을 몸소 실천했다. 이 경향은 사직을 위한 구실로 삼는 등 현실적인 면에서 문제가 없는 것은 아니었으나, 공도를 위해 관직에 대한 개인적 집착을 버린 것은 탁월하다 아니할 수 없다.

이러한 공도정신은 현대의 우리들이 특히 배워야 하고 본받아야 할 점으로 생각된다. 공과 사에 대한 구별을 엄격히 하여 공적인 일을 사적으로 이용하는 일이 없게 되면 자연스럽게 부정과 부패는 예방된다. 공직자들의 부정과 부패가 만연되어 있는 요즈음, 이러한 공사구별의 엄숙성과 공도의 존중은 그 어느 때보다 절실하기 때문이다.

셋째, 민본사상의 확립이다.

조선시대는 왕과 지배계급인 사대부위주의 체제였기 때문에 백성과 민중이 소외당하기 쉬운 것은 당연하였다. 그럼에도 불구하고 뜻있는 선비들은 민중의 보호와 교화의 책임을 자각하여 민본이념에 철저하려 하였다. 특히 청백리들의 가슴속에는 왕도정치의 기본인 민본사상이 뿌리깊이 박혀 있었던 것이다.

그러나 조선시대는 극단적인 지배계급위주의 사회였기 때문에 청백리들의 사상이 큰 효과를 보지는 못하였다. 그 이유는 그들의 민본이념에 현실적이고 구체적인 방안이 있었다기보다는 추상적이며 소극적이었던 경향이 많았기 때문이다. 그 후 실학자들이 나타나서야 비로소 구체적인 경세방안이 본격적으로 제기되었던 것이다. 비록 그들의 민본이념이 구체적이고 실천적인 제도로 연결되지는 못하였다 하더라도, 군주와 지배계급의 권력이 강력한 군주국가에서는 매우 가치로운 것이었다.

결론적으로 말하면, 조선의 청백리들은 관료적 봉건국가라는 틀 속에서 백성들을 위하여 국가의 명맥을 유지해 온 원동력이었다고 볼 수 있다. 백성을 착취하고 국가를 좀먹는 부패한 관리가 대부분이었던 그 당시에, 본래의 치도이념과 성현의 교훈에 충실했던 청백리들이 있었기에 500년 이상 국가를 유지할 수 있었던 것이다.

주자학이 조선조에 들어와 공헌했던 여러 공로 중에 특히 청백리의 이념은 계속하여 그 의미가 들어나야 하며, 그 활력이 미래의 역사에서 빛을 발휘하여야 할 것이다. 공도가 사라진 오늘날, 청백리의 사상을 되돌아보는 의미가 바로 여기에 있다 할 것이다. 청백리가 그리운 시대이다.

(2010. 4. 5. 도진 산방에서)

제4부

직분에의 성실과 책임

'책임 있는 행정'의 기준이 곧 행정윤리이다

공직을 스스로 구하는 세상이다. 정치인들은 "세상이 썩었다. 썩은 세상을 바꾸어야 한다."고 말한다. 그러나 부처님은 **"세상은 썩지 않았다. 썩은 것은 네 마음이다."**고 했다. 얼마 전 입적한 법정스님은 "어떠한 법도, 어떠한 사상도, 어떠한 제도도 우주법계를 바꾸지 못한다. 오직 내 마음이 달라져야 우주법계가 달라진다."는 메시지를 남겼다. 공직자는 먼저 '마음의 눈'을 밝히는 일부터 시작하여야 한다.

소신과 강직론

소신을 굽히지 마라 옳고 바른 일에는 자기의

공직자가 지켜야 할 가장 기본적인 도리는 "깨끗하고 공정하게 자기의 직분을 성실히 수행하여 국민에게 봉사하는 것"으로 볼 수 있다. 따라서 공직윤리는 청렴, 공정, 성실 그리고 애민(愛民)이라 할 수 있다.

여기서 성실은 맡은 바 직분에 대하여 최선을 다하여야 함과 최대한 국익을 도모하고 불이익을 방지해야 한다는 점을 강조한다. 국가공무원법 제56조에 규정되어 있는 이 성실의 의무는 공무원의 의무 중 가장 기본적인 의무로서 다른 의무들은 이 성실의 의무에서 파생된 의무라 볼 수 있다. 즉 청렴, 공정, 복종, 품위유지, 겸직금지 등은 직분에 성실하게 근무하기 위한 보조적 또는 수단적 의무라 할 수 있을 것이다.

직분에 성실하기 위해서는 도덕성과 준법정신이 투철해야 될 뿐만 아니라, 부당한 상사의 명령을 포함하여 어떠한 부당한 외압에도 흔들리지 않는 소신과 강직함이 있어야 한다. 과거 독재와 권위주의 시대에는 부당한 상사의 명령과 지시를 거부하지 못하고 법과 양심을 속이면서 범법행위와 민생을 괴롭히는 일에 하위공직자들이 함께할 수밖에 없었다. 정권교체가 일반화된 지금의 민주주의 아래에서는 부당한 명령에 응하지 않아야 공직생활을 더 유지할 수 있게 되었다. 그럼에도 불구하고 계층제적 관료문화 속에서 강직하게 자기 소신을 지키기가 쉽지는 않다. 옳지 않은 일에 소신을 굽히지 않은 사례는 많다.

세종 때의 일이다. 세종은 아버지 태종이 역사에 어떻게 기록되고 있는지 몹시 궁금했다. 세종은 집요하게 사초를 보여 줄 것을 요구했다. 이때, 맹사성은 아버지 태종의 실록을 보려고 하는 세종의 명령을 완곡히 거부했다. "실록을 펴내는 일은 있는 그대로의 역사를 후세에 전하기 위함입니다. 만약 전하께서 실록을 보시고 혹여 고치는 날에는 후대의 임금님도 따라하지 않겠습니까?" 다행히 세종은 맹사성의 말을 받아들였고, 후대 임금들에게도 그 뜻이 이어졌다.

끝까지 소신을 지킨 곡산부사 정약용

다산은 목민심서 봉공편(奉公編)에서, "윗사람의 명령이 공법(公法)에 어긋나고 민생(民生)에 해를 끼치는 것이면, 마땅히 어연하게 굽히지 말고, 확연하게 자신을 지키며 버텨야 한다."고 주장하고 있다. 전제군주시대에도 다산은 공직자의 윤리가 어떤 것인가를 분명하게 밝히고 있다. 뿐만 아니라, 황해도 곡산(谷山) 부사시절 실제 이 윤리를 실천하고 있다.

정조 때의 일이다. 어느해 겨울 독감이 크게 유행하여 죽어가는 사람이 셀 수 없이 많았다. 나라에서는 부자들로 하여금 이를 구호하고 치료하며 매장토록 유도하고, 또 그렇게 한 부자들에게는 3품이나 2품에 해당한 직첩을 내린다는 윤음(왕의 명령)이 고을에 내려왔다. 다산은 이를 알리고 부자들의 협조를 얻어냈다. 그 후 이 사업에 적극적으로 동참한 5명의 부자를 감사에게 올려 나라에 상주하도록 요구하였다. 감사가 "다른 고을에서는 받들어 실행한 사람이 없으니 한 고을 백성만을 유독 임금께 올려 바칠 수 없다."고 말하면서 다산의 건의를 묵살하고 말았다. 그러자 다산은 즉시 승정원에 다음과 같은 보고를 올렸다. "이제부터는 어떠한 임금의 지시사항도 백성들은 믿지 않을 것이다. 이것은 작은 일이 아니니 마땅히 곧 임금을 모신 자리에서 아뢰어야 옳다. 만일 그렇게 하지 않으면 내가 장차 상경하여 상소로 올리겠다."고 주장하였다. 승정원에서는 이를 곧 임금께 아뢰니, 임금은 크게 놀라 황해도 감사에게 2등급의 감봉조치를 내리고 5명의 부자에게는 모두 약속한 품계의 직첩을 내렸다. 국민과의 약속은 하늘이 두 쪽 나도 지켜야 한다는 다산의 준법의식, 곧고 바른 일에는 소신을 굽히지 않는 강직함은 오늘날 공직자들의 귀감이 아닐 수 없다.

왕명도 거역한 한성판윤 권엄

다음은 한성판윤(현 서울특별시장) 권엄(權儼)이 왕의 명령에도 불구하고 옳다고 생각하는 자기 판결에 대하여 소신을 굽히지 않고 끝까지 관철시킨 사례이다.

정조대왕의 어의(御醫: 주치의)이었던 강명길(康命吉)이라는 자는 정조의 은총을 이용하여 부패를 수없이 저지른 자이다. 그는 서대문 밖 교외에 땅을 사서 자기 부모의 묘를 이장했다. 또 그 산 아래에 오래된 민가 수십 채를 사들여 10월 추수 후에는 모두 철거하기로 약속을 하였다. 그런데 그해 가을 유난히 흉년이 들어 약속을 지킬 수 없는 형편이 되었다. 그러자 강명길은 아랫사람을 시켜 한성부에 농민을 몰아내 줄 것을 고소하였다. 그러자 당시 한성판윤 권엄은 백성들의 편에 서서 흉년으로 사정이 바뀌었으니 약속대로 할 수 없다는 판결을 내렸다.

그렇게 되자 강명길은 임금을 움직였고, 임금은 권엄에게 철거명령을 내릴 것을 재촉하게 되었다. 그러나 권엄은 농민들의 실정을 알아서 내린 바른 결정이라 소신을 굽히지 않았다. 이에 임금은 극도로 화를 냈고, 우레 같은 노여움은 듣는 사람들이 두려워 목을 움츠릴 정도였다. 이 이야기를 듣고서도 권엄은 끄떡도 하지 않았다. 권엄은 "백성들의 굶주림과 추위가 뼈에 사무치고 있는데 그들을 몰아내어 쫓아낸다면 길바닥에서 다 죽을 것이다. 차라리 내가 죄를 지을지언정 차마 이렇게 해서 백성들로 하여금 나라를 원망하게 할 수는 없다."고 하였다. 강명길은 계속하여 임금을 움직였으나, 나중에는 임금까지 권엄의 바른(right) 판단을 지지하여 주었다고 한다. 서울시장이라면 이런 정도의 소신과 고집은 있어야 "직무에 성실하게 국민에게 봉사한다." 할 것이다.

(2009. 5. 10. 서재에서)

공직윤리와 행정책임

행정책임은 행정의 핵심인

공직윤리가 좌우한다

"절대적 권력은 절대적으로 부패한다(Absolute power corrupts absolutely)." 19세기 영국의 역사가 엑턴(John E. Acton) 경의 말이다. 권력이 있는 곳에는 항상 재량권이 수반되기 마련이기 때문에 권력이 크면 클수록 그 남용의 위험이 커진다. 결국 절대 권력은 부패로 연결된다는 말이다. 국가권력구조에 삼권분립의 이론을 도입한 것도 권력 간의 견제와 균형을 유지함으로써 절대 권력의 출현을 막기 위한 것이었다.

서구 근대국가들은 산업혁명 이후 19세기 후반과 20세기 초에 이르러 자본주의가 고도로 성숙되었고 급격한 산업화와 도시화의 현상을 경험하게 되었다. 이러한 현상은 필연적으로 빈부 간의 격차, 노 · 사 간의 갈등, 비자발적인 실업이 속출하는 등 여러 가지 심각한 사회문제(social problem)를 낳게 하였다. 이러한 상황에 처한 정부는 종래의 자유방임주의 사상에 연유하는 안보 국가적 · 소극적인 기능의 수행에서 탈피하여, 적극적으로 국민생활에 관여하여 유효한 해결책을 모색하지 않을 수 없었다.

특히 제2차 세계대전이후 영국이나 프랑스 등에서도 1930년대의 미국의 뉴

딜정책과 유사한 경제계획들을 추진하였으며, 또한 전후 신생국들의 대부분의 경우도 사회와 경제를 근대화시키기 위한 야심적인 계획을 시도해 왔고, 또 국가발전을 위하여 정부권력을 사용하여 왔음은 우리가 잘 아는 바이다.

우리의 경우도, 정부수립 이후 6.25전쟁과 전후복구 사업을 계기로 행정의 업무와 조직이 확대 · 강화되었으며, 1960년대 초부터는 행정부가 각종 경제개발계획을 수립하고 추진하는 데 주도적인 역할을 담당해 왔다. 그 반면에 입법부는 입법의 주요한 기본적인 사항만을 결정하고, 구체적인 입법사항 및 세부적인 집행과 해석에 대하여는 행정부에 일임케 하는 위임입법(委任立法)을 채택함으로써 행정의 권한은 더욱 확대되었다.

책임이 수반되지 않는 행정 권력은 폭력에 지나지 않는다

이렇게 20세기에 들어오면서 행정의 적극적 기능이 강조되고, 또 행정의 역할이 더욱 확대되면서, 행정국가(administrative state)적 현상이 두드러지게 나타났다. 이렇게 행정부의 권력이 더욱 커짐에 따라 입법부와 사법부의 지위는 상대적으로 약화 된 반면, 행정부의 관료집단은 정치 및 행정 권력의 장악자로서 많은 재량권을 행사하게 되었다.

행정의 권력이 강화되고 권력이 집중되면 될수록 권력남용의 가능성은 더욱 커지며, 그 결과 행정활동으로 인한 국민의 권익침해 가능성도 더욱 높아지게 된다. 관료들의 권한 행사는 국민들의 권리와 이익에 영향을 줄 뿐만 아니라 국민생활의 질(質)까지도 영향을 미칠 수 있게 되었다.

1980년대부터 거대정부(big government)에 대한 비판의 소리가 높아지고 행정의 사회문제 해결능력에 대한 대중의 신뢰가 낮아지면서, 정부기능을 최소화하여야 한다는 주장이 큰 호응을 얻었다. 미국, 영국, 캐나다, 뉴질랜드, 오스트레일리아 등 서구 선진국들은 정부기능 축소를 위한 규제개혁과 행정개혁을 강력히 추진하였다. 그럼에도 불구하고, 공공재공급 필요성의 증대, 외부효과의 발생, 독과점에 의한 시장지배 등으로 '보이지 않는 손'에 의한 시장기구의 실패가 드러나면서, 오히려 행정역할과 권력은 강화될 추세를 보이고 있다. 우리나라의 경우도 그동안의 역대정권들이 보여 온 작은 정부론(small government)을 위한 개혁들이 모두 실패하였을 뿐 아니라, 최근 밀어 닥친 세계적인 외환위기로 인하여 정부의 개입은 날로 커져가고 있는 실정이다.

이러한 때를 같이하여, '행정은 과연 누구를 위한 것인가?' 라는 물음과 함께 행정책임의 중요성이 다시 부각되고 있다. '책임 있는 행정'의 실현이란 어떠한 것이며, 그러한 '책임 있는 행정'을 확립하기 위한 방안은 어떤 것이 있는가? 등의 문제가 현대행정의 가장 중요한 화두로 등장한 것이다.

행정국가에서의 관료들의 권한행사에는 반드시 책임이 수반되어야 한다. 책임이 수반되지 않는 행정 권력은 폭력에 지나지 않는다. 그러면 행정책임(administrative responsibility)이란 무엇을 말하며, 왜 주창되는가? 그리고 행정책임은 누가 누구에게 지는 것이며, 행정책임을 확보하기 위한 방법으로는 어떠한 것이 있는가? 마지막으로 행정윤리와 행정책임, 그리고 관료부패는 어떠한 관계가 있는가?

행정책임은 직책적 책무 그 이상을 의미한다

행정에 있어서 책임의 문제는 궁극적으로는 행정이 국민에 대하여 책임을 져야 한다는 사상에서 나온 것으로, 특히 민주주의 이념과 밀접한 관련이 있다. 민주주의 국가에서의 모든 행정은 국민의 이익을 위하여 수행되어야 하며, 모든 공무원도 국민에 대하여 봉사하여야 할 의무가 있기 때문에 행정을 추진함에 있어서 국민의 의사가 존중되고, 또한 행정은 국민에 대하여 책임을 지게 되는 것이다.

그러면 행정책임이란 무엇을 의미하는가? 행정 권력의 개념과 같이 한마디로 정의하고 측정하는 것이 용이하지 않다. 우선 논의의 편의상 행정책임의 일반적인 의미를 살펴보면, '어떠한 직위를 점하고 있는 공직자들이 맡은 바 역할(role) 또는 직무(mission or duties)를 수행하는 데 있어서 일정한 행위규범에 따라 행동해야 할 의무 내지 임무'라고 할 수 있고, 또한 의무를 전제로 한 행위에 대하여 평가를 받아야 할 상태에 있음을 의미한다.

일반적으로 '책임 있는 행정'을 한다는 것은 행정기관이나 공무원에게 권한을 부여하는 법령 또는 정책으로부터 어느 정도 구체적으로 제시하는 문제들을 능동적이고 합리적으로, 그리고 적실하게 추진하여 바람직한 상태와 결과가 되도록 하여야 한다는 것을 의미한다. 단순한 부정행위(malfeasance), 직권남용, 불법행위(misfeasance)에 대하여 책임을 지는 것 이상을 의미한다.

행정책임 또는 공직책임을 나타내는 개념으로는 accountability와 responsibility가 있다. 전자는 법률과 규칙이 일정양식으로 명시하고 있는 지시 · 명령에 대한 복종을 의미한다고 보는 입장으로서 "지시와 명령에 따라야 할 의무"를 의미하며 행위의 결과에 대한 평가와 제재의 상태도 포함하게 된다. 이렇게 볼 때, accountability는 공직자의 "직책적 책무"라는 개념으로 쓰이는 반면, responsibility는 공직자의 정치적 · 행정적 의미의 총체적 책임개념으로 이를 행정책임이라 부른다.

이 총체적 책임인 행정책임(administrative responsibility)은 당연히 직책적 책무(accountability)를 포함하는 종합적인 책임이다. 즉 지시 · 명령에 따라야 할 의무를 이행하지 않을 경우에 대한 제재수단으로 상위 직에 대해 묻게 되는 직책적 책무인 객관적 책임(objective responsibility)과 '책임 있는 행동'에 중점을 두는 주관적 책임(subjective responsibility)을 모두 포함한다. 이때 객관적 책임은 직책적 책무(accountability)와 유사한 것으로서 자기직무성과를 중심으로 책임지는 것을 말하며, 주관적 책임은 주로 충성, 일체감, 동일감(identification), 양심(conscience)에 따르는 의무의 의미와 유사하게 쓰인다.

책임은 반드시 의무(obligation)를 전제로 하고 있다. 이때 의무는 법적 의무와 윤리적 · 도덕적 의무를 모두 포괄하기 때문에 책임도 마찬가지로 이에 따라 유형화된다. 따라서 객관적 책임이란 공직자가 외부로부터 부과되거나 또는 객관적 행위기준에 따라 행동해야 할 의무를 의미하는 것으로 법적 책임 또는 직책적 책무 등과 유사한 개념이다. 반면에 주관적 책임은 공직자가 자기의 임무역할을 규범에 따라 충실하게 수행해야 한다는 내심적인 인지나 동기를 의미한다. 따라서 주관적 책임은 윤리적 책임, 도덕적 책임과 유사한 개념이다.

종합하여 정리해 보면, 행정책임 또는 공직책임은 "공직자가 공공직무에 대하여 맡은 바 책무(mission or duties)와 역할(roles)을 다해야 한다는 규범적 개념"을 말한다. 따라서 행정책임에는 법적 책임과 윤리적 책임, 객관적 책임과 주관적 책임을 포괄하는 보다 넓은 개념으로 볼 수 있다.

그러나 문제는 일반적으로 공직책임론에서 객관적 책임이나 직책적 책무에 대해서는 관심과 노력을 기울여도, 주관적 책임이나 윤리 · 도덕적 책임은 책임이 아닌 것으로 오해하거나 외면하는 경우가 많다. 그 결과 객관적 책임보장을 위한 외부통제에만 방안을 강구하게 되고 주관적 책임요소는 관심을 기울이지 않는다. 행정책임은 공직자의 역할에 대한 윤리성을 확대시키는 중요한 개념임에도 불구하고, 보다 중요한 책임인 윤리적 · 도덕적 책임은 간과하게 된다는 것이다. 정책실패로 인한 책임이 외면되거나 책임권 밖에서 정치적 논쟁의 대상만 되는 이유가 여기에 있다.

공직자들의 '책임 있는 행동'은 공직자 자신의 마음속에서 책임감이 스스로 우러나와야 가능하다. 외적 통제나 제재 때문에 하는 행동보다는 윤리적 소신이나 신념(belief)을 통하여 형성된 의무와 책임의식에서 자발적으로 행하는 행동이어야 한다. 이러한 의미에서 행정책임은 공직윤리와 직접적인 관련을 가진다. 공직자들의 책임 있는 행동을 강화시키기 위해서는 먼저 공직윤리관의 확립을 통하여 의무와 책임의식을 높여야 한다. 책임감이 커지면 결국 관료부패를 감소시킬 뿐만 아니라 투명하고 책임 있는 행정을 가능하게 한다.

'책임 있는 행정'의 기준은 곧 공직윤리이다

행정책임이란 어떠한 직위를 점하고 있는 공직자들이 맡은 바 역할(role) 또는 직무(mission or duties)를 수행하는 데 있어서 일정한 행위규범에 따라 행동해야 할 의무 내지 임무라 할 수 있다. 그러면 어떠한 기준과 규범을 따라야 '책임 있는 행정'이라 할 수 있는가?

만약 아무런 행정책임의 기준도 설정되어 있지 않고, 또 책임에 대한 평가도 자의적으로 이루어진다면, 공직자들의 사기와 생산성의 저하는 물론이고 업무수행에 대한 불안감을 갖게 되어 무사안일적인 형식주의 내지는 요령주의가 판을 치게 될 것이다.

책임 있는 행정의 기준은, 비록 세부적인 기준에 이르기까지 모두를 담지는 못한다 하더라도 그 개략적인 기준은 헌법과 국가공무원법 등 여타 법령에 명문으로 규정되어 있다. 그러나 공직자들이 헌법이나 법령 등의 기준에 따라 활동하는 경우라도 그러한 명문화된 규정이 의도하고 있는 목적을 얼마나 잘 실현하는가 하는 문제가 중요하다. 우리나라의 헌법에는 공무원은 '국민전체의 봉사자'라고 규정하고 있으며, 또 국가공무원법과 지방공무원법에는 다음과 같은 일반적인 공무원의 의무를 규정하고 있다. 구체적인 내용설명은 생략하고 간략히 제목만 소개한다.

1. 선서의무
2. 성실의 의무
3. 직무상의 의무
   1) 법령준수의 의무
   2) 복종의 의무
4. 직무전념의 의무
   1) 직무이탈의 금지
   2) 영리업무 및 겸직금지
   3) 정치운동의 금지
   4) 집단행위의 금지
5. 청렴의 의무
6. 친절 · 공정의 의무
7. 비밀 엄수의 의무
8. 품위유지의 의무
9. 종교중립의 의무

위에 소개한 의무들은 법적 의무인 동시에 객관적 의무이며, 그 중 하나라도 위반할 경우 징계사유에 해당하여 책임을 추궁 당하게 됨은 물론이고 민사 · 형사책임까지도 저야만 된다.

현대국가에 있어서의 행정책임은 법령 등에 명문의 규정이 없는 경우라 하더라도, 정치 · 행정에 있어서의 지배적인 가치와 규범들은 행정책임의 기준이 됨과 동시에 책임평가의 기준이 될 수 있다. 행정과정에서 공직자들이 바르고 좋은 의사결정을 하기 위해 준거해야 할 가치와 태도, 그리고 이념들의 묶음을 공직윤리라 할 때, 이 공직윤리는 곧 '책임 있는 행정'의 기준이 된다 할 것이다.

일반적으로 행정에 있어서의 '가치'란 행정적인 의사결정에 있어서 일정한 행동의 양식이나, 또는 어떠한 '종국적인 상태'에 대하여 개인적으로나 사회적으로 선호할 수 있는 지속적인 신념(belief)으로 볼 수 있다. 행정에 있어서의 지배적인 가치나 규범은 정치 · 사회 · 문화 및 행정 등의 여건이 변화함에 따라 서로 다를 수 있으며, 또 그 가치나 규범의 우선순위와 관점도 시간과 장소에 따라 차이가 날 수 있다.

샤칸스키(I. Sharkansky)는 행정책임의 기준으로 명문의 규정이 없는 경우에는 다음의 네 가지 가치와 규범에 준거할 것을 주장하고 있다.[1)] 즉 (1) 정의(justice)의 기준, (2) 평등(equality)의 기준, (3) 자유(freedom)의 기준, (4) 민주주의(democracy) 기준을 제시하고 있다.

커친(D.A.Cutchin)은 행정의 지침이 되는 규범으로서, '책임 있는 행정'의 기준으로서 다음과 같은 10가지를 들고 있다.[2)] 즉 ① 참여(participation), ② 절약(economy), ③ 효과성(effectiveness), ④ 능률(efficiency), ⑤ 점증주의(incrementalism), ⑥ 정치적 중립(political neutrality), ⑦ 생산성(productivity), ⑧ 합리성(rationality), ⑨ 응답성(respondence), ⑩ 사회적 형평(social equity) 등이다.

커친의 주장에 의하면, 과학적 관리의 원리와 가치들인 절약, 능률, 효과성, 생산성 등은 아직도 강조되는 행정지침으로 보고 있다. 또한 점증주의, 합리성, 응답성, 시민참여 등에서 보는 바와 같이 다양하지만 외견상 모순적인 규범들이 행정 내에 공존하고 있음을 보여주고 있다. 그러나 합리성과 점증주의와 같이 외견상 모순된 것으로 보인다 하더라도, 교섭과 타협을 통한 정치적 결정이 있는가 하면 합리성을 바탕으로 하는 경제적 결정도 존재하기 때문에 필연적으로는 상호배타적이 아니라는 것을 강조하고 있다.

또한 캐나다 행정사의 맥락에서 '책임 있는 행정'의 기준을 연구한 커나한(K. Kernaghan)은 민주주의 국가에서 가장 관심을 가져야 하는 것은 행정 권력의 확장이 아니라, 권력의 무책임한 행사라고 주장하면서 행정책임에 가장

---

1) I. Sharkansky, *Public Administration: Agencies, Policies, and Politics* (San Francisco: W. H. Freeman & Co., 1982), p. 98

2) D. A. Cutchin, *Guide to Public Administration* (Itasca, Illinois: Peacock, 1981)

연관된 가치로서 여섯 가지를 들고 있다.[3] 그가 제시하고 있는 가치를 소개하면 다음과 같다.

첫째의 가치는 책무성(accountability)이다. 이는 법적, 제도적, 절차적 장치 등 객관적 기준에 부합되는가 하는 것이 '책임 있는 행정'의 기준이라는 것이다. 이는 법적 책임, 객관적 책임, 직책적 책무의 개념과 동일하다.

둘째는 중립성(neutrality)으로, 책임 있는 관료들은 '정치적으로 중립적'이어야 한다는 것이다.

셋째로는 능률과 효과성(efficiency and effectiveness)을 들고 있다. 그는 케나다 공무원제도에 관한 정부보고서와 학문적인 문헌들의 분석을 통하여, 능률과 효과성이야말로 '책임 있는 행정'의 발전에 영향을 미친 가장 지배적인 행정가치 및 행정이념이라고 주장하고 있다.

넷째로는, 성실의 의무를 강조하고 있다. 성실은 '책임 있는 행정' 을 위한 당연한 윤리기준으로 생각하지만, 특히 캐나다에서는 이러한 공직자들의 윤리적 기준을 강조하고 있다.

다섯째는, 응답성(responsiveness)이다. 신행정학에서는 국민의 기대와 욕구에 부응하는 서비스의 중요성은 능률과 성실보다 한층 더하다고 주장한다. 책임 있는 공직자가 되기 위해서는 사회 내부에 존재하고 있는 선호, 그리고 우세한 다수에 대한 적절한 고려로서 권력을 행사하여야 한다는 의미를 담고 있다.

여섯째는, 대표성(representativeness)이다. 이는 사회를 구성하고 있는 주요 인종, 종교, 사회, 경제 집단 등으로부터 비례적으로 공무원을 끌어드리는 제도이다. 이러한 대표적 공무원제도는 응답성을 강화시키는 수단으로서 중요할 뿐 아니라, 대표성은 행정책임을 강화하는 수단으로 그 상징적 가치가 있다.

'책임 있는 행정'의 기준은 시대와 상황에 따라 가변적이다

어느 시대 어느 나라이든 '책임 있는 행정'의 기준은 존재하지만 항상 고정

3) K. Kernaghan, "Changing Concepts of Power and Responsibility in the Canadian Public Services," *Canadian Public Administration*, Vol. 21, No. 3(Fall 1978), pp. 398-405

적인 것은 아니다. 각 나라마다, 그리고 시대가 변화하면서 그 기준들 간의 중요도나 우선순위는 상황에 의한 영향을 받기 마련이다.

우리나라의 경우, 행정책임과 관련되는 행정적 가치나 이념들의 우선순위의 변천을 연대별로 보면, 1950년대에는 국가형성기로서 통제와 질서유지가 중요시되었기 때문에 적법성이나 합법성(legality)이 가장 중요한 행정이념으로 등장하였으며, 1960년~1970년대에는 국가발전기로서 경제개발계획의 목표달성을 위한 능률성과 효과성(efficiency and effectiveness)이 중시되었고, 1980년대 중반에 이르러서는 국민으로부터의 정치·행정 분야에서의 강력한 민주화 욕구로 인하여 행정에 대한 국민의 통제가 강조되었다. 따라서 행정참여(participation), 국민의 욕구에 대한 대응성(responsiveness), 사회적 형평성(social equity) 그리고 합리적인 배분(rational distribution)이라는 이념이 중요한 행정 가치 및 기준으로 등장하였다.

공직윤리와 책임행정은 관료부패를 줄인다

'책임 있는 행정'이 되기 위해서는 먼저 직책적 책무에 해당하는 법적책임을 충족시켜야 할 뿐 아니라, 정치·행정에 있어서 지켜야 할 지배적인 가치와 규범들을 잘 지켜 주관적이고 윤리적인 책임을 다해야 한다. 책임 있는 행정이 이루어지면 질수록 관료부패는 줄어든다.

관료부패는 민간부문의 이익이나 가치를 관료가 통제 또는 관리할 수 있는 곳에서 일어난다. 즉 민간부문의 이익과 가치를 공직자의 재량권을 통하여 좌우될 수 있을 때 가능하다. 부패의 기본적 구성요소(basic ingredients of corruption)는 행정권한의 독점(M)과 재량권(D), 그리고 행정책임(AR)이라 할 수 있다. 결국 관료부패는 관료들의 독점적 행정권한과 그 재량권, 그리고 그 책임성의 함수로 이해할 수 있다. 즉 부패는 관료들의 권력독점(M)과 행정재량권의 정도(D)에서 행정책임감(AR)을 뺀 것으로 정의되며, 부패의 감소는 간단히 말해 관료들의 독점을 관리 통제하고, 법과 규정을 명확히 하여 투명성을 제고시킴과 아울러 정책의 집행과정에서 기준을 명확히 하여 객관적 책임감(accountability)을 증대시키는 동시에 공직윤리 확립을 통하여 주관적·윤리적 책임의식(subjective responsibility)을 높이는 것이라고 해석할 수 있다. 이를 수식으로 표기하면 다음과 같다.

$$C = M + D - AR$$

C: Corruption(부패)　　M: Monopoly(독점)

D: Discretion(재량)　　AR: Administrative Responsibility(책임감)

$$AR = A + SR$$

A = Accountability(직책적, 객관적, 법적 책임)

SR = Subjective Responsibility(주관적, 윤리적 책임)

행정통제만으로는 관료부패를 줄이지 못한다

책임 있는 행정이 이루어지고 공직부패가 없는 윤리적 정부를 만들기 위해서는 먼저, 권력독점을 분산시키고 행정재량권을 감축시킴과 동시에 행정책임을 강화시켜야 한다. 그러나 권력독점의 분산과 재량의 축소는 제도적으로 가능하나, 후자인 행정책임의 강화는 공직자들의 심리적 유인과 행동을 통해야 가능하기 때문에 외적 통제장치만으로는 불가능하다. 따라서 공직자들을 윤리적 인간으로 만드는 작업이 우선되어야 한다. 공직윤리교육의 중요성이 바로 여기에 있다.

먼저 위 수식에서 보는 바와 같이 주관적 객관적 행정책임을 포함하고 있는 총체적인 행정책임감을 높이기 위해서는 보상(報償)과 유인(誘因), 그리고 징벌(懲罰)과 교육(教育)을 통한 심리적 접근방법을 사용하여야 한다. 행정 권력이 지나치게 집중화 · 비대화되어가고 있는 현대국가들은 행정 권력의 남용을 방지하고 국민에게 책임을 지는 행정을 확립하는 일이 가장 중요한 문제로 대두되었다. 이러한 행정책임을 확보하기 위해 가장 많이 사용하고 있는 방법이 행정통제이다. 행정책임을 확보하고 관료부패를 줄이기 위하여 현대 국가들은 거미줄 같은 통제장치를 마련하고 있다.

행정통제에는 크게 두 가지 방법이 있는데, 행정외부에서 통제를 가하는 외부통제와 행정내부에서 자율적으로 행정권을 조정 통제하는 내부통제가 그것이다. 외부통제를 통하여 행정책임을 확보하는 것이 가장 효율적이라고 주장하는 대표적인 학자는 파이너(H. Finer)이다.[4] 그에 의하면 행정이 국민의 의사를 수행할 수 있도록 행정에 대한 적절한 통제가 필요하며, 관료들의 책임 있는 행태를 계속 유지하도록 하기 위해서는 국민에 의해 선출된 대표들에 의한 외부통제를 받아야 한다고 주장한다. 그는 외부기관으로부터의 통제가 약화되면 권력은 남용된다는 것을 역사적 자료를 통하여 입증하고 있다.

이러한 외부통제의 유형으로는 전통적인 외부통제에 해당되는 입법통제, 사법통제가 있다. 행정부의 권한강화로 인해 이러한 전통적인 외부통제가 한계가 있음에 따라, 이와는 별도로 선거, 정당, 이익집단, 여론, 언론, 일반시민단체 및 지식인 등이 행정책임확보를 위하여 행정통제에 가담하게 되었다. 이를 총칭하여 '민중통제' 또는 '국민에 의한 통제' 라 한다.

파이너는 행정책임을 확보하기 위해서는 먼저 관료가 국민의 의사를 알아야 하고, 의사를 표명할 수 있는 외부기관이 존재해야 하며, 이들 기관들이 정부에 대한 권한을 가져야 한다고 하면서, 권력분립론에 입각한 전통적인 제도적 통제방법인 외부통제의 중요성을 강조하고 있다.

그러나 외부적인 압력이나 강요된 힘에 의하여 행정책임을 확보하기에는 한계가 있다. 공직자들의 자율적인 책임의식과 책임 있는 행정기관의 자율적인 조정과 통제, 즉 내부통제가 없다면 불가능하기 때문이다. 행정통제는 재량권을 가진 행정 관료들로 하여금 자발적인 의무감에 따라 스스로 통제할 수 있도록 하여야 하며, 여기에는 제도적 장치에 의한 통제만으로는 불충분하므로 심리적 여건도 고려해야 한다는 주장으로서 이를 내부통제라 한다. 내부통제의 중요성을 강조한 대표적인 학자는 프리드리히(C. J. Friedrich)이다.[5]

행정책임을 확보하기 위한 가장 중요한 요소는 무엇보다도 공직자의 자율적인 책임의식이다. 공직자들이 각자 자기의 업무 내지 역할에 대하여 충분히 인지하고, 스스로의 의지로서 성실하게 '책임 있는 행정'을 실현해 나간다면 가

---

4) Herman Finer, "Administrative Responsibility in Democratic Government", Peter Wall (ed.), *Public Administration and Policy* (New York: Harper & Row, Publishers, 1966), pp. 247-275.

5) Carl J. Friedrich, "Public Policy and The Nature of Administrative Responsibility", Peter Wall (ed.), *Public Administration and Policy* (New York: Harper & Row, Publishers, 1966), pp. 221-246.

장 바람직한 모습이 될 것이다. 그런데 자율적인 책임의식만으로는 충분치 못하기 때문에 조정과 통제가 필요하다.

행정은 다양한 조직과 관료들에 의하여 협업을 하는 시스템이기 때문에 다른 행정기관의 목표 또는 그 기관의 활동과의 관계에서 상호 모순되거나 어긋남이 있는 경우가 많다. 따라서 행정체제 내부에서 집단적인 힘을 질서 있게 배열하고 조화시킴으로써 불필요한 노력·비용 및 시간의 낭비를 막고 보다 큰 행정성과를 창출해 나가기 위해서 조정과 통제가 필요하다. 이러한 통제가 내부통제인 것이다.

이러한 내부통제의 구체적 방법으로는 대통령, 국무총리, 중앙인사기관, 중앙예산기관, 상급행정기관 그리고 감사원에 의한 통제 등이 여기에 해당된다. 또한 공무원 스스로의 규범과 윤리에 의한 자기 통제도 여기에 포함된다.

그러나 외부통제나 내부통제 어느 한쪽의 접근방법만으로는 행정책임을 확보하기가 충분치 못하기 때문에 서로 상호보완적인 접근이 필요하다. 그 이유는 현대행정이 고도로 전문화되고 복잡성을 띠기 때문에 일반국민이나 비행정기관에 의한 강요적 외부통제로는 실효를 거두기 어렵다는 한계가 있으며, 또한 행정관료 자신들에 의하여 행해지는 내부통제도 성질상 한계가 있기 때문이다.

행정책임을 확보하고 관료부패를 극소화할 수 있는 최선의 방법은 각종 통제기제의 확립도 중요하지만, 무엇보다도 공직자 스스로의 도덕률에 의하여 책임을 다할 수 있도록 윤리적 기초(ethical basis)가 튼튼한 윤리적 정부(ethical government)를 만드는 길일 것이다. 행정을 담당하는 모든 공직자들이 공직윤리와 도덕으로 무장된 윤리적 인간이 될 수 있도록 부단한 윤리관확립 정책에 보다 힘을 기울여야 할 것이다.

(2010. 2. 25. 도진 산방에서)

붕당론

파당은 공직윤리를 파괴하는 망국의 병이다

민주주의는 정당정치를 기본으로 한다. 정당정치란 정치이념을 같이하는 사람들이 모인 정치적 결사체인 정당들이 각각의 정강정책을 만들고 국민의 지지를 얻기 위하여 벌이는 정치활동을 말한다. 정당정치의 기본은 국민을 위한 마음, 나라를 위한 마음에서 시작된다. 국민의 마음을 얻지 못하면 집권을 하지 못하기 때문이다. 건전하고 올바른 정당정치는 민주주의를 키우고 역사를 올바르게 발전시킨다. 정당정치는 당파싸움과는 분명히 다르다. 요즈음 우리나라의 정치는 정당정치인가, 아니면 당파싸움인가? 이름이야 정당이지만 어디에도 정당은 보이지 않고 밤이나 낮이나 정파싸움만 벌어지고 있다.

당파싸움은 망국의 병이다

우리는 당파싸움으로 인해 나라가 망한 과거의 아픈 역사를 가지고 있다. 조선시대의 사색당쟁이 요즈음의 정당정치의 정당싸움과는 다르다 할지 모르나, 그 근본은 모두 권력을 잡기 위하여 집단적으로 당동벌이(黨同伐異)하고 있다는 점에서는 하나도 다를 바 없다. 일의 옳고 그름이나 논리의 정당성 여부와는 관계없이 무조건 자기 당파의 주장에만 따르고, 남의 당의 주장은 무조건 싫다고 우겨대며 삿대질하고 욕지거리하는 모습은 예나 지금이나 다를 바 없다. 무엇이 공(公)인지 무엇이 나라와 국민을 위하는 것인지는 아랑곳 하지 않는다. 탈당과 분당, 창당을 반복하면서 붕당 내부끼리 서로 싸우느라 국민을 하늘로 여기는 정당정치는 어디에도 찾을 수 없으니 안타깝다.

백년 전 조선왕조의 부정부패가 망국의 원인이라고 고발하고 스스로 목숨을 끊은 매천 황현(黃玹, 1855~1910)에 따르면, 붕당과 파당이 부정부패의 원인이며 이는 나아가 망국을 초래하였다고 주장하고 있다. 조선왕조는 5백 년이 넘는 동안 처음에는 유교를 숭상하는 유학자들이 서로 화합해서 나라를 잘 다스리다가 점차 권력에 취한 유림들이 당파로 갈라지더니 서로 미쳐서 아귀다툼을 벌이게 되었고, 그 후 조선의 정치사는 이들 파당들의 당쟁의 역사가 되었다는 것이다.

당파싸움의 역사는 연산군에서부터 명종에 이르기까지의 4대 사화(士禍)를 거치면서 그 싹을 키워갔으며, 선조 8년에는 정식으로 동인과 서인으로 분당이 생겨났다. 당파싸움에서 서인이 승리를 거두자 임진왜란 이후의 전재복구에 힘을 기울이던 광해군을 내쫓고 인조를 내세우게 된다. 이것이 우리의 역사상 파당에 의하여 왕권이 무너진 첫 번째의 사례이다.

새 임금을 들여앉히고 정권을 잡은 서인이 얼마 후에는 저희들끼리 분파작용을 일으켜 노론(老論)과 소론(少論)으로 갈라졌다. 그러나 이 틈에 남인(南人)이 다시 등장하여 당쟁은 더욱 복잡한 양상을 띠어 가게 된다.

이 남인, 서인, 그리고 노론, 소론의 분쟁 갈등은 숙종 때에 이르러 절정에 달한다. 이때부터는 왕 자신도 파당적으로 움직이는 상태가 되어 왕권이 극도로 약해지게 된다. 이 사색당쟁은 정조(1776~1800) 이후 노론이 승리하면서 그들이 국권을 쥐고 흔들기 시작한다. 권력을 노론이 독점하면서 인사독점, 언론봉쇄, 지역감정과 지역차별, 부정부패 등이 극심하게 된다.

사색당파의 싸움은 최종적으로 순조(1800~1834) 이후 60년간의 안동 김씨의 세도로 끝나게 되고, 이것이 조선의 멸망으로 이어진다. 황현은 〈오하기문(梧下記聞)〉에서 다음과 같이 기록하고 있다.

"옛부터 붕당의 화가 극에 달하면 반드시 나라가 망하는 법이요, 망하는 나라의 백성은 반드시 괴로움을 받는 법이다. 옛날 붕당은 한 세대로 끝났으나 지금의 붕당은 3백 년의 오랜 세월에 이르고 있는 데다가 문지(門地) 즉, 문벌을 따지는 누습까지 생기게 되었다. 또 옛 붕당은 인신(人臣) 즉 신하만의 일이었는데 지금의 붕당은 임금까지 관련되어 자기네 마음대로 하게 되었다. …….

지금의 허다한 잘못된 정치는 모두가 장김(壯金)의 세상에서 일어났고 버젓이 뇌물이 오가며 그것을 징계하지 않으니, 더욱 백성들을 괴롭히는 근원이 된 것이 아닌가?"

여기서 장김(壯金)이란 안동 김씨를 지칭하는 것으로 그들이 장동에 살았기 때문에 나온 은어이다. 안동 김씨 다음으로 세도를 부린 조씨는 박동에 살았기 때문에 박조(朴趙)라 했다.

절대 권력은 절대로 부패한다. 당쟁은 장김의 독재를 가능하게 했다. 그 누구도 그들의 독재와 부정부패에 제동을 걸지 못했다. 조선왕조를 지탱하게 한 권력균형의 제도마저 세도가들이 인사를 독점하여, 이조전랑, 대간, 삼공육경 모두를 자기 파벌로 충원하니 제대로 기능하지 못했다. 게다가 무능한 임금이 대를 잇게 되니 어찌 나라가 망하지 않을 수 있었겠는가?

한편 붕당은 유학을 쇠하게 만들었다. 과거제도가 부정으로 얼룩지고, 관직이 돈으로 거래되는 세상이 된 것이다. 학문보다는 처세술이 더 인정받는 시대가 된 것이다. 학문에도 파벌을 만들어 경기와 호중(湖中)을 제일로 치고 양남(兩南), 즉 경상도와 전라도를 가장 아래로 여겼다. 그러므로 비록 같은 노론이라 하더라도 산림(山林: 나라 제일의 학자)만은 반드시 기호에서 났다. 학문이 당파에 종속됨에 따라 유림들이 학문은 하지 않고 파당에 소속되어 집단으로 힘을 과시하는 폐습을 낳았다.

영의정에서부터 지방의 아전들에 이르기까지 공직자들의 윤리적질서는 당쟁과 권력독점에 의하여 완전히 붕괴되었다. 공직자들이 공(公)을 위해서보다는 자기의 당파적 이익을 위하여 봉사하는 당료들이 되어 버렸다고 할 수 있다.

붕당은 역사도 왜곡한다

붕당으로 권력이 한 곳으로 독점되면 그들에 의해 기록된 역사마저도 편향

된다. 조선시대 노론이 권력을 독점했던 시절, 노론의 수장이었던 송시열은 공자와 주자의 학문을 계승한 조선 최고의 학자로 권위와 명예를 한몸에 받은 사람이다. 그의 문집을 '주자대전' 에 맞수가 되도록 '송자대전' 이라 칭하게 한 대목에서도 그의 권위를 알 수 있다. 그만한 학문적 명성과 권력을 지녔기에 당쟁의 한복판에서 노론을 이끌었다. 당시 송시열과 버금가는 반대당 남인의 대학자 백호 윤휴(尹鑴)를 사문난적(斯文亂賊)으로 몰아 처형하게 된다. 효종의 복제문제로 처형한 것이 아니라, 주자학을 반대하여 사서(四書)의 주(註)를 개정하였기 때문에 처형하였다고 주장하고 있다, 이처럼 정적에 대한 처형은 무자비하였다. 그러면서 역사의 기록은 정적이기 때문에 제거한 것이 아니라는 다른 핑계를 달고 있다.

다산은 목민심서에서 〈우암연보〉를 살펴보고는 "붕당으로 갈라진 이래로 기록의 대부분을 완전히 믿을 수 없는 것이 이런 부분에서도 보인다."고 술회하고 있다. 두 학자 사이의 격한 논쟁이 있던 무렵의 기록들은 믿을 수 없다고 하고 있다. 이 의미는 1801년 신유사옥의 기록이나, 정여립 사건 당시의 기축옥사 기록 같은 것이 다 믿을 수 없는 기록이라는 의미이다. 다산의 18년이라는 긴 유배생활이 시파와 벽파의 당파싸움으로 인한 결과였기에, 당파싸움의 피해와 문제에 대하여 누구보다도 잘 알고 있었다. 그래서 파당적 색깔을 갖지 않기 위해 노력했다.

역사의 기록은 승리자들에 의해 이루어진다. 따라서 붕당에 의한 권력독점은 역사의 왜곡으로 이어진다. 이것이 망국에 이르는 길이다. 다산은 "대체로 국가에서 어떤 편찬사업이 있을 때마다 붕당의 이해에 끌려 역사를 기록하는 일에 취사선택을 그르치는 일이 많으니 이것이 지리서(地俚書) 하나에도 아직 신뢰받을 만한 결정판이 나오지 못하고 있는 이유이다."라고 붕당싸움 때문에 역사책은 고사하고 지리서 하나도 제대로 나오지 못했음을 한탄하고 있다.

권력의 횡포는 역사적 사실마저도 변조하게 된다는 것을 밝히고 있다. 이렇게 보면 조선 역사의 많은 기록은 이런 변조가 많다는 것을 이해하면서 역사적 사실을 새롭게 읽어야 할 것이다. 당쟁과 권력독점은 역사도 왜곡한다. 그래서 무서운 것이다.

정치인도 공인이며 공(公)을 위해 존재해야 한다

그러면 현재의 정치를 담당하고 있는 국회의원들은 공인의 역할을 다하고 있을까? 건전한 정당정치가 이루어지고 있는가? 정당의 의사결정이 국민의 이익을 위하여 공평무사하게 이루어지고 있는가?

우리나라 정당의 역사는 인물중심의 이합집산의 역사라 한다. 건국 이후 오늘에 이르기까지 동일한 정강정책과 당명을 가지고 있는 정당은 하나도 없다. 자유당은 이승만과 함께 사라졌다. 또한 민주당은 장면, 공화당은 박정희, 민정당은 전두환, 민자당은 노태우, 신한국당은 김영삼, 국민회의는 김대중과 함께 사라졌다. 힘 있는 보스, 공천권을 쥔 보스 중심으로 이합 집산하는 풍토는 이념도 없고 당심도 없다. 오직 권력만이 있을 뿐이다. 그러다 보니 자기 이익에 따라 탈당, 분당, 합당, 창당이 3~4년을 주기로 반복해 오고 있는 것이다.

정당을 기반으로 하고 있는 선출직 국회의원도 당연히 공(公)을 위해 존재하는 공인(公人)이다. 그래서 사인보다 더 도덕성과 책임성을 요구한다. 그렇다면 자신의 공직윤리에 따라 공을 행사해야 한다. 그러나 당원이 되면 정당의 노예가 된다. 국회의원은 자기의 양심과 정치적 철학에 따라 국민을 위하여 소신있게 법안을 심의하고 투표해야 하지만 그것이 인정되지 않는다. 크로스보팅(cross voting)이라는 '소신투표' 또는 '양심투표'가 인정되지 않는다. 오직 당명에 따라야만 다음 공천을 받을 수 있다. 이러하니 공정하고 민주적인 절차는 외면하고 매일 싸움만 하고 있는 게 아닌가? 의견이 대립되면 민주적 절차에 따라 결정을 하여야 함에도 불구하고, 그 절차마저도 자기 당이 불리하다 싶으면 인정하지 않으려 한다. 공심이 사라진지 오래다.

정치는 바르게 함(正)이며, 국민들을 고르게 잘 살도록 해주는 일이다. 바름(正)이 없고 균분(均分)이 없으면 이는 정치가 아니다. 부정한 공천, 부정한 선거, 부정한 거래, 정경유착 등 부정부패가 가장 심한 곳이 정치판이다. 바르게 해야 할 정치가 가장 바르지 않으니 누가 바르게 할 것인가?

공정한 게임 법칙을 지키지 않는 정치인이나 정당은 정치를 할 자격이 없다. 언제쯤 건전한 정당정치가 뿌리를 내릴지 안타깝기만 하다.

(2009. 9. 4. 연구실에서)

권력균형론

절대권력은 절대 부패한다

권력이 한 곳에 집중되면 항상 부작용이 따른다. 견제되지 않는 권력은 부패한다. 동서고금을 막론하고 권력이 있는 곳에는 어김없이 부패가 있었고, 지금도 그러하다. 그래서 어떤 시대에서도 권력의 독점을 막기 위한 제도는 존재했다.

오늘날의 정치제도가 삼권분립을 토대로 하고 있는 이유도 권력독점을 막기 위해서이다. 행정부는 입법부와 사법부를 견제하고, 입법부는 사법부와 행정부를 견제한다. 그리고 사법부는 입법부와 행정부를 견제한다. 또 대중정치시대인 현대는 여론을 통해 권력의 독점을 견제할 수 있다. 일반대중의 여론은 언론을 통해, 또 시민단체의 활동을 통해 정치권을 강력하게 견제한다. 이러한 상호견제와 균형을 통하여 권력독점을 방지하고 나아가 부패를 방지한다.

관료부패는 민간부문의 이익이나 가치를 관료가 통제 또는 관리할 수 있는 곳에서 일어난다. 즉 민간부문의 이익과 가치를 공직자의 재량권을 통하여 좌우할 수 있을 때 가능하다. 부패의 기본적 구성요소(basic ingredients of corruption)는 행정권한의 독점과 재량권, 그리고 행정책임이라 할 수 있다. 부패

(C)는 관료들의 권력독점(M)과 행정재량권(D)의 정도에서 행정책임감(AR)을 뺀 것으로 수치화할 수 있다.

$$C = M + D - AR$$

따라서 부패(C)를 줄이기 위해서는 관료들의 권한독점(M)과 재량권(D)을 적절히 분산시켜 상호 견제시킬 필요가 있으며, 행정책임(AR)을 강화시켜 나가야 한다.

권력독점은 나라를 망하게 한다

권력독점은 부정부패를 부르고, 부정부패는 나라를 망하게 한다. 역사를 통해 볼 때, 한 왕조가 500년 이상 유지한 나라는 우리나라의 고려와 조선왕조 외에는 찾아보기 어렵다. 예컨대, 주나라가 870년간을 존속했다고는 하나 군웅할거하던 춘추전국시대를 빼면 주왕실이 실질적으로 주인노릇을 한 것은 300여 년에 불과하다. 또 한나라 400년의 역사도 전한, 후한 각 200년을 합한 것에 지나지 않는다. 찬란한 문화를 자랑하던 당나라도 300년이 채 안되는 왕조였다. 송나라도 남송, 북송을 합쳐서 겨우 300년을 존속했다. 전 세계를 호령했던 원나라도 160년에 지나지 않는다. 명나라와 청나라도 모두 290여 년 만에 멸망했다.

조선왕조가 500년 이상을 유지할 수 있었던 비결 중의 하나는, 무엇보다도 적절한 권력분산과 권력균형을 통하여 공직부패를 방지하려는 치밀한 노력이 있었기 때문이다. 그렇다면 조선시대 사람들은 어떻게 권력균형을 유지했으며, 부패를 막았을까? 또 말기에 가서는 왜 권력균형이 깨어지면서 부패가 만연하였을까? 오늘에 사는 우리들은 과거의 역사 속에서 배움을 얻어야 한다.

정도전의 권력균형론

왕조국가에서의 권력은 왕으로부터 나온다. 왕조국가에서의 왕은 절대권력을 가지고 있을 것 같지만 왕이라도 절대권력을 가지지는 못했고, 또 가져서도 안 되었다. 왕의 절대적인 권력독주를 견제할 수 없을 때 왕권 자체도 부패의 길을 걸었다. 왕권의 부패는 바로 패망의 길로 직결된다.

그렇다고 왕권이 무력화되어서도 안 된다. 왕권이 무력화되면 신하들 중에 권력을 독점하는 독재자가 나타나 국가를 좌지우지한다. 결국 기강이 무너지고 부정부패가 만연하게 된다. 신권의 비대화를 막는 것, 이 또한 국가의 성쇠가 달린 중대한 문제였다. 따라서 왕권이든 신권이든 어느 쪽도 절대권력으로 치닫는 것을 저지해야 했다.

태조 이성계를 도와 조선왕조의 국정운영철학과 이론적 기반을 제공한 사람이 삼봉(三峰) 정도전(鄭道傳)이다. 태조 이성계도 기회 있을 때마다 "내가 이 자리에 있게 된 것은 그대의 힘이다." 라고 했을 만큼 조선건국의 일등공신이었다. 그가 그린 조선왕조의 국정운영 청사진은 유교중심의 이상국가의 건설, 즉 인(仁)을 국가운영의 가장 큰 덕목으로 삼았다. 또한 국정운영은 왕의 절대적인 권력을 견제하면서 신하들의 국정참여의 폭을 넓히는 재상중심체제의 국정운영을 실현하는 것이었다. 이러한 신권(臣權)의 강화를 통하여 절대적인 왕권을 견제하려는 주장은 필연적으로 왕실주변세력들의 미움을 받지 않을 수 없었다. 결국 삼봉은 그가 추진하던 재상중심체제와 세자책봉에 불만을 품은 이방원 일파에 의해 제거되었다. 그러나 그의 국정운영 청사진은 고스란히 조선왕조의 국정운영에 반영된다. 다음은 그가 주장한 인(仁)에 의한 정치에 관한 기록이다.

> *"임금의 지위는 높고 높으며 또 귀하고 귀하다. 그러나 천하는 지극히 넓고 백성은 지극히 많으니, 한번 그들의 마음을 얻지 못하면 크게 염려스러울 뿐이다. 백성은 지극히 약하나 힘으로 겁탈할 수 없고, 또 지극히 어리석으나 꾀로 속일 수 없다. 그들의 마음을 얻으면 따르고, 마음을 잃으면 배반하는 것이니, 배반하고 따름의 간격은 터럭 끝도 용납을 못한다.*
>
> *이른바 그들의 마음을 얻는다는 것은 사사로운 마음으로 구차하게 얻어지는 것이 아니며, 도를 어기고 명예를 구하는 것으로 얻어지는 것도 아니니, 이 또한 인(仁)에 있을 뿐이다."(정도전, 조선경국전)*

정도전은 군주의 독단적인 정치를 반대하는 입장이었다. 군주는 최종적인 결재권을 가지고 있을 뿐이고, 정책결정의 주도권은 재상에게 있다고 보았다. 따라서 군주의 독단을 견제하는 제동장치, 그리고 임무를 제대로 수행하지 못하는 재상에 대한 탄핵장치가 필요했다. 이 역할을 대간이 해야 한다고 보았다.

정도전은 고려 말 대간의 폐단을 실제로 지켜 본 사람이다. 고려의 대간은 재상의 통솔 하에 있어서 재상을 탄핵하거나 견제하지 못하였을 뿐 아니라 오히려 귀족정치를 옹호하는 방향으로 운영되어 많은 폐단이 있었다. 정도전은 이를 신랄하게 비판하면서 새로운 대간제도를 모색했다. 그리고는 새로운 신왕조에 적합한 대간제도, 그리고 군주와 재상을 동시에 견제할 수 있는 언론제도, 권력분산을 통한 안정적인 국정운영 시스템을 만들고자 노력하였다.

대간제도를 두어 절대권력을 견제하다

조선시대에 이러한 권력균형을 달성한 제도적 장치가 바로 제도적 언론이라 할 수 있는 대간(臺諫) 제도였다. 대간이란 사헌부(司憲府)와 사간원(司諫院)을 말한다. 사헌부는 관료의 부정부패를 척결하는 대관(臺官)이고, 사간원은 국왕의 독주를 간쟁하는 간관(諫官)이며 이 둘을 합해서 대간이라 한다.

사헌부의 연원은 신라시대 사정부에서 찾을 수 있다. 사정부는 고려시대에 사헌대, 어사대, 사헌부 등으로 바뀌었다. 조선은 건국 후 고려시대의 대간제도를 승계하면서 그 위상을 훨씬 강화시켜 대사헌을 종2품 재상으로 격을 높이고, 또 재상의 통솔에서 벗어나게 하였다.[6] 태종 당시의 사헌부의 직제를 보면, 대사헌(종2품), 집의(종3품 1명), 장령(정4품 2명), 지평(정5품 2명), 감찰(정6품 24명)로 구성되어 있다. 이 사헌부의 직제는 이원적이어서 대사헌, 집의, 장령, 지평은 대관으로 불리면서 언론활동을 할 수 있었지만, 감찰은 언론활동은 하지 않고 일반관리의 비리를 적발하는 역할만 담당하였다.

사간원은 조선 태종 때 처음으로 독립관서가 되었다. 그 이전에는 독립관서가 아닌 내사문화성의 하부조직인 낭사에서 담당했다. 간관은 따로 둘 것 없이 모든 관료가 다 간관이라고 여겼기 때문이다. 그러던 것이 조선시대에 들어와서 재상의 관할에서 벗어나 독립관서가 된 것이다. 태종 때 독립부서로 사간원

6) 사헌부와 사간원이 모두 그 직급이 높아지고 독립관서로 된 것은, 고려 때의 재상중심의 귀족정치로부터 사대부들의 사대부정치로 이행하고 있었음을 말해 준다.

이 출범한 이래 세종 때 그 직제를 다시 정비하여 대사간(정3품 1명), 사간(종3품 1명), 헌납(정5품 1명), 정언(정6품 2명)으로 정해졌다.

조선의 대간제도가 그 직제편성에서 가장 두드러지는 현상은 중국이나 고려와는 달리 모두 독립기구로 만들었다는 점이다. 그만큼 대관의 언론활동과 간관의 간쟁활동을 중요시했다. 권력의 독점이나 관료들의 부패를 인정하지 않겠다는 의지와, 동시에 군주 일인의 독주를 좌시하지 않으려는 제도적 보장이었든 것이다.

중국의 대간은 황제권에 눌려 언론기구로서보다는 감찰기구로서만 기능했다. 고려의 대간은 재상권의 지휘 하에 있어 고위 정치관료들로부터 독립적이지 못했다. 반면, 조선의 대간은 왕권과 재상을 동시에 견제할 수 있도록 제도적 보장을 받고 있었다. 수천 년의 역사를 가지고 발전한 대간제도이지만 조선왕조에 이르러서야 그 꽃을 활짝 피웠다고 볼 수 있다.

그렇다면 대간은 어떠한 사람이 되었는가? 조선왕조의 문물과 제도를 설계한 정도전은 대간은 천하제일의 인물만이 될 수 있다고 단언했다. 천하제일의 인물이란 어떠한 인물인가? 먼저 당대 최고의 학문적 실력을 갖추어야 한다. 군주와 재상의 정치적 결정을 비판하는 대간은 정치적 식견이 높아야 하며, 그러기 위해서는 학문적 실력이 필수요건이기 때문이다. 다음으로는 강직하고 청렴한 성격의 소유자이어야 한다. 정치의 잘못을 비판하고 관리의 부정부패를 준열히 탄핵하기 위해서는 불의와 타협하지 않는 기개가 있어야 했다. 최고의 실력과 강직한 성격을 지닌 자만이 대간 본연의 임무를 수행할 수 있기 때문이다.

대간은 직언을 생명으로 한다. 대간이란 어떤 경우에도 눈치를 살피지 말고 비리를 적발하면 곧바로 지적해야 한다. 특히 재물을 둘러싸고 일어나는 부정부패사건을 적발하고 비판하는 일을 담담하고 있기 때문에, 그 어떤 관리보다 청렴해야 했다. 즉 백관을 규탄하고 풍속을 바로 잡는 사헌부의 수장은 백관의 모범이 되어야 했다. 따라서 천하제일의 사람이면서 몸을 사리지 않고 할 말을 다 할 수 있었던 대간들은 그 자부심과 책임감이 대단했다. 조선 초기 대문장가였던 서거정이 쓴 사헌부의 제명기(題名記)에는 대간의 자부심이 잘 표현되어 있다.

"소인(小人)이 조정에 있으면 반드시 내보내려 하고, 탐관이 벼슬에 있으면 기어이 쫓으려고 하여, 곧은 자를 천거하고 굽은 자를 버리며, 탁한 것을 배격하고 맑은 것을 찬양하여, 얼굴색을 바로하고 조정에 서면 백관이 떨고 두려워하는 바이니, 그 책임이 어찌 중하지 않겠는가? 조종 이래 임금의 이목과 같은 대간선택을 중히 여기고, 강개하고 과감하게 곧은 말을 하는 기운을 길러 왔다. 그러므로 이 자리에 뽑힌 자로 누가 명절(名節)을 세우기를 힘쓰지 않겠으며, 임금의 덕의에 부응하는 것을 생각하지 않으리오."(연려실기술 별집 권6, 관직전고, 사헌부)

비리 탄핵을 통하여 권신의 출현을 막다

조선왕조 500여 년의 역사상 조선 말기 60여 년 정도의 세도정치를 제외하고는 권력을 독점한 권신은 나타나지 않았다. 잠시 출현했다가도 곧 축출 당했다. 그것이 가능할 수 있었던 것은 바로 대간이 존재했기 때문이다.

주로 탄핵을 주도하는 인물은 고위 대간이 아니라 젊고 강직한 하위 대간들이었다. 이들 하급 대간들이 신분고하를 막론하고 정치 관료들의 비리나 위법을 끊임없이 비판했기 때문에 조선왕조에서는 비대한 권력을 행사하는 권신의 출현이 어려웠다고 볼 수 있다. 젊고 강직한 하위 대간들이 주로 고위 정치 관료들을 신랄하게 탄핵했기 때문에 권신의 출현이 불가능했던 것이다. 사헌부에서는 장령과 지평의 탄핵활동이 가장 활발했고, 사간원에서도 헌납과 정언의 탄핵활동이 가장 두드러졌다. 원래 법제적으로 보면, 탄핵은 사헌부의 임무였지 사간원의 소관은 아니었다. 그러나 실제로는 사간원도 사헌부와 마찬가지로 탄핵활동을 했고 점차 탄핵기관으로 인식되어 갔다. 국왕에 대한 간쟁도 사간원의 직무였지만 점차 사헌부도 간쟁기관으로 인식되어 갔던 맥락과 비슷하다.

권신들의 출현을 막을 수 있었던 것 중 하나는 풍문만으로도 탄핵을 할 수 있었기 때문이었다. 물론 이러한 방법은 문제가 많아 나중에는 그 역기능도 많았다. 원칙적으로 대간들은 관리의 비리에 대한 정보를 수집한 후, 그 근거를 제시하면서 탄핵을 해야 했다. 그러나 적은 인원으로 모든 관료들의 비리를 감찰할 수도 없었고, 또 고위 정치관료들의 비행에 구체적인 근거를 제시하기가 실제로 불가능했다. 그래서 풍문과 소문만으로 탄핵을 시도한 것이다.

성종 이전까지는 풍문탄핵을 허용하지 않았으나, 성종 때부터 허용되었다. 성종이 이를 묵인한 이유는 풍문탄핵이 많은 문제점을 가지고 있었지만, 군약신강(君弱臣强)의 정국에서 풍문탄핵이 없이는 국왕이 권신를 통제할 수 없었기 때문이었다.

왕의 독주를 견제하다

조선시대의 대간들은 주로 간쟁과 탄핵, 그리고 인사거부권인 서경권(署經權)을 통하여 왕의 독주와 고위관리들의 비리를 견제했다.

대간은 국정전반을 간쟁할 수 있었다. 원래 간쟁이란 군주 곁에서 군주의 과실을 일깨우는 일이기 때문에 국왕의 국정운영 전반에 대하여 사사건건 비평을 하지 않을 수 없다. 집중적으로 간쟁이 많았던 부분을 보면, 주로 국왕 자신이 업무를 게을리 할 때, 인사문제를 공정하게 처리하지 않았을 때, 경연에 열심히 참여하지 않았을 때 등이었다. 특히 인사문제에 대한 간쟁은 국왕의 인사권을 제약하는 일이기 때문에 왕권을 견제하는 가장 큰 수단이었다.

대간의 권한 중 서경권(署經權)은 국왕의 인사권을 직접적으로 제약하고 견제할 수 있었다. 서경은 관리를 임용할 때 대간의 서명을 받아야 하는 것을 말한다. 국왕이 어떤 관리를 임명하고자 해도 대간이 임명장에 부서하지 않으면 그 관리는 관직에 취임할 수 없었다. 서경은 인사적부심사 또는 오늘날의 인사청문회의 역할을 하였으며, 국왕의 인사권에 실제적인 거부권을 행사할 수 있었다.[7)]

태조는 대간의 서경을 5품에서 9품까지의 관리임용에만 적용하도록 하였다. 조선왕조 초기 대간들은 서경의 범위를 고려시대와 같이 정1품에서 종9품까지의 모든 관리들에게 확대해줄 것을 요구했고,[8)] 태종과 세종이 한때 대간의 요

---

7) 인사부서인 이조(吏曹)는 대간에게 서경을 세 번 요청할 수 있었다. 그래도 통과되지 못하는 경우, 고신(告身: 관직임명장)을 발급할 수 없었다.

8) 고려시대에는 대간이 정1품에서 종9품까지 모든 관리의 임명에 서경권을 행사할 수 있었기 때문에 고려의 왕은 재상조차 마음대로 임명할 수 없었다. 그러나 대간이 독립되어 있지 않고 재상의 통솔 하에 부속되어 있었기 때문에 그 견제가 심하지 않았다. 따라서 독립기구인 조선의 대간제도와는 다르다.

구를 받아들여 그 범위를 1품까지 허용했다. 그러나 곧 왕과 충돌하게 되었다. 결국 모든 관리에 대한 서경권을 인정할 경우 국왕의 인사권은 유명무실해질 위험에 직면하게 되자, 세종은 서경범위를 다시 5품 이하로 제한했던 것이다. 성종 대에 완성된 경국대전에는 서경의 범위가 5품 이하로 한정되어 있다.

그러나 대간은 서경권이 없는 고위관직에의 임명은 탄핵을 통해 인사거부권을 행사했기 때문에 조선왕조의 대간은 국왕의 인사권을 포괄적으로 견제할 수 있었다. 다음은 성종이 송영(宋瑛: 단종의 장인이자 단종복위사건에 연루되어 교사된 송현수의 조카)을 사헌부 장령으로 임명하자, 바로 그날 대간에서는 가문에 하자가 있음을 이유로 불가하다고 항의했으나, 왕은 대간을 심하게 질책했다. 대간은 이에 물러서지 아니하고 거듭하여 송영을 탄핵했다. 사헌부의 탄핵을 한 번만 받아도 사헌부 관리가 될 수 없는데, 여러 차례 받은 송영이 어떻게 사헌부관리가 될 수 있느냐면서 성종을 압박한다. 성종실록의 기록은 대간의 인사통제가 왕의 권위에 도전할 정도로 심했음을 말해 준다.

> *"그대들은 사헌부의 탄핵을 한번 받으면 그 사람은 사헌부에 출사할 수 없다고 하는데, 그렇다면 왕의 교지는 사헌부의 한 번의 탄핵만도 못하다는 말인가? 그대들이 그렇게 고집을 부리는 것은 결국 나라의 권력을 다 장악하겠다는 것이다."(성종실록, 권156, 14년 7월 11일)*

그러면 대간을 견제할 수 있는 조직은 없었는가? 언론이 권력을 독점하면 무소불위의 힘을 발휘한다. 대간도 실책이 있고, 부정부패에 연루될 수 있다. 따라서 이를 통제할 기관이 필요했다, 이를 담당하는 기관이 홍문관이었다.

경국대전에 의하면 원래 홍문관은 왕실도서관이면서 문한(文翰)기관이고 경연기관이었다. 조선 중기 이후 홍문관은 대간의 언론활동에 참여하게 되고, 이와 동시에 대간을 견제하는 기능도 맡게 된다. 홍문관은 집현전의 후신이며, 조선 최고의 실력을 갖춘 학자들이 모여 있는 곳이었다. 홍문관의 언론활동은 대간을 지휘 감독하는 데까지 이르게 된다. 사헌부, 사간원, 홍문관을 삼사라 하고, 그 구성원들은 조선 최고의 엘리트들이었다. 홍문관 관원의 선발은 대간과 마찬가지로 이조의 전랑이 가지고 있었다.[9]

---

9) 이조전랑은 삼사의 관원 중에 명망과 덕이 높은 사람이 선발된다. 전임 전랑이 자기 후임을 스스로 추천하며, 한번 전랑을 지내면 참으로 다른 사고가 없는 한 쉽게 공경에 오를 수 있다. 이름과 실리를 갖춘 젊은 신진이라면 누구나 이를 바라지 않는 이가 없었다.

결국 대간과 홍문관, 이조전랑은 서로 협조하고 견제하는 하부 삼각구도가 되었다. 즉 홍문관은 대간을, 이조전랑은 인사권을 통하여 홍문관을 견제하였으며, 이조전랑은 홍문관과 대간의 탄핵에 의하여 견제 당했다. 언론활동을 서로 견제하여 언론독점이 이루어지지 않게 한 것이다. 그러나 이들은 국왕이나 고위대신에 대해서는 공동전선을 구축하여 대항했다. 하위관리가 고위관리의 권력독점을 견제할 수 있는 구도는 말할 것도 없지만, 홍문관, 대간, 이조전랑의 삼각구도는 그 어떤 왕조에서도 찾아볼 수 없는 절묘한 언론권력의 균형 장치였다. 조선왕조가 500여 년을 지속할 수 있었던 비결은 바로 이러한 권력균형에 있었다.

삼각뿔 형태의 권력균형이 부패를 막다

동서고금을 막론하고 권력은 언론을 먼저 장악하려 한다. 조선왕조에서 대간, 즉 언론이 독립적으로 권력을 견제할 수 있게 되기까지는, 왕과 대간 사이에 상당한 갈등 과정을 거친다. 왕은 대간들이 왕권에 협조적인 언론만 하기를 원했으며, 또 갖가지 방법으로 언론을 봉쇄하기도 하였다. 특히 절대군주인 태종과 세조는 대간은 필요 없다고 하면서 언론을 탄압했다. 심지어 "무릇 나의 말이 법이다."라고 단언할 정도로 전제군주였던 세조는 간쟁기구화한 대간을 왕의 직속감찰기구로 전환시키려고까지 하였다. 전제군주일수록 언론을 탄압하는 것은 예나 지금이나 다를 바 없다.

군주, 재상, 그리고 대간의 상호견제와 권력균형은 왕과 대간 사이의 상당한 갈등의 과정을 거치면서 조선 건국 후 100여 년이 지난 후에야 비로소 정립되었다.

조선 후기의 실학자 이중환은 조선의 독특한 대간제도가 조선의 정치체제에서 차지하는 위치에 대해 명쾌하게 설명하고 있다. 직접 인용해 본다.

> *"비록 삼공육경을 두어 여러 관청을 통솔하게 했지만, 대간을 중요하게 여겨 거기에 많은 권한을 주었다. 풍문, 피혐(공격받은 사람이 혐의를 피해 사표를 내는 것), 처치(공격한 언론기관이 아닌 다른 언론기관에서 사실을 조사하여 판결을 내리는 것) 등의 법규를 두어 오로지 의논으로 정치를 하도록 했다. … 인사권을 삼정승에게 주지*

않고 오직 이조에 귀속시켰다. 또 이조의 권한이 무거워질까 염려하여 삼사(사헌부, 사간원, 홍문관) 관원의 인사권만큼은 판서가 아닌 전랑에게 맡겼다.

삼공육경이 비록 벼슬은 고관대작이지만 조금이라도 흠이 있으면 전랑은 삼사의 관원으로 하여금 그들을 탄핵하게 했다. 조정의 풍속이 염치를 숭상하고 명예와 절개를 중하게 여겼으므로 한번 탄핵을 받으면 부득이 벼슬에서 물러나지 않을 수 없었다. 이에 전랑의 권한이 삼정승과 비견할 만한 것이 되었다. …

한편 삼사의 관원 중에 명망과 덕이 높은 사람을 엄선하여 이조의 전랑에 임명하였으며, 또한 전랑으로 하여금 자신의 후임을 스스로 천거하게 함으로써 그 인사권이 판서에게 귀속되지 않도록 했다. 이는 인사의 권한을 중요시하여 일체를 조종의 공론에 따라 결정하기 위해서였다."(이중환, 택리지 인심조)

이중환은 대간제도가 관료집단 간의 권력구도에서 어떻게 기능하고 있는지를 구체적으로 설명하고 있다. 대간은 풍문탄핵을 무기로 삼공육경을 비롯한 고위관리들을 견제했다. 이조전랑은 대간에 대한 인사권을 통하여 그들을 견제했으며, 또 삼공육경은 상관으로서 하관인 이조전랑을 제어할 수 있었다. 이조전랑과 대간, 삼공육경은 서로 삼각관계를 이루어 권력을 균점하고 있었던 것이다. 이러한 권력균형이야말로 조선왕조가 그때까지(이중환이 택리지를 쓸 때까지) 깨끗하게 안정된 정치를 구현할 수 있었던 비결이었다고 주장하고 있다.

"이런 까닭에 우리나라에서는 대관(大官)과 소관(小官)이 서로 잘 유지되고, 상관과 하관이 서로 견제하여 지난 300여 년 동안 정권을 농단하는 권간(權奸)이 나오지 않았고, 꼬리가 길어서(권력이 너무 커서) 흔들기 어려운 폐단이 없었다. 이것은 선왕들께서 고려 말에 임금은 약하고 신하가 강한 피해를 경험하시고 은연중에 이의 재발을 방지하기 위해 기미를 붙여 둔 것이었다."(이중환, 택리지 인심조)

조선왕조의 국정운영의 기본 틀은 정점에 군주가 있고, 그 밑에 관료집단 간의 권력의 삼각구도가 있는 모형으로서 그 누구도 권력을 독점하여 전횡할 수 없게 만들어 놓은 것이다. 마치 기하학에서 가장 안정된 입체도형이라는 삼각뿔의 형태를 띠고 있었다. 그 한 축에 대간(언론)이 자리하고 있었다.

권력독점을 막기 위한 장치의 백미는 인사권의 분산이었다. 이조전랑은 의정부의 사인(舍人), 승정원의 승지, 그리고 사헌부, 사간원, 홍문관 삼사의 낭관에 대한 인사권을 쥐고 있었다. 품계상으로 하급관리인 이조전랑이 청요직의 인사권을 쥐고 있는 것은 조선 사림정치의 가장 두드러진 특징이다. 인사권이 고위관료에게로 집중되지 않고 상하로 양분되어 있었던 것이다. 이와 같은 인사권의 분리는 권력의 집중을 막아 권신의 독주를 제어하기 위한 제도적 장치였던 것이다.

모든 제도는 그 나름의 장단점이 있고, 또 폐단이 생기기 마련이다. 어떤 제도이든 유기체와 같이 생성, 성장, 소멸의 과정을 밟는다. 조선 후기에 들어와 당쟁이 심화되고 세도정치가 나타나게 되면서 대간제도는 본 모습을 상실하게 되고 그 폐단이 극에 달하게 되었다. 풍문탄핵이 정치적으로 이용되고, 피혐사직이 책임 회피의 수단으로 사용되고, 언론이 권력의 눈치를 보면서 본래의 기능을 상실해 갔다. 결국 권력균형이 무너지고 세도가들이 권력을 독점하면서, 언론은 권력에 종속되고 온 나라는 부정부패로 만연하게 되었다. 권력균형을 단단하게 지지한, 심각뿔의 밑변 한 축이었던 대간제도가 무너지면서 조선왕조는 기울기 시작한다. 이것이 조선왕조의 권력균형의 역사인 동시에, 언론과 관료부패의 역사라 할 수 있다.

조선왕조의 흥망성쇠에서 우리는 무엇을 배우고 취해야 할 것인가? 이는 전적으로 후손들인 우리들의 몫이다.

(2009.11. 22. 도진 산방에서)

진용초재(晉用楚材)

인재등용은 국경과 지역을 초월하라

나라가 혼란스럽고 위기에 처할수록 훌륭한 인재의 등용은 무엇보다 중요하다. 특정지역이나 연고에 의한 인재등용보다는 오직 능력과 실력에 근거한 인재등용이 이루어져야 한다는 것은 인사행정의 상식이다. 그런데도 불구하고 우리나라는 언제부터인가 지역안배가 가장 중요한 국가의 인재등용 기준이 되고 있음을 볼 수 있다. 지역안배가 약한 인사는 무조건 잘못된 인사라는 생각이 일반화되어 이제는 우리의 인사문화가 된 듯하다. 국정운영을 담당할 각료의 선정뿐만 아니라 주요기관의 장의 인사까지도 지역별 몫(share)을 챙기려는 지역주의 문화가 뿌리 깊게 내리고 있는듯하여 앞날이 암담함을 금할 수 없다.

정부의 인사개편이 있을 때마다 언론에서도 영남, 호남, 강원, 서울 등 각 지역별 출신 공직후보자 수를 비교하면서, 지역안배가 미흡한 편파적 인사라는 비판적 논평을 내고 있다. 그들의 능력과 실력, 청렴성, 과거의 업적 등에 대한 언급보다 지역안배에 대한 보도에 더 열중하고 있다. 지난번 총리인사에서는 대통령마저도 이러한 지역안배 정서를 받아들여 반드시 충청도 출신의 인사를 해야 한다는 전제 아래 인선작업이 이루어지기도 했다. 아마도 특별한 정치적 목적이 있었을 것이다.

물론 정치는 각 지역의 요구와 갈등을 화합하고 통합하는 일이 주된 일이기 때문에 정치적 인사기준인 적절한 지역안배도 필요할 것이다. 그렇다고 하여 능력과 실력을 무시하고 이루어지는 지역안배 인선이 바람직한 인사기준은 아닐 것이다. 오히려 위기일수록 지역을 초월하여 심지어는 출신 나라까지 초월하여 능력과 실력기준에 의거 인재를 등용할 수 있어야 한다. 중국 춘추전국시대의 인재등용은 우리에게 많은 시사를 준다.

춘추시대에는 누가 제일 큰 형님이 되어야 하는가를 정하는, 다시 말하면 서로 예(禮)와 믿음(信)을 중시하면서 패자가 되기 위한 쟁패전의 시대였다. 이 당시 패자의 이상은 많은 나라를 멸하는 데에 있는 것이 아니라, 제후와의 공존공영을 도모하면서 그 맹주가 되는 것이었다. 그러나 군웅이 할거하던 전국시대에는 패자를 가리는 것을 넘어 나라의 존망을 걸고 싸웠기 때문에 오직 실력만이 나라의 생존을 담보할 수 있었다. 따라서 전국시대를 실력경쟁의 시대라 한다.

초나라의 재목을 진나라에서 쓰다

춘추시대에는 누가 맹주인가를 가리는 쟁패전이었기 때문에 인재의 등용은 그 나라 안에서만 이루어졌다. 반면에 전국시대에 와서는 나라의 존망을 걸고 사생결단하였기 때문에 국경을 초월하여 광범위하게 인재를 등용하였다. 악의(樂毅)는 조(趙)나라 출신이지만 연(燕)의 소왕에게 벼슬하여 숙적인 제(齊)의 70여 성(城)을 공파하였고, 손자병법의 저자인 손빈(孫臏)은 위(魏)나라의 출신이지만 제나라에서 벼슬하여 마릉의 싸움에서 위나라를 격파하고 태자를 포로로 하였다. 원래 손빈은 위나라에서 친구 방연에게 속아 두발을 잘리고 이마에 문신까지 얻었으나, 마침 제나라의 사신이 손빈의 비범함을 보고 구제하여 제나라의 벼슬로 등용하였다. 이렇게 전국시대에는 군사, 외교, 정치 분야에서 국경을 초월하여 실력 있는 인재를 등용하여 천하를 다투는 데 널리 활용하였다.

후일 중국을 통일한 진(秦)나라는 중원의 다른 나라에 비하여 그 문화가 낮았기 때문에 일찍부터 문호를 개방하고 널리 인재를 구하였다. 상앙을 비롯하여 장의, 범수, 채택 등, 진을 위하여 공로가 있었던 정치가들은 모두가 다른 나라 출신들이었다. 이렇게 할거적인 지방색을 타파한 실력과 능력위주의 인재 등용이 있었기에 천하 통일이 가능했던 것이다. 이때 생겨난 말이 "초나라의 재목을 진나라에서 쓴다(晋用楚材)"라는 말이다.

우리의 경우는 어떠한가? 조그마한 땅덩어리에서 영남이니, 호남이니, 충청이니 서울이니 하고, 지역당을 만들어 지역감정과 지방색을 부추기고, 이를 이용하여 자기들 정치생명의 연장에만 몰두하고 있지 않나 반성하여야 할 일이다. 공직후보자에 대한 국회 인사청문회에서 업무능력과 청렴성 등 공인으로서의 자질을 검증하기 보다는 지역안배의 문제점만을 부각시키고 있는 국회의원들을 보면서 정치의 후진성을 실감케 한다. 이제는 망국병인 지역주의, 지역감정, 지역관념을 벗어나 하루빨리 사회통합의 길로 들어서야 한다. 그래야 제2의 도약과 함께 진정한 선진국의 대열에 합류할 것이다.

(2009. 8. 8. 서재에서)

서리망국론

일선관료가 부패하면 나라가 망한다

조선왕조시대의 행정의 대부분은 주로 서리(胥吏)를 통하여 이루어졌다. 다시 말하면 국정운영을 위한 제반 사무나 재정의 집행은 주로 일선관료(street-level bureaucrat)인 서리를 통하여 이루어졌다는 말이다. 정책집행의 가교 역할을 담당하고 있는 이들의 부패는 국가재정의 궁핍과 일반백성들의 원성으로 이어지기 때문에 행정에서 가장 중요한 계층이라 할 수 있다. 그러면 조선시대 이들의 행태는 어떠했는지를 살펴보면 당시의 청관-서리-백성 간의 관민관계나 행정의 실상을 보다 잘 알 수 있을 것이다.

서리는 이전과 복례를 모두 포함하여 이르는 말이다. 즉 서울관청(경사)의 경우에는 서리(胥吏), 고직(庫直), 서원(書員)을 이전(吏典)이라 하고 사령과 구종들을 복례(僕隷)라 한다. 지방관청의 경우에는 아전(衙前)과 장교를 이전(吏典)이라 하고, 관노나 사령을 복례라 한다. 그중 이전은 중인계급으로 충당되며, 복례 등은 천인계급에 속한다.

원래 서리들은 공무를 담당하고 있기 때문에 당연히 녹봉(월급)이 있어야 한다. 실제 고려시대까지는 일종의 관리로서 대우가 좋았다. 그러나 조선왕조에 이르러 서리에게 녹을 주는 일이 없어지고 얼마큼 하다가 그만두는 제도로 변했다. 이들은 녹봉을 받는 직위로의 승진의 길도 없고 하여 살아가기 위해서는 사실상 남을 속이거나 관청의 곡식을 횡령하지 않을 수가 없었다. 임진왜란 이후 원료(月料)를 주기는 하였으나, 그 액이 극히 적어 관곡을 도둑질하는 부패는 줄어들지 않고 오히려 늘어만 갔다. 이는 제도적인 모순에서 연유한 것이다.

더구나 고관들은 자리가 따뜻해질 사이도 없이 서로 인사이동이 잦으니 관청의 일은 서리들이 독점하게 되었다. 서리들은 소년시절부터 늙도록 같은 일을 하여 사무를 환하게 알고 있었기 때문에 장부조작을 통하여 마음대로 관곡이나 재정을 횡령하여 사복을 채우고 있었다(芝峯類說에서). 이러한 까닭에 서리망국론까지 나오게 되었다.

선조 원년 남명(南冥) 조식(曺植)은 서리의 폐해를 처음으로 다음과 같이 극론하고 있다.

> *"옛날부터 나라를 전제(專制)하는 자로서는 권신(權臣)이나 척리(戚里)나 부사(婦寺) 혹은 환관(宦官) 등이 있다는 말은 있지만, 서리가 나라를 전제한다는 말은 듣지 못했소. 그러나 지금 군민의 서정이나 나라의 기무를 모두 서리가 가지고 있소. 그자들은 각 주군현(州郡縣)을 자기 물건같이 나누어 가지고 문서를 작성하여 자손들에게 계승하고 있소. 지방에서 가져오는 공물을 관에 납부하지 않고 자기 집에 두며 이익이 되어야만 상납하오. 공물대납을 핑계로 지방 수령에게 많이 받아가지고 대납하는 것이오. 각 지방의 공물은 서리의 소유가 되고 나라의 부는 복례들의 방납의 자료가 되고 있소. 심지어 서리들은 국가에 저장해 둔 물건을 훔쳐내어 국가재정을 탕진하고 있소. 나라에서는 도둑에 대해서는 엄중하게 다스리지만 이렇게 서리들이 도둑질하여 국맥(國脈)을 탕진하고 있어도 보고만 있는 형편이오. 옛날 왕망 동탁 같은 간신배도 이보다 더하지는 않았소."(남명집)*

동 시대의 선비 중봉(重峯) 조헌(趙憲)은 그의 상소문에서 서리의 폐해와 부패의 원인을 서리에게 보수를 넉넉히 주지 않는 제도적 문제라고 지적하고 있다.

> *"중국에서는 내부의 연리(掾吏)나 외읍의 서리(胥吏)뿐 아니라 종이나 노예까지도 모두 월급을 주고 있다 하옵니다. 그러므로 한 사람이 관리노릇을 하면 4-5명의 식구들을 부양할 수 있다 하옵니다. 우리나라의 서리나 조예 전복 아전 서원 사령들은 매일 관아에 나와 일을 하고 있으나 한 푼의 돈도 주지 않으니 그 고통이 여간 심한 것이 아니옵니다. 더구나 그들은 관에 매어 있으니 어느 여가에 농사를 지을 수 있으며 공장이나 장사를 할 수 있겠습니까? 먹고 입을 것이 없으니 모두 관을 속이고 농간하*

여 관곡을 도둑질해 먹고 사는 자들이 되었습니다. 그들에게 무엇을 바라며 염치(廉恥)를 알라고 하겠습니까?"

광해군 원년에는 서리들의 부패원인을 국가기관인 사간원에서 직접 분석하고 있다.

> *"우리나라의 각 사에 들어오는 문서의 처리는 관원들이 직접 처리하지 않는다. 관원은 서류를 뜯고 그 말미에 서명만 하고 간섭하지 않는다. 나머지 처리는 서리가 한다. 이 때문에 서리들이 마음대로 농간하여 민생이 곤란해진다. 임진왜란이후 인민이 사망이 많고 각지의 군정이나 노예들의 응역(應役)하는 수가 거의 허수(空簿)가 되어 사실상 군정의 수는 확실하지 못하다. 이러한 기회를 이용하여 서리배들은 서류를 마음대로 조작하여 배를 채우고 있다. 그러므로 서리들이 출신은 미미하나 끼치는 해독은 매우 크다. 따라서 이후부터는 각처의 관원들이 직접 서류를 보도록 하고 교대할 때에는 서로 있는 자리에서 해야 한다. 심하게 농간을 부리는 서리는 법으로 다스려야 한다."*

인조 4년에는 사헌부에서도 서리의 폐해를 지적하면서 보다 구체적인 처방안을 제시하고 있다.

> *"우리나라의 서리의 폐해는 오래된 것이다. 각 관청의 낭료(고급관료)들이 자주 갈리어 관리는 손이 되고 서리들이 주인이 되어 그 사람들이 문서를 보는 까닭에 마음대로 농간하고 있다. 중국의 법과 같이 관은 오래 한곳에 두도록 하고 서리들은 각사(各司)로 돌리어 일을 보게 하여야 한다. 특히 호조와 병조의 관리들은 오래도록 두어 사무효과를 나타내게 하여야 한다."*

처음으로 구임(久任: 오래 재임하게 하는 인사)과 전보인사를 통하여 서리망국론을 치유하기를 권하고 있다. 즉 관리들의 잦은 인사이동을 자제하여 행정의 전문성을 높이고, 서리들은 각 행정기관 간에 전보를 실시함으로써 한 업무에 전횡하는 것을 방지하고자 하였다.

행(行)하지 않는 개혁은 사회를 변화시키지 못한다

남명이 서리망국론을 언급한 이후 광해군 인조 효종 헌종 숙종 조에 이르기까지 무수히 많은 선비들과 사정기관에서 서리제도의 폐해와 개선책을 상소하였다. 요약하면, 관료부패의 제도적 원인을 차단하기 위하여 서리에게도 합당한 보수를 지급하는 방안, 고급관리들의 행정전문성 강화를 위한 보직임기의 장기화방안, 서리 수를 감축하는 방안, 서리들에 대한 정기적인 인사이동 도입 방안 등이다.

그러나 국정을 담당하고 있는 원로대신들은 당파싸움에만 골몰하여 이러한 제도개혁에는 관심이 없었다. 그러는 동안 서리들의 재정 권력은 점점 커지고 고급관리들조차 아전에게 붙어 얻어먹는 공생관계가 보편화되어, 나라는 완전히 서리들에게 농락당하는 꼴이 되었다. 급기야 숙종 조에 이르러 서리 폐해를 줄이기 위해 서리감축을 실시하고자 할 때, 이들의 조직적인 저항은 나라를 뒤집을 정도의 힘을 형성하기도 하였다. 결국 조정의 조신들과 아전들이 서로 공생하는 관계는 쉽게 격파되지 못했다.

임진왜란 이후 조선이 패망할 때까지 공직부패 방지를 위한 인사행정의 개혁은 국정운영의 우선 과제였다. 다산은 목민심서에서 서리들의 부패를 막는 것이 목민관의 임무로 보고 있다.

> *"지금의 향리들은 재상들과 결탁하고 감독관청과 내통하여 위로는 관장을 가볍게 여기고 아래로는 백성을 침탈한다. 이러한 폐해의 근본적인 원인은 조정의 고관들이 뇌물을 받는 유착관계에서 연유한다. 따라서 이를 막는 것이 목민관의 임무다."(목민심서 이전육조편).*

다산은 목민심서 전편을 통하여 아전을 단속하려면 수령 자신이 먼저 공명정대하고 청렴결백한 바른 몸가짐을 한 뒤라야 가능하다고 역설하고 있다. 남명의 서리망국론이 제기된 이후 조선의 멸망에 이르기까지 집행 관리들의 개혁은 이루어지지 못했으며 결국 망국에 이르게 된다. 예나 지금이나 관료부패는 망국의 원인이다.

(2009. 7. 10. 서재에서)

군신화락의 풍류

상관과 부하 사이에도 예가 있었다

과거 조선시대에는 양반이든 상인이든 그들 간의 우정과 친화는 오늘날보다는 훨씬 더 친근하고 끈끈한 정이 넘쳤다. 지방으로 관리가 되어 나가는 사람이 있으면 그의 친구들이 모여 송별연을 열어 흥겹게 놀았으며, 떠나는 날 교외에까지 배웅하며 한 잔의 술을 나누며 이별의 시를 짓기도 하고, 정든 이야기를 나누면서 다시 만날 날을 기약하고 헤어졌다.

임금과 신하 사이의 군신화락(君臣和樂)에도 멋과 풍류가 있었다. 특히 성종 임금과 신하 손순효와의 관계는 훈훈한 봄바람처럼 우리의 마음을 따뜻하게 해 준다(이긍익, 연려실기술 권6).

술상이 너무 쓸쓸하구나

성종 때 좌찬성을 지낸 손순효는 성질이 소탈하고 성리학에 밝을 뿐 아니라, 항상 자기 마음의 평정을 유지하기 위하여 방에 이기도(사람의 마음을 보는 그릇)를 걸어 놓고 출입할 때마다 이를 보면서 평정심을 유지하였다. 이렇게 경건한 마음가짐으로 남산아래 조그마한 초당을 짓고 그 앞에 연못을 파고 연꽃을 심어 한가롭게 지내면서 후학을 가르치고 있었다.

어느 날 성종은 환관 몇 사람을 대동하고 경회루에 올라가 남산을 쳐다보았다. 그윽한 남산의 소나무는 언제나 푸르고 싱싱하여 사람의 마음을 상쾌하게 하였다. 바로 그때였다. 신선 같은 사람이 몇 사람 둘러앉아 환담을 하는 모습이 보였다. 한참을 본 다음 환관에게

"저 남산 밑에 사람이 앉아 있는 것이 보이지 않느냐. 누구인지 한가로이 지내고 있구나." 하며 손을 들었다.

"예, 보입니다. 아마 누구인가 남산에서 놀이를 하고 있는 듯하옵니다."

"남산 이래에서 한가로이 지내는 신선인 모양이구나. 혹시 손 찬성이 아닌지 네가 가서 보고 오거라."

"예," 어명을 받은 환관은 즉시 가보고 돌아와 손순효 좌찬성이 신선같이 놀고 있다고 복명하였다.

"잘 놀고 있구나. 술을 마시더냐."

"예, 탁주를 마시고 있습니다. 안주는 오이지 하나밖에 없는 듯하옵니다."

"그렇겠다. 신선의 놀음이 호사야 하겠나. 술상이 너무 쓸쓸하구나. 즉시 내주방(內廚房)에 명하여 주안상을 넉넉히 갖다 주도록 하여라. 그리고 내일 궁궐에 들어와 사례의 말을 하지 않아도 좋다고 하여라."

왕명을 받은 내시는 즉시 주안상을 들고 남산으로 가 궁중의 사찬을 전하고 동시에 왕명까지 전하였다.

뜻하지 않은 영광을 입은 손순효는 손과 함께 황은에 사례하며 하루의 청유를 즐기었다. 다음날 조정에 들어가 임금께 사은(謝恩)하는 것이 원칙이었으나, 어제 특히 사은하지 말라는 왕명이 있었으므로 어찌할까 망설이고 있다가 그래도 그대로 있을 수가 없어 새벽에 경복궁으로 들어가 "신, 손순효 입시요." 하고 아뢰었다. 성종 임금은

"무슨 일이오. 어제 과인이 들어와 사은하지 말라고 하였는데 어찌 어명을 어긴단 말이요." 하며 꾸짖었다.

"신은 다른 뜻이 없습니다. 다만 사은하는 신하의 도리만 지켰나이다."

"그래?"

"그러하옵니다."
"들으니 경은 술을 많이 자신다는데 조금 삼가는 것이 어떠할까?"
"황공하오이다. 신은 술을 안마시면 너무 쓸쓸하여 지내기 힘드옵니다."
"그러면 석잔 이상은 자시지 말도록 하오."
"네. 명심하겠사옵니다."

임금과의 약속을 평생 지키다

그 후부터 손순효는 어디가든지 술 석잔 이상은 마시지 않았다. 어느 날 승문원에서 명나라로 보내는 표문을 쓰게 되었다. 관리들이 쓴 글 어느 하나 마음에 들지 않았던 성종 임금은 할 수없이 손순효를 찾으라고 명하였다. 승문원의 관리들이 백방으로 찾아보았으나 종적을 알 수 없었다.

"승천입지(昇天入地)하였느냐? 어째 찾지 못하느냐?" 임금은 노하기만 하였다. 온 장안이 들썩했다.

그러던 중 그날 저녁때가 되어 손순효가 어디서 들었는지 궁중으로 들어왔다. 술에 대취하여 3년 동안 기른 머리가 털럭털럭 관 아래로 내려와 바람에 나부끼며 갈 지(之)자 걸음으로 어정어정 거닐고 있었다. 이 광경을 본 임금은 노기를 띠고,

"경은 어디를 갔었소. 명나라로 보낼 하표(賀表)가 잘되지 않아 경에게 쓰라고 불러들이라고 하였는데 어디서 벌써 취하여 그 모양이 되었소." 하며 큰소리까지 내었다. 손순효는 다만 고개만 떨어뜨리고 있을 뿐이었다.

"몇 잔이나 자셨노? 과인이 석 잔만 자시라고 하였는데……." 딱하다는 표정이었다. 그제야 정신이 번쩍 든 손순효는 "전하. 어명대로 신은 석 잔밖에 먹지 않았나이다. 마침 오늘 신의 출가한 여식의 집에 갔다가 오래간만에 부녀가 만나 석 잔밖에 먹지 않았나이다." 끝 말에 더욱 힘을 주어 대답하였다.

"어떤 잔에 석 잔을 먹었기에 그렇게 대취하였소?"

"큰 주발로 석잔 먹었나이다."

그제야 옆에 있던 환관을 비롯하여 승문원 관리들이 킬킬 웃었다. 임금도 하도 어이가 없는지 노안은 금시에 화사한 웃는 낯으로 변하였다.

"경은 과인의 말을 잘 듣긴 하였소. 그러나 오늘은 취하였으니 다시 홍문관 제학을 불러 쓰도록 하라."

"아니오이다. 황공하오나 신이 어명을 받은 이상 쓰겠나이다."

고집을 부리므로 임금도 할 수 없이 벼루와 지필을 내주었다. 손순효는 정신을 가다듬고 큰 붓을 들고 흰 종이에 일필휘지(一筆揮之)하였다. 다 쓰고 난 다음, 한 자도 고치지 않고 어전에 내 놓았다. 여러 사람이 윤독한 후 모두가 더 이상 고칠 곳이 없다고 칭찬하였다. 임금의 마음에도 꼭 들었다. 그제야 임금도 크게 웃으며,

"손순효에게 어연(御宴)을 하사하라." 기분 좋은 어명을 내리었다. 손순효는 더욱 기운을 얻어 경복궁 뜰에서 마음껏 술을 마시게 되었다. 술이 들어갈수록 손순효의 입에서는 주옥 같은 시부가 마음껏 흘러나왔다.

"손순효에게 악(樂)을 내리어라." 다시 어명이 떨어지자 궁녀들이 비파를 들고 뜰로 내려가 비파를 타기 시작하였다. 곡조는 장진주(將進酒)이다. 청아한 비파의 소리는 은은하게 사방으로 퍼져 나갔다. 취기가 돈 손순효는 어깨가 들썩이기 시작하였다.

"손 찬성도 일어나 춤을 추도록 하오." 임금의 낭랑한 목소리가 가을하늘에 울리자 궁중의 무희들도 발걸음 가볍게 사뿐사뿐 춤을 추기 시작하였다. 그럴수록 손순효도 신이나 더욱 흥에 겨워 춤을 추었다. 어전에서 하사하는 음식에 풍악까지 갖추었으니 이보다 더 신나는 일이 있겠는가? 그러나 전작이 많고 궁중에서 하사하는 술이 독하여 취기가 더욱 돌았다. 그래도 아리따운 궁녀가 부어주는 술맛이 너무 좋아 조금도 사양하지 않고 한없이 마셨다. 마침내 춤을 추다 그 자리에 쓰러져 잠이 들었다. 임금은 이 관경을 보자

"손 찬성도 이제는 직성이 풀리겠다." 한마디 하며 자신이 입었던 용포를 벗어 덮어 주었다. 신하로서는 최고의 영광이었다.

이렇게 서로 믿고 배려하고 신뢰하는 군신관계가 있었기에 조선왕조에서 가장 안정적인 선정을 베풀 수 있었다.

(2009. 4. 1. 서재에서)

행정의 윤리성과 이도(吏道)

행정의 윤리성은 민심에 그 뿌리를 두어야 한다

정책결정과 행정은 윤리적 선택이다

공직자들의 주된 임무는 옳고 바른 정책을 결정하고 집행하는 데 있다. 공공정책이란 한마디로 우리 사회가 지향하는 목표와 그 목표달성을 위한 행동노선을 의미한다. 따라서 공직자들이 어떤 판단 기준에 입각하여 정책을 결정하고 집행하는가는 직접적으로 우리 사회의 성격과 국민들의 성격형성에 영향을 끼친다. 만약 그들이 선택하는 정책이나 행동노선이 사회제도나 개개인의 성격변화에 아무런 영향을 끼치지 않는다면, 그러한 선택은 윤리적 선택(ethical choice)이라 할 수 없다.

그러나 정책결정과 집행이 보다 더 좋은 환경의 창조를 목표로 하고 있다면 그러한 선택은 분명히 가치판단에 입각하게 되며, 그 선택의 결과는 인간의 사회적 관계나 행동 양식에 영향을 끼치게 된다. 그러므로 그러한 선택은 윤리적 선택임에 틀림이 없다. 그러면 윤리적 선택을 하기 위하여 공직자들이 지녀야 할 정신적인 자세와 태도, 그리고 도덕적 성품은 어떠하여야 하는가? 또 어떠한 가치에 의하여 정책을 결정하여야 바람직하고 좋고 가치 있는 윤리적 선택이라 할 수 있는가?

공무원을 공복(公僕)이라 한다. 국민의 심부름꾼이라는 의미이다. 따라서 심부름꾼으로서의 위치와 자세로서 임무를 수행해야 만이 그들이 선택하고 집행하는 공공정책과 행정이 도덕성을 띠게 된다. 다시 말하면 국민들이 바라고 원하는 방향으로 정책을 선택하고 행정을 펴나가야, 그 행위가 도덕적이고 윤리적이며 또 '책임 있는' 행정을 하고 있다고 인정받게 된다. 민심은 곧 천심(天心)이라는 말이 있다. 이는 민심을 따르고 어루만지는 통치는 바로 천리를 따르는 법도이며, 이는 관리들이 지켜야 할 기본 도리라는 것이다.

공공정책의 도덕성과 윤리성은 바로 민심과 직결된다. 공공정책의 도덕성은 추상적인 이념이나 타국에서의 관례에 반영된 것이 아니라, 민심이란 구체적인 현실상황에 뿌리를 내리고 있어야 한다. 현실적 민심에 호응하는 정책선택이야말로 도덕성과 책임성을 인정받게 된다. 따라서 공직자들의 임무는 본질적으로 윤리적 선택(ethical choice)의 문제이며, 이 윤리적 선택의 핵심에는 민심이라는 현실적 상황에 부응하여야 하는 책임이 있는 것이다.

윤리적 선택을 증진시킬 수 있는 제도가 확립되어야 한다

옳고 바른 정책을 결정하고 집행하는 것이 일상화되기 위해서는, 그러한 관료들의 윤리적 선택이나 책임성을 증진시킬 수 있는 장치가 제도화되어야 한다. 민주주의 제도가 그 좋은 사례이다. 공직자들이 바람직하다고 생각하여 적용하는 정책선택기준과 국민들이 바람직하고 가치롭다고 판단하는 판단기준을 서로 일치시키는, 즉 양자 간의 동질성(同質性)을 추구하는 정치질서가 곧 민주주의 제도라 할 수 있다. 따라서 공직자들의 주된 임무 또는 도리는 바르게 관리생활을 하도록 그들의 성격을 형성시켜 주는 제도를 확립하는 일이라 할 수 있다. 윤리적 선택의 기준이 되는 공직윤리, 즉 바람직한 정책선택의 가치와 자질을 함양하는 것도 중요하지만, 이러한 윤리적 선택이 이루어지도록 유인하고 규제하는 제도도 필요하다는 말이다.

우리나라 공무원 윤리헌장에는 이런 구절이 있다. "…… 우리는 불의를 물리치고 언제나 바른길만을 걸음으로써 정의사회를 구현하는 국민의 귀감이 된다. …… 우리는 공익우선의 원칙으로 …… 복지국가를 실현하는 겨레의 기수가 된다." 그러나 아무리 공직윤리의 중요성을 부르짖고 선언한다고 해도, 저절로 공직윤리가 확립되어 정책에 반영되지는 않는다. 행(行)해야 하고 실천하여야 한다. 따라서 공직윤리가 확립되고 실천될 수 있도록 제도화하는 것이 공직자들의 또 다른 임무인 것이다. 공무원 윤리선언의 목적은 그러한 윤리선언과 같이 관리생활을 할 수 있는 제도를 구현하는 데 있다. 이러한 제도에는 공직자 재산등록제도, 퇴임 후 유관기관 취업금지, 법적 윤리적 행정책임의 강화 등을 들 수 있다.

제도만으로는 윤리적 선택을 담보할 수 없다

공직자들의 부정과 부패를 방지하고 공공정책을 윤리적으로 선택하도록 하기 위하여 공무원 윤리선언을 제정하고, 재산을 등록시키고, 유관기관에의 취업을 제한하는 등 갖가지 방법을 면밀하게 강구하고 입법화한다고 해도 관리들 스스로가 새로운 성격구조(new personality structure)를 형성하는 자아혁신의 과정이 없이는 우리들이 바라는 그런 사회는 제도적으로 구현되지 않는다. 제도보다 더 중요한 것은 행정을 담당하는 공직자 자신들의 가치관과 자세이기 때문이다. 따라서 공직자들의 정신적 자세와 도덕적 자질은 윤리적 정책선택을 이끌어 내기 위한 제도의 확립이전에 갖추어야 할 조건이다.

현대 민주사회에서 필요로 하는 공직자들의 자질은 정보나 사실(fact)을 논리적 틀이나 기존의 규범적 틀에 맞추어 수동적으로 처리하는 소극적 태도가 아니라, 시대의 의미를 바르게 이해하고 넓은 시야를 가지고 미래를 개척하는 적극적인 태도를 요구한다. 밀즈(C. W. Mills)는 이러한 정신적 자질을 가리켜 사회학적 상상력(sociological imagination)이라 하였다. 이렇게 현대사회에서 필요로 하는 공직자의 정신적 자세는 윤리적 정책선택과 윤리적 행정의 선결요건으로서 당연히 가져야 할 자세인 것이다. 그러나 이 정신적 자세만으로는 윤리적 행위가 정책선택과 집행과정에서 일어나지 않는다. 정신적인 자세 이외에 충성, 정심, 정직, 성실, 청렴, 공정 등 행동하는 덕성(operational virtues)이 더 필요하다. 다음은 공직자들의 정신적 자세와 도덕적 자질, 그리고 정책선택의 가치기준은 어떠한 것이 있는가를 살펴본다.

공직자들의 정신적 자세

윤리적 행정이 이루어지기 위해서는 먼저 공직자들이 옳고 바른 정책을 선택하고 좋은 행정서비스를 베풀고자 하는 정신적 자세가 필요하다. 베일리(Stephen K. Bailey) 교수는 공직자들이 가져야 할 정신적 자세로 다음 세 가지를 들고 있다.

첫째, 공직자 자신을 포함하여 모든 인간이나 공공정책에는 도덕적 모호성(moral ambiguousness)이 존재한다는 사실을 먼저 인식하여야 한다. 이러한 인식이 없으면 자신들의 소신이나 주장을 관철시키고 설득시키려고 하는 독선이 자리 잡게 된다. 자기의 틀에 의해 공(公)과 사(私)를 구별한다든가, 도덕적이고 윤리적인 기준을 자기주장에 맞추어 합리화시키게 된다. 정책에는 도덕적 모호성이 항상 존재하고 있다는 것을 인식하여야 겸손과 타인의 의견을 수렴하는 자세가 나온다. 흔히 공직자들은 자기만이 옳고 다른 사람들은 무조건 틀리다고 생각하여 독선적인 행동을 하거나, 양심과 공정을 핑계 삼아 적극적인 행동을 꺼리고 무사안일에 빠지는 경우가 많다. 이러한 관료적 타성은 공직자들이 지녀야 할 자세는 아니다.

공직자들은 자신이나 정책에는 항상 도덕적 모호성이 있다는 사실을 인식하고 겸손하게 다른 사람들의 견해를 존중하고 타협하면서 합의점을 찾아나가려는 태도를 지녀야 한다.

둘째, 도덕적인 우선순위를 판단함에 있어서 항상 상황적 힘(environmental power)이 존재하고 있음을 인식하여야 한다. 옳고 그름의 판단의 기준도 상황의 힘으로부터 초연할 수는 없다. 상황을 무시한 획일적인 기준의 적용은 그로 인해 피해 받는 집단이 생기기 마련이다. 따라서 획일적이고 기계적인 규정의 집행보다는 상황에 적합한 적실성(relevance) 있는 행정이 필요하다. 즉 행정에도 자애심과 연민의 정이 있어야 한다.

셋째, 행정에는 항상 절차적인 패러독스(procedural paradox)가 있다는 사실을 인식하여야 한다. 민주주의의 역사는 절차의 역사라 하리만큼 절차는 민주주의의 실질적 가치의 내용과 그 구현에 직접적인 영향을 준다. 그러나 그 까다로운 절차 때문에 얼마나 많은 불편을 국민들에게 주며 개인생활이나 집단의 발전을 저해하고 있는가를 공직자들은 알아야 한다.

법대로 시행령대로만 하면 된다는 태도 때문에 오히려 입법취지나 시행령의 당초 목적과는 전혀 다른 결과를 초래하는 경우가 많다. 베일리 교수의 말과 같이 "만일 절차가 안건심의나 질서의 친구라면 그것은 또한 진보와 신속한 처리의 적이 될 때가 많다." 물론 공직자들은 절차를 벗어날 수는 없으나 절차의 노예가 되어서는 아니 된다. 따라서 관리들은 공정성과 과단성을 가져야 하고, 결과를 낙관적으로 예측할 수 있어야 한다.

공직자들의 도덕적 자질

이상과 같은 정신적 자세만으로는 윤리적 정책선택과 '책임 있는' 행정을 기대할 수 없다. 이러한 정신적 자세와 함께 실천적 덕성, 즉 도덕적 자질을 갖추어야 윤리적 행동으로 이어진다. 이 도덕적 자질에는 동양의 전통적 유교사상에서 교육해 온 윤리, 즉 청렴과 정직, 공정과 성실, 충성과 애민, 친절과 겸손 등 수없이 많은 자질을 열거할 수 있을 것이다. 베일리(S. K. Bailey) 교수는 다음 세 가지를 중요한 덕목으로 소개하고 있다.

첫째, 공직자들은 위험을 두려워하지 않고 도전하고 창조하는 낙관적 행동을 가져야 한다. 옳고 바른 정책이나 좋은 행정은 마음에만 담아두는 것이 아니라 반드시 실천하고 시행해야(ought to) 하는 것이 공직자의 윤리인 것이다. 정책을 결정하고 집행하는 과정에는 언제나 불확실성에 직면하게 되고, 따라서 불안전하고 불충분한 정보와 자료에 의존하지 않을 수 없다. 그러므로 항상 위험이 수반된 결정을 하여야 하는 것이 곧 행정이다. 이러한 상황에서 공직자들의 낙관적 행동 없이는 내일의 좋은 사회를 만들지 못한다. 여기서 참다운 낙관성이란 불확실하고 수수께끼 같은 상황에서 가능한 것(the possible)을 내다보고, 항상 위험부담의 가치를 인정하면서 미래사회를 창조하는 덕성을 말한다. 공직자들에게 이러한 도전정신과 낙관성이 결여되면, 현실변화를 두려워하는 소극적이고 무사안일적인 관료행태가 자리잡게 된다.

둘째, 공직자들은 바람직한 미래를 창조하기 위해 위험을 무릅쓰고 선택하고 결정한 것을 단호하게 밀고 나가는 소신과 용기(勇氣)를 가져야 한다. 바람직한 미래사회를 건설하기 위한 창조적 활동인 행정에는 항상 위험이 따르기

마련이다.

상사에게 직언을 할 수 있는 용기, 국민 앞에 자기의 과오를 솔직히 시인할 수 있는 용기, 하지 말아야 할 때 하지 않는 용기 등은 공직자들이 가져야 할 진정한 소신이자 용기인 것이다.

셋째, 공직자들은 공무를 집행함에 있어서 항상 청렴하고 공정성을 가져야 하며, 동시에 자애심(charity)과 애민정신을 가져야 한다. 아무리 용기가 있고 절차적으로 공정성을 띤다 하더라도 자애로운 행동과 태도를 수반하지 않는다면, 그 결과가 바르게 되지 않을 뿐 아니라 공직자 스스로의 편견에 빠져 옳고 바른 행정이 되지 않는다. 공정성과 자애심은 서로 상충되는 것이 아니다. 위험이 수반되고 불확실한 상황에서 자애심과 연민의 정은 오히려 공정성을 찾게 해 주는 힘을 가지고 있다. 자애심은 행정을 약화시키는 것이 아니라 오히려 공직자 스스로의 수련과 자제력을 길러주어 공정한 판단을 하는 데 도움을 준다.

공직자들의 인자한 마음, 너그러운 태도와 아량 없이 좋은 사회(the good society)는 우리에게 제도로서 도래하지 않는다.

정책결정과 집행의 가치기준

이상에서 살펴본 공직자들의 정신적 자세와 도덕적 기준만으로는 바르고 옳은 정책선택이 이루어지 않는다. 정책선택에는 모든 사람들이 바람직하고 옳다고 인정하는 가치가 반영되어야 한다.

정책선택은 일반적으로 공익이라는 규범적 테두리 안에서 이루어져야 한다고 모든 정치학자나 행정학자들이 주장하고 있다. 그러나 무엇이 공익이며, 사익과 구별할 수 있는 기준이나 근거는 무엇인가에 관해서 일치된 견해는 없다. 이렇게 공익과 사익의 구분이 모호하다면, 그 개념정립을 통하여 윤리적 선택을 할 것이 아니라, 우리 모두가 함께 추구해야 할 사회의 기본적 목표를 공직자들이 바르게 인식하고 정책선택의 기준으로 삼는 것이 보다 현실적이다.

우리 헌법 제34조 ①항에는 국민의 권리와 의무로서 『모든 국민은 인간다운 생활을 할 권리를 가진다.』고 규정하고 있다. 이는 곧 우리 모두가 추구하여야 할 기본 목표로 『인간다운 생활을 영위할 수 있는 사회』를 표방하고 있는 것이다. 무엇이 인간답게 사는 것이며, 사람답게 사는 데 필요한 조건이 무엇인가에 대해서는 사람마다 다를 수 있다. 그러나 분명한 것은 개인의 행복감이나 만족감은 타인과의 관계 속에서 얻어지는 상태이기 때문에 사람다운 생활의 조건으로서 일반적으로 받아들여지는 것들이 있다.

정책을 결정하고 집행하는 공직자들은 모든 사람들이 인정하고 있고, 또 국민들이 요망하고 있는 〈사람다운 생활의 조건〉을 윤리적 정책선택의 기준으로 받아들여야 한다. 다음은 민주주의 사회에서 정책을 결정하고 집행할 때, 추구해야 하는 일반적인 사회의 기본목표이자 정책선책의 기준이라 할 수 있다.

(1) **물질적인 안락**(material well-being)

인간답게 사는 데 누구나 최소한의 재화와 서비스를 필요로 한다. 의 · 식 · 주 그리고 건강이 없이는 그 누구도 생활은 고사하고 생명 자체를 지탱해 갈 수 없다. 사람들은 누구나 물질적인 안락을 추구한다. 따라서 공직자들은 국민들의 물질적 안락조건이 충족되고 향상되도록 정책을 선택하고 집행하여야 한다. 그 목표를 달성하기 위해 우리는 경제성장이란 수단적 가치를 공공정책의 기본목표로 추구하게 된다. 이 수단적 가치를 추구하는 과정에서 공직자들이 행사하는 권력의 도덕성 그리고 책임성이 필수적으로 요구된다.

(2) **안정**(stability)

개인이나 집단을 막론하고 그들의 목표를 달성하고 인간다운 생활을 영위하기 위해서는 생활의 안정이 필요하다. 국민들은 정치적 안정, 경제적 안정, 사회적 안정 등등 일반적인 안정뿐만 아니라, 고용안정, 물가안정 등을 통하여 기복이 없는 안정된 생활을 국가에 요구하게 된다. 따라서 공직자들은 이 안정을 윤리적 정책선택의 기준으로 삼아야 한다.

(3) **보호**(security)

보호는 안정과 밀접한 관계가 있다. 보호란 생명, 재산, 지위, 명예 등 개인이나 집단이 소중하게 여기는 가치들을 외부의 위협으로부터 안전하게 지켜주는 것을 말한다. 사람은 누구나 평등한 보호를 원하며, 동시에 학벌 · 문벌 · 지연 등 인위적인 제도에 의한 차별적인 보호를 원치 않는다. 국가적 차원에서 볼 때 안보만큼 더 높은 가치는 없을 것이다. 그러나 이 안보도 개인이나 집단의 일상생활이 안정성을 띠고 법과 질서에 의하여 보호될 때 강화된다.

(4) 평등(equity)

사람들은 법 앞에서의 평등이라는 형식적인 평등뿐만 아니라, 다른 사람과의 관계에서의 사회적 평등과 경제적 평등을 원하고 있다. 즉 기회의 평등뿐만 아니라 사회적 지원의 평등한 향유를 원하고 있다. 이러한 국민적 요망이라는 관점에서 볼 때, 공공정책은 불평등한 사회구조를 민주화시킴으로써 각자의 사회적 이동의 가능성을 증진시켜 주어야 하고, 생활수준이나 생활양식의 격차를 해소시켜 사회의 중요한 결정에 자발적으로 참여할 수 있도록 하여야 한다. 동시에 자유로운 인간이 가지고 있는 불평등한 능력이 존중되어 처지와 형편의 차이에 따라 차별적 대우를 인정하여야 한다. 국민들의 필요와 능력, 그리고 업적과 계약에 따라 불평등한 능력이 존중되어야 한다.

(5) 정의(justice)

정의란 '옳고 바른 일(righteousness)'이란 개념이다. 공공정책의 선택과 집행과정에서 정의를 달성하는 최선의 길은 개인과 집단을 평등하게 취급하고, 형평의 원칙을 따르는 일이다. 다시 말하면, 누구나 평등하고 자유롭게 정책결정과정에 참여하는 사회를 민주사회의 본질로 본다면, 정의란 바로 평등, 자유, 형평, 참여 등과 같은 민주주의의 본질적 가치를 빼고 생각할 수 없다. 따라서 정의는 그러한 민주적 가치질서가 제도로 확립될 때 비로소 구현된다.

(6) 자유(freedom)

자유란 개인이나 집단들이 스스로의 방향을 설정하고 자율적으로 활동할 수 있는 상태를 말한다. 즉 선택의 자유를 말한다. 자유로운 선택을 하기 위해서 사람은 자유로운 생각과 독립적인 판단의 자유를 가져야 한다. 사람답게 산다는 것은 바로 자기 운명을 타인의 의지에 맡겨버리지 않고 자신의 자유로운 의지(the free will)를 가지고 스스로의 생활을 하며 스스로의 꿈을 실현시켜 나가는 삶을 말한다.

인간의 존엄을 인정하고 그러한 자유를 허용하는 범위 내에서 사람은 그의 선택에 책임을 진다. 자유를 주지 않고 책임만을 강요하는 제도는 인간을 속박하고 구속한다. 공공정책의 결정과 집행은 이런 자유를 구속하지 않는 범위 내에서 이루어져야 한다.

이상에서 열거한 여섯 가지 이외에도 더 많은 가치가 있을 수 있겠지만, 각국의 헌법이나 인권선언 및 각종 정치관련 철학서에서 공통적으로 강조하고 있는 가치들만 제시하였다. 그러면 이러한 가치들이 왜 사회의 기본적 목표가 되며, 따라서 정책선택과 집행의 기준이 되어야 하는가에 대해서는 다음과 같은 이유에 근거하고 있다. 상기한 여섯 가지 가치들은 개별적으로나 상호관련 하에서 모두가 다 인간의 기본적인 욕구나 열망에 부합한다는 점이다. 다시 말하면, 국민들이 가장 필요하다고 원하고 요구하는 가치들이기 때문이다. 정책선택의 도덕성과 윤리성은 곧 민심에 바탕을 두어야 한다. 즉 인간의 삶에서 상기한 여섯 가지의 조건이 없다면, 인간들이 공통적으로 가지고 있는 기본적인 욕구인 생리적 욕구, 안정성의 욕구, 사랑의 욕구, 사회적 인정의 욕구, 새로운 경험의 욕구, 자아실현의 욕구 등의 충족이 불가능하다.

그래서 위에 열거한 여섯 가지 기본적 가치의 구현은 국민들의 기본적 욕구이자 열망이다. 따라서 공직자들의 정책선택이 윤리적이고 도덕적으로 옳다는 국민들의 판단을 받기 위해서는 그 선택의 기준이나 목표가 이상과 같은 민주사회의 기본적 가치에 부합되어야만 한다.

(2010. 3. 19. 도진 산방에서)

제5부

청백리와 탐관오리

역사적 사례를 통하여 오늘을 보라

보통 사람들에게 역사는 단 한 번도 행복을 선사한 적이 없다. 하지만 질식할 것만 같은 갑갑한 현실 속에서도 희미하나마 백성들의 마음을 어루만져 준 청백리들이 있었기에 우리는 희망을 가진다.

하정 청백리상

맑은 덕과 맑은 기운이 사람에게 스며들게 하라

공직자들의 부정부패가 그 도를 넘고 있다. 부문과 영역을 가리지 않고 고위 공무원에서부터 말단의 공무원, 그리고 중앙부처에서 일선 행정기관에 이르기까지 실로 광범위하게 발생하고 있다. 현 정부의 반부패에 대한 각종 선언과 정책이 무색해진 지는 이미 오래다. 부정부패라고 하는 것은 꼭 뇌물을 받는 행위만을 가리키는 것은 아니다. 정기적 떡값상납, 인허가 접대, 향응, 금품수수, 뇌물, 횡령 및 편취, 공적재산의 사적사용, 예산유용 등 모두가 심각한 부패인 것이다.

예산사용과 관련하여 일어나는 공직자들의 부패는 보다 더 심각하다. 최근 검찰이 발표한 예산유용비리사건의 유형을 보면 천태만상이다. 멀쩡한 누나를 생계비수급대상자에 포함시켜 1억 6,000만 원을 빼돌린 동사무소 직원부터 3년간 군량미 2억 7,000만 원을 빼돌린 군 관계자에 이르기까지 다양한 직업의 사람들이 다양한 방법으로 빼돌린 나랏돈이 연간 무려 1,000억이 넘는다.

검찰수사 결과 기소된 사람은 공무원, 대학교수에서부터 시민단체 활동가, 군인, 농민, 승려, 어린이집 원장에 이르기까지 다양하다. 심지어 서울특별시

양천구에서는 장애인에게 나누어 주는 복지보조금을 무려 26억 원이나 부풀려 빼돌리는 횡령사건도 발생했고, 전남 해남읍사무소에서는 기초생활보장 수급자에게 줄 11억 800만 원을 가족 및 차명계좌로 빼돌린 기막힌 사건도 발생했다. 이렇게 유용한 돈은 모두 카드대금 결재, 도박자금, 고급외제승용차 및 아파트 구입, 주식투자, 성형수술비, 자녀 교육비 등으로 사용한 것이 확인되었다고 한다. 그야말로 나랏돈은 주인이 없는 눈먼 돈이다. 이 눈먼 돈의 유혹에는 성직자도 지식인도 다를 바 없다.

우리 사회의 부패의 심각성은 '총체적 부패', '부패 네트워크', '부패공화국' 등의 표현 속에 잘 드러나 있듯이 그야말로 우리 사회에 '만연된 것'이라고 할 수 있다. 대부분의 사회에서 나타나는, 부패의 양상이 그러하지만 특히 우리 사회에서 부패는 개인의 탐욕과 가치의 문제라기보다는 다양한 제도 내에 관행으로 자리 잡고 있거나 권력중심부에 의해서 체계적이고 조직적으로 이루어지는 것이라는 점에서 '구조화'되어 있다. 이렇게 부패가 관행화되고 구조화되면서 일반국민들까지도 부패 자체는 의당 있을 수밖에 없는 문제로 치부하는 경향이 많아 부패에 대한 관용의 정도가 지나치게 높다. 따라서 부패가 '문화'의 수준에까지 이른 것이다. 왜 이렇게 세상이 부패했을까? 한마디로 국민들의 마음의 눈, 즉 사회윤리와 공직윤리가 병들어 있기 때문일 것이다.

현대판 청백리를 찾아라

최근 공직사회의 부패가 도를 넘자 서울특별시는 그 쇄신차원에서 『2009년도 시정 청렴도 향상 종합대책』을 발표했다. 그 대책 안을 보면, 비리공무원에 대한 처벌강화와 비리 신고포상금 인상, 하정 청백리상 제정, 민원처리 스피드 지수개발, 현금취급업무 시스템개선 등이다. 늘 들어왔던 대책들이다.

그 중에서 눈에 띄는 것이 청렴 분위기 확산을 위해 '서울특별시 하정(夏亭) 청백리상'을 제정해 모범적 청렴 공무원을 발굴하는 사업을 벌이겠다는 것이다. '하정'은 황희와 함께 조선 초 대표적인 청백리로 꼽혔던 유관(柳寬: 1346~1433)의 호다. 통사적으로 볼 때, 서울시장(한성부윤) 중에는 청백리도 많았고, 옳고 바른 일에는 왕의 명령까지 거역할 정도의 소신과 강직함을 갖춘 시장도 있었다. 하정을 청백리상의 명칭으로 정한 까닭은 무엇일까?

과거 우리 선조들이 즐기던 기인비목(其人備目) 게임에서 유관은 곧잘 서울시장에 천거되었다. 이 게임은 삼국시대 이래 역대 인물들을 평가하고 전형하여, 적정관직에 최고의 장관을 배치하는 인사배치놀이를 말한다. 일제 강점기 육당 최남선의 사랑방에서 당대 지식인들이 모여 행한 그 게임에서도 유관을 서울시장에 천거하고 있다. 누구나 본받아야 할 그의 청렴성을 가장 높이 평가하였기 때문이다. 유관은 진정으로 백성들의 인권을 생각하는 공명정대한 판관이었으며, 평생을 검약하고 소박하게 소시민적으로 생활한 진정한 선비였다.

어느 해 여름 한 달이 넘도록 비가 내렸다. 초가집 안에 비가 새어 삼줄기처럼 줄줄 흘러 내렸다. 유관이 손에 우산(과거 급제시 왕으로부터 받은 자루가 길고 비단으로 만든 양산)을 받쳐 들고 비를 받으면서 부인을 돌아보고, "이 우산도 없는 집에서는 어찌 견딜꼬?" 라고 했다는 일화가 〈필원잡기〉에 전한다.[1] 이러한 일화가 지나친 궁상이나 무능력으로 비쳤음인지 최근 유관에 대하여 스스로에게 닥친 일도 해결할 의지나 능력이 없는 관리가 아닌가? 라는 비판적인 평가도 있다. 시대적 상황을 고려하지 않고 또 유관의 업적을 모르는 단편적인 평가에 불과하다.

청렴성을 최고의 공직윤리로 내세워야 할 요즈음, 그의 호 "하정" 을 청백리상의 명칭으로 정함은 바람직하다. 다만 하정의 이름을 걸고 상을 줄 만한 청백리가 존재할까 걱정이 된다. 그래도 우리의 굴곡된 역사 속에는 정심정도(正心正道)의 단심(丹心)의 역사가 있었듯이, 청렴하고 성실한 공직자들이 있었기에 이 사회가 그래도 지금까지 지탱해 온 것이 아닐까? 묻혀 있는 그들을 찾아내어 우리의 사표로 삼아야 한다.

다산은 목민심서에서 "청렴하다는 소리가 사방에 퍼져서 아름다운 소문이 날마다 늘어나면, 이것 또한 인생의 지극한 영화(至榮)이다." 라고 했다. 우리 선조들이 청백리를 평가하면서 표현한 용어를 보면, 이준이 청렴한 원님이 다

1) 조선조 전기의 문신, 학자인 서거정(徐居正)이 지은 필원잡기(筆苑雜記)는 성현의 용재총화와 더불어 조선조의 쌍벽을 이루는 문집이다. 그 내용은 조선의 예로부터 전하는 일사(逸事)와 한담(閑談) 중에서 후세에 전할 만한 것을 추려 모아 엮었다. 고려말 익재 이제현의 역옹패설(櫟翁稗說)과 함께 패관문학(稗官文學)의 최고봉이다.

스리던 어떤 고을을 지나다가 감탄하여 맑은 기운이 사람에 스며든다(淸氣襲人)라 하였고, 고려 문호 이재현(李齋賢)은 경주판관 전녹생(田祿生)의 청백한 정치를 시로 표현하기를 "전랑(田郞)이 우리 계림의 판관이 되니 부로(父老)들이 지금도 그의 청덕(淸德)을 사모하네."라 표현하고 있다. 또한 감사 이안눌이 서천군수 이목을 평가하면서 "맑기는 옥항아리와 같고 은혜롭기는 봄바람과 같다(淸如玉壺 惠似春風)"고 하였다.

청렴하게 법과 규범을 지키면서 성실하게 공직에 봉사하는 자들이 많은 세상, 맑은 덕(淸德)과 맑은 기운이 사람에게 스며드는(淸氣襲人) 그러한 공직자들이 많아지기를 바라며, 제1회 청백리상 수상자를 기대해 본다.

(2009.9. 25. 서재에서)

서원(書院)과 권력

서원을 돌아보며 자기를 성찰하라

전국을 여행하노라면 산 좋고 물 좋은 곳이면 으레 서원이라는 고택이 자리 잡고 있다. 단순히 옛날 선비들이 공부하던 곳이려니 하고 지나치지만, 알고 보면 서원은 조선왕조 500년 역사의 중심부에서 정치와 학맥, 권력과 부패 그리고 파당과 당파정치의 지원세력으로 군림한 역사의 현장이다. 뿐만 아니라 국정운영의 핵으로서 조선왕조의 음영을 투시해 볼 수 있는 대표적인 유적지이기도 하다.

서원(書院)은 글을 배우는 유생들이 모여 학문을 연구하던 곳이다. 강학을 전문으로 하는 기관으로 이 서원이 학당이 되고 종국에 가서는 학교가 되었다고 볼 수 있다. 서원은 당나라의 명황이 궁내에 여정서원(麗正書院)을 두고 문학하는 선비들을 모아 학문을 연구하며 임금의 고문에 응하도록 한 것이 그 시원이다.

우리나라 서원의 시초는 고려 때 최충이 사학(私學)을 일으켜 강학을 한 것이 그 시효라 할 수 있으며, 조선시대에는 세종임금 시대 강우량이 서원을 사설하여 학도를 교수한 것이 그 시초라 할 수 있다.

그러나 선현(先賢)을 봉사하는 사당(祠堂)을 겸한 서원의 시초는 중종 38년 풍기군수 주세붕이 안향의 고향 순흥에 주자의 백록동서원을 모방하여 지은 백운동서원(白雲洞書院)이다. 이 서원은 명종 5년(1550) 풍기군수 이황의 요청에 의하여 임금이 직접 쓴 소수서원(紹修書院)이라는 편액과 서적 토지 등을 하사받게 된다. 우리나라에서는 처음으로 생긴 사액서원이다. 한번 사액서원이 생겨나자 각지의 유생들은 여기에 자극받아 서로 다투어가며 짓기 시작하였다. 백운동서원이 생긴 이후 30년 사이에 무려 60~70개소의 서원이 생겼으며, 그곳에 기거하는 유생들에게 주는 혜택도 많아 유생들이 살기에 적합하였다.

붕당의 근거지가 되다

서원은 일반적으로 사당(祠堂), 강당(講堂), 재사(齋舍) 등으로 구성되어 있어 향교와 같았다. 향교는 공자의 사당이 있는 곳에 지어 놓고 그 지방 유생들을 가르치는 곳이며 조정에서 교관을 파견하였다. 그러나 서원이 생긴 이후부터는 지방의 유생 중에서 글 아는 자를 보내 교수하였으며, 그곳에는 향시에 합격한 자들이 들어가 글을 배웠다. 점차 향교의 일을 서원이 대신하게 되었으며, 향교에는 군역을 피하려는 자들이 들어가 점점 그 격이 저하되었다. 향교를 천시하고 서원을 중시하는 풍조가 확산되고, 또 서원의 세력이 점점 커짐에 따라 원유(院儒)라는 일종의 계급이 생기어 지방관의 정치를 비방하고 국가의 정책을 비판하는 제3의 정치세력으로 등장하게 된다.

서원이 점차 파당화되어 감에 따라 숙종과 영조는 지방서원의 남설을 금지하였으며, 이를 위반할 경우, 강제철거, 파직, 정거(停擧: 설치를 주장한 유생에게 5년 동안 과거응시를 정지시킴) 등의 강력한 정책을 폈다. 그럼에도 불구하고, 영조시대에 이르면 서원의 수가 무려 700여개에 이른다. 점차 서원은 지방 유생들의 술 마시는 사교장으로 변질되어 갔으며, 군포내기 싫은 양민들까지 그 속으로 들어가 일종의 탈세의 온상이 되었다. 성현을 위하고 학문을 한다는 초창기의 취지와는 달리, 국가재정을 좀먹고 모여든 유생들은 아무런 일도 하지 않고 힘없는 양민만 약탈하여, 그것으로 술만 마시며 해악을 일삼는 유해집단으로 변질되었다.

수많은 서원들 중 세력이 가장 큰 곳은 청주의 화양동서원(華陽洞書院)이었다. 노론의 대가 우암 송시열을 모시고 있었으므로 그 세력은 매우 컸다. 강제로 서원유지비 고지서를 돌려 쌀이나 곡식을 징수했을 뿐 아니라, 만일 농민들이 불응할 경우에는 강제억압 및 협박까지도 불사하였다. 그 지방의 벼슬아치들조차 감히 말을 하지 못하였다.

노론의 본거지였던 이 화양동서원과 훗날 그 서원을 철패 했던 대원군 사이에는 다음과 같은 악연이 얽힌 일화가 전해온다.

어느 가을날 이 서슬 퍼런 화양동서원에 폐포파립 차림의 걸인행세를 한 홍선군이 찾아든다. 어엿하게 정문으로 들어가면서 "원님들 편안하오?" 하며 그들이 있는 곳으로 들어섰다(한국의 역사 제9권에서 인용).

흥선 대원군과 화양동서원의 악연

"아이고 망란(墨蘭에 대한 별명)이 왔군. 그래, 아무리 왕손이라 해도 서원에 왔으면 만동묘(萬東廟: 임진왜란 때 도와준 명나라 신종 · 의종을 위하여 송시열의 유명으로 화양동에 세운 사당)에 먼저 참배하고, 또 우암 사당에도 절해야지 어디로 들어오는 거야."

"차차 하지."

"차차라니, 황제나 선정(先正: 도덕과 학식이 뛰어난 사람을 죽은 뒤에 이르는 말)을 뵙는 것도 차차야." 원님들은 매우 불쾌하게 걸인모양의 홍선군을 노려보았다.

"황제고 선정이고 간에 나도 배가 불러야 인사를 드리지." 홍선군은 여전히 염치없이 들어와 앉으며 추한 꼴을 보였다. 그는 노론에 대하여 불만을 품고 있었으므로 어딘지 모르게 반항적인 태도로 나왔다.

"여봐라, 저 지나가는 걸객에게 술이나 한 잔 주어 보내라." 마치 걸인과 같은 대접이다.

"여보. 나는 술을 못하오. 다른 것이 있으면 주구려." 너희들은 매일같이 백성들의 돼지나 닭을 잡아먹으며 놀고 있으니 나도 한몫 달라는 소리였다.

"여보. 팔도 나으리, 여기 와서 원생 노릇하고 싶지 않소? 우리같이 매일 술이나 먹으며 노는 것이 어떻소?" 방랑의 왕손을 조롱코자 한다.

"그도 좋지만 나 모양으로 필도강산을 두루 돌아다니는 것이 재미있지."

"그래서 되겠소. 왕손답게 점잖게 지내야지. 유리개걸해야 쓰겠소."

"다된 세상 아무러면 어떻소."

"다 되다니, 볼기맞을 소릴 하네."

"굶어 죽게 되었으니 다 된 것 아닌가. 별것 있나. 사람은 우선 먹고 봐야지."

"그렇지. 그래 망나니 나리도 자시려고 다니는 구료."

"그렇고말고. 더 말할 나위 있나. 자, 먹을 것이랑 주오."

"에이 여보. 그런 소리 마시오. 어서 안에 들어가 서원에 절하고 나오오. 그러면 우리와 같이 놀 수 있지. 팔도를 다 돌아보아도 여기만은 못할 것이오." 어디까지나 노론의 대가에게 절하고 항복하라는 수작이다. 홍선군은 당시 당파들의 세력을 싫어하였고 또 노론들이 집단세력을 이용하여 왕실을 좀먹는 것이 싫어서 참배하고 싶지 않았다. 이 자들이 어떻게 노는가 보자 싶어 그대로 돌아 나가려고 하였다.

"저런 망나니가 있나. 선정(先正)에게 절도 안 하고 나가다니 몹쓸 것이군. 여봐라, 저 망나니를 잡아다가 절을 시키도록 하여라." 하는 호령이 떨어졌다. 그러자 원노들이 홍선군을 붙잡아다가 강제로 무릎을 꿇려 절하게 하였다. 처음에는 만동묘(萬東廟), 그리고 우암사(尤庵祠)에 절을 시키고 나중에는 원님 원생에게까지 절을 시켰다.

"야. 나도 어디 왕손의 절을 받아보자."

"참 재미있는 일이다." 서로 떠들면서 톡톡히 망신을 주었다. 홍선군은 기운이 모자라 할 수 없이 여러 사람에게 절하고 풀기 없이 문밖으로 쫓겨나는 신세가 되었다. 푸른 하늘에 한 무리의 흰 구름이 떠가고 있었다.

"오냐. 오늘은 내가 참으마. 어디 두고 보자. 후일 너희들을 모조리 없애버리리라."

후일 국태공으로 정권을 잡은 대원군은 제일 먼저 서원철폐를 단행한다. 그 서원철폐의 제1호가 바로 이 화양동서원이었다. "우리나라에 세 가지의 큰 폐단이 있으니, 그 하나는 호서(충청도)의 사대부(양반)요, 둘째는 관서(평안도)의 기생이요, 그리고 셋째는 호남(전라도)의 이서(아전)이다." 대원군이 집권하여 개혁을 단행하면서 남긴 유명한 말이다. 정확한 진단이다. 조선조의 부정부패의 원인을 오랜 재야생활을 통해 몸소 체험하고 있었기에 나온 말이다. 전국을 유람하노라면 경치 좋은 곳곳에 웅장한 서원이 아직도 남아 있어 그 날의 부패한 권력과 영광을 말해주는 듯하다.

(2009. 6. 6. 도진 산방에서)

청렴과 정의의 화신, 포청천

포공이시여 대체 어디 계십니까?

자본주의와 시장경제가 확대되면서 물질만능주의가 사회를 지배 한지 오래되었다. 법보다는 권력과 돈이 가까운 세상이다. 권력과 돈을 좇아 모두가 공직을 구하고 있고, 또 공직자들은 공(公)의 의미를 잊은 지 오래다.

이제는 윤리니 도덕이니 하는 추상적인 잣대를 들이대기에는 사회의 인식기반이 너무 취약하다. 그렇다 하더라도 공직윤리는 세워야 하고, 나아가 윤리적 기반(ethical basis)이 튼튼한 윤리적 정부를 만들어야 한다. 도덕과 윤리로서 세우지 못하면 법(法)으로, 법으로 되지 않으면 형(刑)으로라도, 공직질서는 세워야 한다. 그래야 국민이 살고 나라가 선다.

그 어느 때보다도 혁명적 개혁이 절실한 시점이다. 그 이유는 공공부문의 영역이 확대되면서 공직자들의 맑고 흐림이 국민들의 삶에 곧바로 광범위하게 영향을 미치기 때문이다.

보통 사람들에게 역사는 단 한 번도 행복을 선사한 적이 없다. 하지만 질식할 것만 같은 갑갑한 현실 속에서도 희미하나마 백성들의 마음을 어루만져 줄 소수의 청백리들이 있었기에 우리에게 희망을 준다. 이 시대의 청백리를 찾기 전에 먼저 중국의 청백리 한 사람을 소개한다. 우리 모두가 잘 아는 사람이다.

전설이 된 청백리

포청천이라는 이름으로 우리에게 잘 알려진 포공(包公, 999~1062)은 중국 역사상 가장 유명한 청백리이자, 백성들의 억울함을 풀어준 정의의 화신이다. 그가 남긴 평생의 족적은 각종 역사에 기록되어 있어 더할 것도 뺄 것도 없는 인물이다.

그러나 그는 1,000년을 넘게 민간에게 가장 인기 있는 인물로, 희망을 주는 인물로 점점 더 그 비중이 커져가고 있다. 각종 연극이나 희곡 등을 통해 관련된 전설이 갈수록 늘어나, 이제는 집집마다 모르는 사람이 없을 뿐 아니라 전설 속의 인물이 되었다. 그와 관련된 이야기는 진실과 허구가 뒤섞인 채 오랫동안 전해져 내려와 그 진위를 가리기가 쉽지 않다. 포공의 재판에 관한 이야기를 모아 엮은 소설책인 〈포공안〉에 나오는 고사는 진실은 아니지만, 읽는 독자에게 시원한 청량감을 준다. 사건의 내용은 허구이지만 포공의 사건처리는 진실이기 때문이다.

인정미 넘치는 철면무사

포공의 이름은 포증(包拯)이다. 자는 희인(希仁)이며, 안휘성 합비 사람이다. 북송시대의 이름난 청백리였던 그는 평생 공평무사하게 법을 집행하며 정직하고 청검하게 살았다.

권세를 두려워하지 않고 백성들을 위해 봉사해, 당시는 물론 후대에까지 백성들이 가장 사랑하는 인물로 남아 있다. '포공(包公)'은 그에 대한 존칭이다. 출토된 포공 묘지의 기록에 따르면, 그는 온 천하에 명성을 떨쳐 이민족조차 그 명성에 탄복했다고 한다. 조정의 사대부들은 물론이고 지방의 학자들까지 모두 그의 이름이나 관직명을 부르지 않고, 공(公)이라 불렀다. 그는 천장각 대제, 용도각 직학사, 개성부윤, 추밀원부사를 지냈고, 그 때문에 민간들은 그를 포대제, 포용각, 포청천 등으로 불렀다.

포공은 늘 무대에서 철판처럼 검은 얼굴로 등장한다. 옛날에는 청백리들을 '철면무사(鐵面無私)'라 했다. 모두 얼굴에 철판을 깐 듯 사사로운 정에 구애받지 않는다는 의미에서 부쳐진 이름이다. 특히 포공은 항상 검은 얼굴을 하고 진지하게 원칙만을 강조했기 때문에 언뜻 보면 융통성이 없고 인정미가 부족해 보일 수 있다. 그러나 사실은 그 반대로 인정미가 흘러넘치는 인물이었다.

정사는 물론이고 야사, 민간전설 등 어디를 보아도 포공에게 접근하기 힘들고 융통성 없는 딱딱한 관료적 색체는 찾을 수 없다. 〈송사(宋史)〉나 〈포공전〉에 의하면, 과거에는 소송사건을 뜰아래에서 처리하지 않았으나, "포공은 정문을 열고 앞에 나와 시비곡직으로 진술하게 하니 관리들이 감히 속이지 못했다."라고 되어 있다. 관청의 대문을 활짝 열고 백성들을 맞아들여 무슨 일이든 억울한 사정을 다 말하게 했으니 두려워할 필요가 없었다. 당시의 소송을 이렇게 관리했다니 믿기가 어렵다. 공평무사하게 법을 집행하고 인권을 중시하는 인정미가 넘치는 포공을 백성들이 가슴에 담아두고 영원히 기억하는 것은 결코 무리가 아니다.

선정과 청렴으로 이름을 얻다

포공은 28세 때 진사에 급제하여 국가의 관리가 될 자격을 얻었으나, 관리의 길을 미루고 연로하신 부모를 모셨다. 10년 후 부모가 모두 돌아가시고 상(喪)을 다 치룬 뒤에야 관리의 길을 걸었다. 첫 임지가 양주 천장현의 지현이었고, 그 다음 단주(端州)의 수령에 임명되었다. 단주(지금의 광동성 조경)에서 3년 동안 재임하면서 많은 일을 해 냈고, 또 여기서 청백리의 명성을 얻기 시작한다.

단주 수령에 재직하는 동안 서강의 수재를 다스렸고, 우물을 파고 양식을 비축하는 등 여러 가지 사업을 의욕적으로 추진했다. 특히 소송과 형사사건을 정리하는 일에 힘을 쏟아, 관아에는 밀린 사건이 없게 되었고 감옥에는 억울하게 갇혀 있는 사람이 없어졌다. 각종 폐단을 근절하고 풍속을 정화하여 백성들 사이에 그의 이름이 널리 퍼졌다. 포청천이라는 그의 명성은 단주에 재임하면서 그 기초가 닦였든 것이다.

포증이 3년간의 단주(端州) 수령직을 마치고 떠날 때, 그 지역의 유명한 특산품인 "단주의 벼루조차 하나 가지고 가지 않았다."는 이야기는 미담이 되어 널리 퍼졌다. 단주의 벼루는 이 지역의 유명한 특산품으로, 문방사우 중에서 안휘성 선성의 종이, 절강성 호주의 붓, 안휘성 휘주의 먹과 함께 명성이 자자했다. 게다가 송나라 때에는 황실에 올리는 중요한 물품의 하나였다. 과거 지방관들은 늘 조정에 바친다는 구실로 각지에서 벼루를 거두어들여 좋은 것은 훗날 뇌물이나 예물로 쓰려고 자신이 차지했다. 하지만 단주에 부임한 포증은 장인들에게 황실에 바칠 수량만큼만 제작하게 하고 자신은 단 하나도 거두지 않았다.

포증의 선정과 청렴이 먼 지방까지 알려지게 되자 인종은 그를 수도 경성(하남성 개봉)으로 불러들여 대제와 직학사를 거쳐 서울특별시장 격인 개봉부윤을 맡기게 된다. 결국 청렴이 관리의 유익한 자산이자 천하의 큰 장사임을 증명한 것이다. 포청천이 최상등의 이름 있는 청백리가 될 수 있었던 것은 백성을 사랑하는 본인의 공직에 대한 철학과 윤리에 근거하지만 당시의 정치문화도 크게 영향을 미쳤다.

포증이 황족이나 권문세가들을 두려워하지 않고 통치계급의 이익에 반하면서까지 소신 있게 백성을 위해 일할 수 있었던 것은 송나라 역사상 가장 훌륭한 군주로 평가받고 있는 인종이라고 하는 어진 군주가 있었기에 가능했다. 또한 그의 아버지 포숙(包肅)의 교육이 있었기 때문이다. 포숙은 자손들에게 다음과 같은 가훈을 남기고 있다.

> *"후세 자손 중에 벼슬살이 하다가 부정을 범하는 자는 집에 들어오게 해서도 안 되며, 또 죽은 후에 선영에 묻힐 수 없다. 내 뜻을 따르지 않으면 내 자손이 아니다."라고 하고 이를 돌에 새겨 후손에게 가훈으로 남기게 하였다.(포증집)*

포증은 자손을 비롯한 세상 사람들에게 청렴하고 깨끗하게 생활할 것을 권유하는 〈서단주군재벽(書端州郡齋壁)〉이라는 오언율시 한 수를 남기고 있다.

깨끗한 마음을 다스림의 근본으로 삼고
바른 길을 몸소 실천한다.
가지를 다듬어 마침내 기둥을 이루고
좋은 강철을 낚시 바늘로 쓸 수는 없는 법
창고가 넉넉하면 참새나 제비가 기뻐하고
풀이 다 떨어지면 여우와 토끼가 시무룩해 한다.
역사책에 유언을 남기니
후손에게 부끄러움 없도록 하리라.(포증집)

역사상 위대한 인물들은 아름답고 귀중한 시를 많이 남겼다. 대부분 아름다운 자연을 노래하고, 뜻있는 인물이나 영웅호걸을 찬양했다. 그러나 이 시처럼 탐욕을 경계하고 청렴을 제창하여 이제 막 관직에 들어서는 관리들에게 좌우명을 삼을 수 있도록 한 시는 찾아보기 어렵다.

죽은 뒤 염라대왕이 되다

백성들은 약자를 동정하고 배은망덕한 자를 증오하면서, 포청천과 같은 공명정대한 관리가 나타나 정의를 지켜주기를 기대한다. 배은망덕한 자가 설치면 설칠수록 백성들은 엄정하고 살신성인하는 청백리가 나타나 이들을 혼내주기를 갈망한다.

포공이 죽은 뒤 염라대왕이 되었다는 이야기는 당시 민요에서 비롯되었다. 포공은 법을 워낙 엄정하게 집행했다. 정에 억매이지 않았을 뿐 아니라 뇌물이나 예물도 받지 않았으며, 사건을 처리하는 중에는 손님조차 만나지 않았다. 때문에 당시 개봉부 백성사이에는 "관계가 통하지 않는 존재는 포공과 염라대왕뿐이다." 라는 민요가 널리 유행했다. 이 민요는 오늘날 우리에게도 시사하는 바가 크다.

당시 사람들은 이승에서 억울하게 죽으면 원귀가 되어, 저승의 억울한 사람들이 가는 이른바 왕사성(枉死城)으로 간다고 생각했다. 그런데 세월이 자꾸 흐르면 왕사성에 억울한 사람들이 넘쳐나지 않을까 걱정이 되었다. 그래서 이야기꾼들은 포공에게 왕사성의 판관역할까지 맡겨 버렸다. 즉 낮에는 이승에서, 밤에는 저승에서 일하면서 억울한 사람들의 분을 풀어주게 한 것이다. 이에 한걸음 더 나아가, 포공이 죽은 100년 뒤에는 아예 염라대왕이 될 것이라는 상상을 했고, 이것은 곧 백성들의 소망과 일치했다. 이승에서 포공을 만나지 못하면, 저승에 가서라도 만나야 한다는 염원이 들어 있다. 포공이 염라대왕이 된다면 그를 만나기가 한결 쉬워지지 않겠는가? 포공이 죽은 후 염라대왕이 되었다는 이야기는 백성들의 이러한 천진난만한 희망이 배어 있는 이야기다. 그만큼 백성들은 정의롭고 공평무사한 청백리를 그리워하고 있었다는 이야기다.

포공이시여 어디 계십니까?

'관아의 문은 돈 없이는 넘어설 수 없다'는 시대에 포공이라는 인물은 백성들의 희망이자 우상이었다. 공평무사, 청렴결백, 백성의 원성을 풀어주는 정의의 화신, 이러한 수식어를 가진 포공은 다른 어떤 사람과도 비교할 수 없는 최고의 인물이었다.

이제 포공은 그 시대의 부패정도를 측정하는 온도계가 되어 있다. 국가에 어려운 일이 많고 외환이 심각할 때마다 중국인은 조국을 지킨 민족영웅 악비(岳飛)를 떠올린다. 마찬가지로 정치상황이 암울하고 사회가 혼란스러우며 힘 있는 자들의 횡포로 백성들이 살아가기 힘들 때, 사람들은 눈물을 흘리며, "포공이시여! 어디계십니까? 포청천이시여 대체 어디 계십니까?" 하고 피를 토한다. 이와 같이 중국인들이 포공을 갈망하는 열기가 많으면 중국사회가 불안정한 것이며, 열기가 없으면 사회가 안정되어 있다고 볼 수 있다. 포공 신드롬은 바로 중국사회의 안정과 불안정, 그리고 백성들의 생활만족도를 재는 온도계인 것이다.

한편 지하에 있는 포공은 어떤 생각을 하고 있을까? 세상 사람들이 제발 자신을 잊어주기를 바라고 있을 것이다. 백성들이 자신을 그리워하면 할수록 억울한 일이 많다는 것을 그 누구보다도 잘 알고 있기 때문이다. 그가 평생동안 사랑한 백성들의 행복을 기원하면서 포공은 저승에서 자기의 신드롬이 없어지기를 조용히 빌고 있을 것이다. 포공이 편안히 쉴 수 있는 날은 언제 올 것인지?

포공이야 말로 진정으로 공(公)을 실천한 사람이다. 청렴과 강직, 공평과 정의, 공정과 무사, 합법성과 대응성, 자유와 평등 등 공직윤리는 모두 실천한 진정한 공직자라 할 수 있을 것이다. 앞으로도 포공은 시공을 초월한 역사적 인물로, 중국은 물론이고 중국문화가 전파된 곳이면 어디에서든 가장 높은 지명도를 유지할 것이다.

부패와 비리에 맞서 싸우며 나쁜 기풍을 바로 잡으니
공평한 법집행에는 늘 포공이 있다네.
입에서 입으로 전파되어
동서고금 천추에 누구나 우러러 본다네.(사식, 중국 관료열전)

(2009. 11. 6. 도진 산방에서)

조선의 기틀을 다진 명재상, 황희

종들도 하늘의 백성이거늘 어찌 함부로 부리리오

조선왕조는 고려왕조의 부정부패를 개혁하기 위해 성립된 정권이었기에 처음에는 무척 깨끗한 정부였다. 그러나 전체적으로 볼 때, 조선왕조 518년 동안의 청백리는 불과 218명에 불과하다. 그것도 가장 많은 수를 기록하고 있는 '전고대방(典故大方)'의 기록에 따른 것이다.[1] 등록된 청백리의 대다수는 조선왕조 전기의 사람들이다. 조선왕조 후기에는 당쟁 때문에 편파적으로 청백리를 선발할 위험이 있었기 때문에 최소한의 인원만을 선발했다. 특히 노론의 일당독재와 외척의 세도정치가 시작되던 19세기 이후에는 청백리를 거의 선발하지 않았다.

우리나라 청백리의 대명사는 황희 정승이다. 그는 조선왕조의 기틀을 다지

1) 청백리의 수는 기록에 따라 각각 다르다. 대동장고(大東掌攷)에는 217명, 청선고(淸選考)에는 186명으로, 전고대방(典故大方)에는 218명으로, 그리고 출처를 밝히지 않고 써 내려간 최근의 책에서는 어떤 책은 157명으로 또 어떤 글에서는 219명 등으로 쓰여지고 있기도 하다. 그 이유는 청백리의 선발이 공식적인 제도에 의하여 정기적으로 선발된 것이 아니었기 때문이다. 또 현직관료에게 주어지는 염근리와 죽은 후의 청백리가 서로 중복되어 있기 때문이기도 하다. 여기서는 가장 많은 인원을 기록한 전고대방의 자료를 인용했다.

고, 세종대왕의 찬란한 업적을 가능하게 한 청백리 명재상으로 우리에게 가장 많이 알려진 인물이다. 황희는 고려 말 공민왕대에 태어나서 세종대왕 시대의 성세를 이룬 명재상이었다.

황희는 고려 공민왕 12년(1363) 장단 가조리에서 태어났다. 황희의 자는 구부(懼夫)요, 처음 이름은 수로(壽老)였다. 본관은 장수(長水)이고 호는 방촌(厖村)이다. 14세에 음관(고위관직자의 후손인 경우 과거를 거치지 않고 관리에 임명되는 제도)으로 복안궁의 녹사가 되었다. 황희가 문과에 합격한 것은 고려 말 창왕 원년(1388)이다. 27세 때 문과에 급제하고 다음해인 공양왕 2년(1390)에 성균관 학관, 요즘으로 말하면 국립대학 교수로 발령받아 벼슬살이를 시작했다. 관리가 된 초기부터 과감히 바른 말을 하였고, 그로 인해 자주 파직과 복직을 거듭하였다. 그 당시의 청렴하고 강직한 성품이 나중에 정승에 이르기까지 지속된다. 황희가 중용된 것은 태종대에 들어서이다.

두문동에서 파견한 인물

고려는 34대 공양왕을 마지막으로 멸망하게 된다. 황희가 벼슬길에 나선 지 불과 2년 뒤의 일이다. 이성계가 조선을 세우자, 72명의 고려충신들은 나라를 지키지 못한 죄인이니 세상을 등지고 살리라 결심하고 경기도 광덕산 기슭의 두문동으로 들어가 버렸다. 황희 역시 망국의 유신으로 죽기를 각오하고 두문동으로 들어갔다. 이성계가 갖은 방법으로 설득하였으나, 이들은 두문동에서 단 한 발자국도 나오지 않았다. 그야말로 두문불출(杜門不出)한 것이다.

고려왕조의 재건운동을 겁낸 이성계는 각지에 귀양 보낸 왕씨들을 전부 모아 거제도에서 자기네들끼리만 마음 놓고 살게 해주겠다고 속이고는, 섬으로 실고 가는 도중 모두 수장시켜 버렸다. 또한 두문불출하고 있는 고려 충신들에게는 나오지 않으면 두문동 마을을 불 지르겠다고 협박하기에 이르렀다.

고려충신들은 한 사람만은 살아서 백성들을 바른 길로 이끌어야 한다는 데 의견을 모았다. 황희는 창생(蒼生)을 위해 일하는 것이 가치가 있다는 고려 유신(遺臣)들의 권유를 흔쾌히 받아들였다. 맹목적 절의보다는 민중을 위하는 실제적인 길을 택한 그의 판단을 보여주는 대목이다. 그래서 세상에 내 보내어진 사람, 나이가 가장 어리면서도 학문과 인품이 뛰어난 그 한 사람이, 세종 임금 때 18년 동안이나 영의정을 지내면서 조선왕조의 기틀을 다진 황희였다.

조정에 나아간 황희는 소위 혁명주체가 아니라는 이유로 처음에는 왕따도 많이 당하고 좌천에 귀양살이까지 하였으나, 청렴결백한 성품에 탁월한 능력을 인정받아 태종 5년 지신사로 등용되어 그 이름을 점점 알리기 시작한다.

그도 처음부터 매사에 모범적이고 훌륭한 인물은 아니었다고 전한다. 사람은 누구나 나이가 들어감에 따라 지혜가 늘고 인품도 높아진다. 황희에게도 어린 시절, 젊은 시절이 있었으니 처음부터 그의 인격이 한없이 고매하고, 풍류를 즐길 줄 안 것은 아니었다. 그로 하여금 매사에 신중하고 인자하며, 공평무사하게 애민하는 성품을 갖추게 만든, 크게 깨우침을 준 한 일화가 전한다. 그가 선비 때의 일이니 시절은 고려 말이었다.

어느 날 시골길을 걸어가는데 한참 떨어진 곳에서 소 두 마리를 부리며 밭을 갈고 있는 농부가 있었다. 황희는 가까이 가서 물었다.

"여보시오. 그 두 마리 소 말이오. 어느 놈이 일을 더 잘하오?"

어느 소가 일을 더 잘하거나 말거나 아무 상관도 없었지만 지나가다가 심심풀이로 그저 물어 보았던 것이다. 그런데 농부가 일손을 멈추고 황희에게 가까이 다가오더니 귀에 대고 속삭이듯이 낮은 목소리로 이렇게 일러 주는 것이었다.

"저기 저 누렁이는 일도 잘하고 말도 잘 듣지만, 저쪽 검둥이는 일도 잘 안하고 꾀만 부리면서 말도 잘 안 듣는다오." 황희가 웃으면서 말했다.

"에이 여보시오! 그런 걸 가르쳐 주는 데 굳이 여기까지 와서 귀엣말로 할 건 뭐요? 거기서 얘기해도 들릴 텐데." 그러나 나이가 든 농부가 정색을 하며 대꾸했다.

"어허 모르시는 말씀! 그건 선비님이 아직 젊어서 모르고 하는 소리외다. 아무리 말 못하는 가축이라도 제 흉을 보는 데 좋아할 리가 있겠수?"

그 순간 황희는 크게 깨달았다. "아하 그렇구나! 내 공부와 수양이 이처럼 밭가는 농부보다도 못하니 아직 멀었구나. 짐승조차도 제 흉을 보면 싫어하거늘 사람이야 오죽하랴. 내 앞으로 각별히 언행과 행동을 조심하리라." 그렇게 생각한 황희는 더욱 과묵하고 침착하며 매사에 신중하게 처신했다. 이때부터 "종들도 하늘의 백성이거늘(奴僕亦天民) 어찌 함부로 부리리오."라는 그의 따스한 애민사상과 투철한 인본사상이 자리를 잡았다고 전한다.

강직한 성품으로 태종과 세종의 마음을 사로잡다

태종이 임금의 자리에 오르고 난 며칠 후, 도승지 박석명에게 "누가 자네를 대신하여 승지가 될 만한가?" 하고 물었다. 박석명이 대답하기를 "신하 중에는 합당한 사람이 없고, 오직 승추부도사 황희가 그럴 만한 사람입니다." 하고 추천하였다. 일찍부터 황희의 사람됨을 알아주는 이가 박석명이었다.

태종은 그의 말을 듣고 황희를 등용한 후 얼마가지 않아 승지를 삼았다. 그 후 형조판서, 지의정부사, 사헌부대사헌, 병조판서, 예조판서 등의 요직을 두루 거치면서 태종 9년에는 이조판서에 오르게 된다.

황희가 이조판서 때의 일이다. 세자 양녕대군을 폐하라는 상소가 올라오자 태종은 대신들을 모아 놓고 "장차 세자를 폐하려 한다." 하고 일일이 의견을 물었다. 대부분의 신하들은 폐 세자는 마땅하다는 의견이고, 태손을 세우느냐 아니면 다른 왕자를 세우느냐에 대한 의견이었다. 아무도 세자 편을 드는 사람은 없었다. 이때 황희는 "나라의 국저(國儲: 임금의 맏아들)인 세자를 쉽게 움직이는 것은 옳지 않은 일이옵니다." 하고 반대하였다.

이때 판서 이직(李稷)도 함께 반대하였다. 태종은 크게 노하여 황희를 공조판서로 좌천시키고, 다시 외직인 평안도 도문부사로 보냈다. 드디어 양녕대군이 폐서인이 되자, 이번에는 교하로 좌천되었다. 이때 대신들과 대간들은 모두 황희를 처벌하기를 청하였다.

세자문제로 황희를 교하로 좌천은 보냈지만, 태종은 오히려 강직하고 바르게 진언하는 황희가 더 믿음직스러웠다. 실제로 당시 태종은 황희를 공신으로 대우해 주고 있었다. 하루라도 접견하지 못하면 반드시 불러 보았으며, 좌우를 떠나지 못하게 할 정도로 그에 대한 신임이 두터웠다.

태종은 황희의 생질 오치선을 교하로 보내, "경은 비록 공신은 아니되, 나는 경을 공신으로 대우하여 하루라도 좌우를 떠나지 못하게 하려고 하였으나, 이제 대신들과 대간들이 경에게 죄주기를 청해 마지않는구나. 그러니 양경(서울과 개경) 사이에는 둘 수 없으므로, 경의 관향인 장수에 가까운 남원으로 옮기게 하였다. 경은 어머니를 모시고 편하게 같이 가라." 하고 전하였다. 그리고는 사헌부에 명하여 "그의 가는 길에 관리가 압송하지 말라." 고 하였다.

오치선이 돌아오자, 왕은 황희가 무어라 하든가 하문하였다. 오치선이 아뢰기를, "살과 뼈는 부모께서 주신 것이요, 의식이나 쓰는 것은 모두 임금의 은혜였으니, 신이 어찌 덕을 배반하였겠습니까? 실로 다른 마음이 없었습니다 하고는 울면서 어쩔 줄 모르더이다." 하였다. 이 일로 그는 6년 동안 지방에서 귀양살이를 하였다.

황희가 충녕대군을 왕으로 삼는 데 반대한 이유는 개인의 이익이나 파당에 대한 의리 때문이 아니라, 신하로서 주군의 결정이 정통론의 명분에 어긋나기 때문이었다. 태종 또한 이것을 너무나 잘 알고 있었다.

세종 5년(1423) 이제는 태상왕이 된 태종이 황희를 불러 놓고, 세종에게 이르기를, "황희의 전날 일은 어쩌다가 그릇된 것이니 이 사람을 끝내 버릴 수 없다. 나라를 다스리려면 이 사람이 없어서는 안 된다."하고 추천하니 세종은 곧 황희에게 예조판서를 제수하였다. 황희에 대한 총애는 태종에 그치지 않고 세종에게 이어졌다. 비록 양녕대군의 폐위에는 반대하였으나, 세종은 부왕인 태종의 뜻을 이어 황희를 중용하였다.

조선시대의 가장 대표적인 명재상

극심한 흉년이 든 세종 6년(1424)에 황희는 강원도 관찰사로 부임하여 목민관 생활을 시작했다. 정성을 다하여 흉년으로 괴로워하는 백성들을 구제하였다. 관찰사의 임기를 마치고 돌아올 때, 백성들은 그의 은덕을 사모하여 울진에서 그의 행차가 멈추었던 곳에 대를 쌓고 소공대(召公臺)라 이름하였다. 후일 남곤(南袞)이 글을 짓고 송인(宋寅)이 비를 세웠다(조야첨재 朝夜僉載).[2)]

세종 9년에는 정승이 되어 영의정에 이르게 되고, 그후 18년 동안 국정을 총괄하면서 공평무사하게 세종조의 문예부흥을 이끈다. 4군 6진의 개척과 외교와 문물제도의 정비, 그리고 집현전을 중심으로 한 문물의 진흥 등을 진두지휘하였다.

---

2) 조야첨재는 조선시대의 편년사이다. 1392(태조 1)부터 1720(숙종 46)까지의 사실을 수록하였다. 간행 연대는 숙종 때로 추정된다. 《약천집》과 《국조인물지》에는 숙종 때의 윤형기(尹衡器)가 저자로 되어 있고, 《연려실기술》 별집의 《야사목록》에는 윤득운(尹得運), 《규장각목록》에는 윤형성(尹衡聖)으로 되어 있어 저자를 정확히 알 수 없다. 내용은 《국조보감》과 《용비어천가》등을 참고하여 기술하였으며, 근본자료는 적으나 조선 역사의 개략을 이해하는 데 편리하다.

농정부분에서는 농사 개량에 유의하여 각종의 곡식 종자를 배급하고, 각 도에 뽕나무를 심어 의생활을 풍족하게 하였다. 한편 국방문제에도 특별한 관심을 기울여 북방의 야인과 남방의 왜에 대한 방비책을 강구하였을 뿐만 아니라, 예법의 확정에도 노력하여 원나라의 영향이 컸던 예법을 명나라의 예법과 조선의 현실에 맞도록 개정 보완하였다. 또 인권문제에도 관심을 기울여 천첩소생의 천역(賤役)을 면제하는 등 조선조의 국가기반을 확립하는 데 공헌하였다.

특히 세종 말기에 궁 안에 내불당을 설치하면서 촉발된 왕과 유학자 출신 중신들 간의 갈등과 마찰을 잘 중화시키는 등 왕을 보좌하여 세종대왕의 성세를 이룩하는 데 기여하였다. 그의 안정적인 국정총괄의 뒷받침 속에 세종임금도 위대한 업적을 이룰 수 있었다. 그리하여 황희는 조선왕조를 통틀어 가장 존경받는 청백리 제상으로 칭송받게 되었다.

미래를 보는 혜안과 인재를 보는 눈을 갖다

황희는 누구에게나 너그럽고 온화하면서 사려가 깊었다. 그러나 나라를 위한 특별한 목적과 의도를 가지면 그 누구보다도 매서웠다. 황희가 김종서를 교육시킨 사건은 유명하다. 황희가 정승이 되었을 때 김종서는 공조판서였다. 어느 날 오후 늦도록 대신들이 모여 회의를 하고 있었다. 회의가 끝나자 김종서가 공조로 하여금 술상과 다과를 차려오게 하였다. 황희가 크게 노하여, "국가에서 예빈실을 설치한 것은 3공을 대섭하기 위함이니, 만일 시장하다면 의당 예빈시로 하여금 장만하게 할 것이지 어찌 사사로이 공조의 예산을 쓴단 말인가?" 황희는 김종서를 앞에 불러 놓고 무섭게 꾸짖었다. 고관으로서 범하기 쉬운 사적인 예산지출과 국고지출의 무질서를 엄하게 다스린 것이다.

김종서가 병조, 호조 판서로 있을 때에도, 어떤 실수가 있을 때마다 박절할 정도로 꾸짖었다. 때로는 김종서 대신 종을 매질하기도 하고, 혹은 그의 구사(丘史: 수행하인)를 가두기도 하였다. 동료들이 모두 지나치다고 하였고, 김종서 역시 난처해하였다.

어느 날 맹사성이 "김종서도 당대의 관리인데, 대감은 어찌 그렇게도 허물을 잡으시오." 하고 물었다. 그러자 황희정승은, "그것은 내가 김종서를 아껴서 인물을 만들려는 것이요, 종서가 고집이 세고 몸이 날래어 일을 과감하게 하지 않소. 뒷날 우리의 자리에 있게 될 때, 모든 일에 신중을 기하지 않는다면, 일을 망가뜨릴 염려가 있지 않겠소. 미리 그 기운을 경계하게 하여 경솔하지 않도록 하려는 것이오. 결코 난처하게 하려는 것이 아니요." 하니 맹사성이 탄복하였다. 그 뒤에 황희는 관직을 물러나면서 김종서를 추천하여 자기의 자리를 대신하게 하였다.

저들도 생민이거늘 어찌 함부로 부리리오

황희는 신분이나 남여 노소를 가리지 않고 모든 사람에게 사랑으로 대했다. 항상 성품이 너그럽고 어질고 침착하였다. 또한 청렴하고 충효가 지극하였다. 높은 신분의 고관대작이라고는 상상할 수 없을 정도로 소탈하고 아량이 넓었다.

조선시대는 양반과 상민의 구별이 뚜렷한 사회였지만, 황희는 신분의 높고 낮음을 가리지 않았다. 하인들이 실수를 해도, 그 자식들이 방에 들어와 오줌을 싸도, 허허 하였다. 백성들 앞에서는 영의정이 아니라 너그러운 할아버지일 뿐이었다.

평시에는 너그럽고 소탈하여 비록 손자와 아이들이 옆에서 울부짖고 희롱하여도 조금도 꾸지람하지 않았으며, 심지어 수염을 뽑는가 하면 빰을 치는 놈까지 있어도 다만 웃을 뿐이었다(용재총화). 이렇듯 마음이 넓었지만, 나랏일 볼 때나 관리들을 대할 때는 빈틈을 보이지 않았다.

어느 날 정언 이석형이 황희를 뵈러 갔더니, 〈강목〉과 〈통감〉을 내어 놓고 책 표지에 제목을 쓰고 있었다. 얼마 안돼 못생긴 여종 하나가 약간의 안주를 가지고 벽에 기대서서 이석형을 내려다보면서 황희에게 묻기를,

"곧 술을 드릴까요." 그러자 황희는 조용히

"조금 있다가" 라고 하였다. 여종이 한참을 기다리다가 고함을 치며,

"어찌 그리 꾸물거리누" 하였다. 그러자 공이 웃으며

"그럼 들여오렴." 하였다.

술상이 들여오자 남루한 차림의 아이들이 맨발로 들어와서 주인의 수염을 잡아당기기도 하고, 더러는 주인의 옷을 밟고 안주를 집어먹고, 마구 두들기곤 하였다. 그런데도 황희는 "아야, 아야" 시늉만 낼 뿐 그대로 있었다. 그 아이들

은 모두 노비의 자식들이었다(청파극담). 황희는 "저들도 하늘이 내린 백성이거늘 어찌 함부로 부리리오." 하고는 그런 뜻으로 훈계하는 글을 써서 자손들에게 전하기까지 하였다.

조선시대에는 대가족이 한집에 모여 살았다. 게다가 벼슬을 하면 고향집과 근무지의 집까지 두 살림을 하는 게 보통이다. 녹봉이 가장 많은 영의정이라 해도 깨끗한 청백리들은 살림살이가 어려웠다. 황희도 그랬다. 그는 천성이 검소하여 벼슬이 재상에 이르렀지만 살림살이는 늘 가난했다. 오랜 세월, 황희는 영의정을 지내면서 관복 하나로 1년을 버텼다. 집은 허름하여 비가 새었고, 방바닥에는 장판대신 멍석을 깔고 지내면서도, "아 이 자리가 참 좋구나! 까실까실하여 가려운 데를 저절로 긁어주니 참 좋구나!" 할 정도였다.

85세에 조정을 물러난 황희는 건강을 돌보면서 조용히 만년의 풍류를 즐겼다. 그러면서도 세상을 떠날 때까지 책을 놓지 않았는데, 시력을 아끼려고 두 눈을 번갈아 떴다 감았다하면서 책을 읽었다고 전한다.

창 밖의 복숭아가 익자 동네 개구쟁이들이 이 녀석 저 녀석 몰려와 마구 따 먹었다. 방안에서 책을 보던 황 정승 할아버지가 벙긋 웃으며 내다보다가 잔잔한 목소리로 말했다.

"예 이 녀석들아! 다 따 먹지는 말아. 이 할아버지도 맛 좀 봐야지." 그리고 나가보니 복숭아는 한 개도 없고 빈 나무뿐이었다.

"옳거니 이제 이 몸도 갈 때가 된나 보구나." 홍안백발이 신선 같았던 만백성의 인자한 할아버지 황희 정승은 1452년, 세종대왕이 먼저 떠난 그 이듬해에 향년 90세로 조용히 눈을 감았다. 시호(諡號)는 익성공(翼成公)이었으며 종묘(宗廟)에 배향되었다.

청백리는 쉽게 태어나지 않는다

그는 너그럽고 도량이 넓어 작은 일에 구애함이 없었으며 벼슬이 높을수록 더욱 겸손하였다. 정승을 18년간 봉직하는 동안 그의 탁월한 견식과 도량은 개국 이후의 정승의 공적을 논평하는 데 그를 첫째로 꼽을 정도였다. 그리하여 그는 천의(天意)를 몸소 실천한 군자(君子)인 동시에 일의 기틀을 꿰뚫는 철인

(哲人)의 풍을 지녔다고 평가되었다.

청백리는 세종대왕과 같은 명군(名君) 밑에서 나는 법이다. 중국 역사상 가장 유명한 청백리이자, 백성들의 억울함을 풀어 준 명판관 포공이 나타나게 된 뒤에는 송나라 역사상 가장 어질고 훌륭하다고 평가 받고 있는 인종과 같은 어진 군주가 있어서 가능했다.

마찬가지로 조선의 대표적인 명재상 황희도 세종과 같은 어진 군주가 있었기에 그 명성을 얻을 수 있었다. 역으로 인종이나 세종도 그들의 찬란한 문예부흥을 이루는 데에는 포공과 황희 같은 걸출한 청백리들의 뒷받침이 있었기에 가능했던 것이다. 청백리는 쉽게 태어나지 않는다.

(2009. 11. 7. 도진 산방에서)

중국 최고의 탐관오리, 화신

탐관오리 뒤에는 반드시 탐욕스러운 권력이 있었다

중국 역사상 최고의 탐관오리는 누구일가? 우리는 공직윤리 문제를 다루면서, 가장 모범적인 공직생활을 해온 청백리의 사례만 볼 것이 아니라, 탐리의 사례도 살펴야 한다. 그래야 반면교사로서의 교육이 가능하다. 또 우리의 예가 아닌 이웃나라의 비리사건도 볼 수 있어야 한다. 윤리문제나 부정부패의 문제는 국경을 초월한 인류 공통의 문제이기 때문이다.

중국 최고의 탐관오리는 당연히 청나라 고종(1736~1796: 연호가 건륭이어서 건륭제라 한다) 후기의 권신인 화신(和珅: ?~1799)이다. 중국역사상 수없이 많은 탐관오리 중에서 화신을 당연 최고의 부정축재자라 한 이유는 그가 긁어 모운 부정한 재산이 그 당시 국가 1년 재정수입의 무려 20배에 달했기 때문이다. 실로 상상을 초월하는 액수이다.

위진 남북조시대에서 명나라 때까지 가산을 압수당한 탐리의 수는 100명이 넘을 정도로 적지 않았지만, 부정축재의 규모가 조정의 세입에 상당하는 경우는 얼마 되지 않는다. 동한 왕실의 외척으로서 대장군의 자리에까지 오른 양기(梁冀, ?~159)는 천하를 움직일 권력을 휘두르며 온갖 비리를 저지르고 뇌물을 모아 어머어마한 거부가 되었다. 그가 몰락하여 가산을 압수당할 당시 그의 부정축재재산은 세입의 절반정도이었다고 하니, 화신이 당연 으뜸일 수밖에 없다. 화신은 부정부패로 세계 최고의 갑부가 되었다는 이야기가 된다.

탐욕이 일구어낸 천문학적인 숫자.

화신은 만주족 출신으로, 어렸을 때 가난은 했지만 관학에서 사서오경을 익히면서 교양과 지식을 어느 정도 쌓았다. 성인이 되어서는 건륭제를 모시는 3등급 호위무관인 난의위(鑾儀衛)로 일했다. 화신은 잘 생긴데다 언변이 능했고, 늘 웃는 얼굴로 사람을 대했으며, 상대의 비위를 맞추는 탁월한 기술이 있었다. 어느 날 건륭제를 모시고 가는 도중에 일어난 일이다.

건륭제가 가마를 타려는데, 창졸지간에 가마 위에 꽂는 일(양)산을 찾지 못하여 호위들이 허둥대는 일이 일어났다. 건륭제는 "이게 누구 잘못이냐" 며 역정을 냈다. 시위들은 눈알만 굴리면서 누구 하나 대답을 못하고 있는데, 이때 화신이 나서서 큰 소리로 가마를 관리하는 책임자의 직책을 거론하며, "책임을 면키 어려운 줄로 압니다! 라고 하자, 건륭제는 이목구비가 뚜렷하고 낭랑한 목소리로 시원스럽게 대답하는 화신의 모습이 마음에 들었다. 그래서 가마를 타고 가면서 사서오경에 관하여 이것저것 물었더니 신통하게 총명하게 대답을 잘하는 것이 아닌가! 건륭제는 "시위 중에 이런 인재가 있다니" 라는 감탄사를 연발하면서, 그 자리에서 화신을 의장대를 총괄하는 어전시위로 승진시켰다.

이후 화신은 상대의 비위를 맞추는 탁월한 기술을 이용하여 황제의 심리, 취향, 습성, 기질을 정확히 파악하여 황제의 명령이 떨어지지 않아도 열에 아홉은 정확히 추측하여 즉시 처리함으로써 황제의 마음을 완전히 사로잡았다. 그 결과 짧은 기간에 승진을 거듭하여 1782년에는 호부상서, 태자대보가 되어 재정권을 장악했고, 1786년에는 문화전 대학사가 되어 신료로서 최고의 자리에 올랐다. 뿐만 아니라, 건륭제는 화신의 아들 풍신은덕을 화효 공주의 남편으로 삼아 부마에 봉하기까지 했다.

화신은 1776년 건륭제에 의해 발탁되어 권력에 다가선 이후 1799년 가경제

(건륭제 이후의 황제)에 의하여 사사되고 가산을 몰수당하기까지 20여 년 동안 건륭제의 총애와 신임을 빙자하여 권력을 휘둘렀다. 인사권과 재정권을 모두 거머쥔 일인지하 만인지상의 특별한 인물이 되었다.

그는 평생 단 한 사람 건륭제만 따랐다. 건륭제의 비위를 맞추고 아부하면서, 권력을 이용해 뇌물을 받고 재물을 모았다. 권력을 쥐고 사용할 때 형식상으로는 물론 다른 이유가 있었겠지만, 그런 것들은 수단에 지나지 않았다. 진정한 목적은 재물, 오로지 그것뿐이었다. 도대체 20년 동안 얼마나 긁어모았기에 천하제일의 갑부가 되었을까?

그가 몰락한 뒤, 작성된 재산 압수 명세서를 보면 눈이 현란하다. 세계 재벌이 따로 없다. 목록이 너무 많아 모두 옮길 수는 없고 극히 일부분만 보면 다음과 같다.

주택본채 한 동(정면 72칸, 측면 13칸)

동쪽 별채 한 동(정면 38칸, 측면 7칸)

서쪽 별채 한 동(정면 33칸, 측면 7칸)

안휘성양식의 가옥 한 채(52칸)

동쪽 별채 측실 한 채(52칸)

잡방(120여 칸)

화원 한 곳(누대 42좌)

은행(42곳, 자본 은 4,000만 냥)

전당포(75곳, 자본 은 3,000만 냥)

골동품 가게(13곳, 자본 은 20만 냥)

옥기 창고

비단 창고

서양 물품 창고

주석 창고

음식 창고

약제방

… …

… …

보석염주(1,008개)

푸른 홍보석(4,070개)

상감 옥여의주(1,601개)

… …

금 나한상(18좌)

적금(580만 냥)

… …

소일산(蕭一山)이 쓴 『청대통사』에는 이 재산을 은으로 환산한 수치와 함께 다음과 같은 글이 실려 있다. 간단히 소개한다.

> *"화신의 가산은 모두 109 항목인데, 그 중 83 항목은 계산에 넣지 않았고 26 항목만 계산해도 도합 2억 2,389만 5,160냥에 이르는데 …… 이 명세서가 재산 전체를 기록한 것인지 그 확실성 여부는 단정하기 어렵다. 요컨대, 개인 기록이라면 새는 곳이 없을 수 없고, 관청의 문서 역시 슬그머니 빼돌리는 폐단이 없을 수 없으니 … … 국가 재정으로 명확하게 들어온 수치가 이 정도이니, 나머지는 대내(大內: 가경제의 비자금 금고)로 흘러들어 갔거나 신하들에게 상으로 내렸을 것이다.*
>
> *화신의 가산을 이런저런 것을 고려해 추산해 볼 때 적어도 16억 냥은 넘었을 것이다. 이 돈은 갑오년(1894)과 경자년(1900)의 두 차례 배상금(중일전쟁과 8국 연합국과의 전쟁에 대한 배상금) 총액을 화신의 가산으로 충당할 수 있다는 말이 된다.*
>
> *당시 조정의 세입이 7,000만 냥인데, 화신이 20년 동안 각료로 지내면서 축재한 것이 한 나라 20년 세입(14억 냥)을 훨씬 넘으니 어찌 놀랄 일이 아닌가? 어허… 수억 냥의 자본을 생산도 없는 곳에 쌓아 두었으니 백성의 생활이 어찌 고달프지 않았겠는가!"*

그렇다면 이 희대의 탐관오리 화신은 어떤 방법으로 그 많은 돈을 모았을까? 먼저 재정권을 독점하고 있음을 이용하여, 장부조작과 분식회계를 통하여 국고에 들어와야 할 수입을 그가 관장하고 있는 비자금 금고로 빼돌렸다. 나라의 재정수입을 갈취한 것이다. 다음으로는 매관매직을 통하여 각종 뇌물을 챙겼으며, 조정에 경조사가 발생하면 지방관리들을 부추겨 자진하여 '보효'를 바치게 하고, 이를 횡령했다.

이러한 금금회령과 뇌물수수 외에도 화신은 개인사업을 통하여 재산을 모았다. 공직에 있으면서 개인영업을 한 것이다. 돈에 대한 욕심이 끝이 없어 온갖 수단 방법을 가리지 않았다. 경성부근의 토지를 대량으로 침탈해 고액의 사용료를 챙기고, 대량의 주택을 매입해 임대료를 챙겼다. 또 고리대금업을 통하여 고액의 이자수익도 챙겼다. 그 밖에 전당포, 은행, 식량저장 창고, 술집 등도 운영했다. 약재, 도자기, 골동품, 무기류까지 취급했고, 심지어 80량의 대형 마차를 이용하여 장거리 운송 사업을 하였을 뿐 아니라, 탄광을 파서 석탄사업까지 손을 댔다. 그야말로 문어발식 경영을 휘두르면서 부정축재를 하였으니 그 규모가 어떠하였겠는가?

이러한 일은 아무리 화신이 건륭제의 특별한 총애와 신임을 받았다 하더라도, 한 관료의 개인적인 탐욕의 차원에 의해서 이루어진 것만으로는 볼 수 없다. 적어도 건륭제의 비호 없이는 불가능했다.

탐관오리를 척결하면서, 한편으로는 측근 탐리를 비호한 건륭제

중국은 진한시대 이래 군주 전제제도를 실시하였기 때문에 군왕의 권한은 지고무상한 것이었다. 그러나 역대 왕조에서는 재상에게도 상권(相權)을 부여하여 군권(君權)을 견제하였으며, 황제가 제멋대로 비행을 자행하거나 민간의 재물을 갈취할 경우 재상과 언간들이 나서서 황제를 말렸다. 따라서 명나라 이전까지는 권력이 분산되어 절대 권력의 행사가 불가능했다.

그러나 명나라 태조 주원장이 재상제도를 폐지하고 6부 상서들로 하여금 직접 황제에게 의견을 묻고 보고하도록 제도를 개선한 이래, 황제의 독단적 권력 행사는 한결 수월해졌다. 청나라도 명나라의 제도를 이어받아 그 사정은 같았다. 그래서 화신이 건륭제의 총애와 신임을 업고 절대 권력을 행사할 수 있었던 것은 이러한 배경이 있었기 때문이다. 그러나 똑같은 제도를 가졌던 명나라에서는 왜 그러한 부정부패가 적었을까? 그 이유는 명대에는 탐관에 대한 처벌이 매우 엄격했고, 또 내우외환이 끊이지 않아 국가의 재정이 좀처럼 안정되지 못했기 때문에 뒷주머니를 찰 만한 여유가 없었기 때문이다.

명나라 태조 주원장은 빈민출신으로 탐관오리나 비리에 대한 원한이 많았다. 그는 60냥 이상을 부정하게 착복한 탐관은 목을 잘라 모든 사람이 볼 수 있게 높게 매달았고, 때로는 시체의 가죽을 벗기고 내장을 긁어낸 다음 풀을 채워 박제로 만든 후 교육용으로 전시하기까지 했다. 이러한 끔직하고 강력한 처벌은 확실히 관리를 사전에 단속하는 작용을 했고, 무지한 몇몇 환관들의 비리를 제외하고는 비리와 부정이 거의 없었다.

청나라도 명나라와 마찬가지로 군주 한 사람에게 권력의 집중되어, 황제나 황제의 총애를 받는 사람이 멋대로 부정을 저지를 가능성이 얼마든지 있었다. 화신은 탁월한 아부능력과 친화력을 바탕으로, 공 세우기를 좋아하고 그것을 자랑하기 좋아하는, 그리고 여행과 풍류를 좋아해 돈 쓰기가 헤픈 황제(건륭제)의 마음을 사로잡았다. 화신은 건륭제의 권력이 필요했고, 건륭제는 화신의 아부와 아무런 제약 없이 쓸 수 있는 비자금이 필요했다. 나라 예산을 마음대로 쓰기에는 제약이 많았기 때문에, 아무런 간섭 없이 쓸 수 있는 비자금이 필요했다. 이렇듯 둘의 관계는 서로 공생(共生)하는 관계가 되었다.

역사의 기록에 따르면, 건륭제는 선대 왕들인 강희제나 옹정제보다 더 엄격하게 탐관을 척결하였다고 되어 있다. 1749년, 재위 14년을 맞이한 황제는 탐관오리의 수가 많다는 보고를 받고는 벼락같이 화를 내면서, "탐리들을 하루라도 더 자리에 있게 하면 그만큼 백성들이 더 고통을 받고 나라도 하루 더 병든다."라고 하면서 일제 소탕령을 내린다. 이렇게 해서 건륭시대 목이 잘린 2품 이상의 거물급 탐관이 30명이 넘는다.

화신이 권력을 한창 휘두르고 있던 시기인 건륭 46년, 즉 1781년에 감숙성 관리들의 공금횡령사건이 발생했으나 건륭제는 아무런 보고도 받지 못했다. 건륭제는 대로하여, "부정과 비리가 있음에도 불구하고 관리들이 서로를 지켜주는 풍조가 조정 전체에 만연하고,"… "외지 관리들의 이러한 행태는 도저히 막을 길이 없구나."라며 한탄했다. 이 일로 대대적인 숙청이 이루어져 사형당한 탐관이 47명에 이른다.

자신이 재물을 밝힌다고 하여 다른 신하들의 부정을 그대로 두는 군주는 아무도 없다. 그렇다면 건륭제는 진심으로 나라의 탐관들을 모조리 청산하려 했는가? 그렇지는 않다. 그는 화신을 비롯한 일부 자신이 총애하는 고관들은 온갖 방법으로 비호했다.

화신과 관련되어 있는 중대한 비리사건의 처리를 건륭제는 여러 차례 화신에게 맡겼다. 이럴 때마다, 화신은 교묘하게 사건을 은폐하곤 하였다. 언젠가 내각학사 윤장도가 글을 올려 각 성의 창고가 모두 텅 비었다고 지적하자, 화신은 교활한 말솜씨로 그럴 리가 없다고 반박한 다음, 자신의 수족 한 사람을 윤장도에게 딸려 보내 미리 정보를 흘리고 성의 창고가 채워지기를 기다렸다가 조사하게 했다. 늘 이런 식이었으니 문제를 찾아내지 못하는 것은 당연했다. 윤장도는 없는 사실을 보고했다는 죄명으로 처벌을 받았다.

황제의 비밀금고와 비자금 만들기

건륭제는 화신을 특히 총애한 것만은 확실하다. 화신이 패거리를 지어 사욕을 추구한 증거들이 속속 들어났음에도 건륭제가 화신을 추궁하지 않고 두루뭉술하게 구렁이 담 넘어가듯 넘어간 까닭은 무엇인가? 그것은 다름이 아니라 화신의 집이 황제의 비자금을 위한 '작은 금고' 였기 때문이다.

청대의 관리들은 종종 조정에 돈을 바치곤 했는데 이는 오랜 관행이었다. 이를 공헌(貢獻) 또는 보효(報效)라 했다. 기본적으로 두 가지 유형이 있는데, 하나는 벌금과 유사한 성격의 것으로 관리가 잘못을 저질렀을 경우 처벌을 면제받기 위하여 자발적으로 돈을 내 세금을 충당했다. 잘못이 적으면 벌봉(罰俸)이라 하여 정기적으로 지급되는 수당이나 상금을 일정기간 지급하지 않았다. 요즘의 감봉과 비슷하다. 반대로 잘못이 클 경우, 상당한 양의 돈을 바쳐야 속죄가 가능했다. 이것도 일종의 뇌물수수라 할 수 있다. 다만 뇌물을 받는 대상이 개인이 아니라 조정이라는 점이 다를 뿐이다.

또 하나는 헌금의 성격을 띠는 것으로, 관리 자신의 잘못이 있어서가 아니라 국가의 경조사나 큰 사업을 시행할 때 자발적으로 성의를 표시하는 것이다, 이러한 보효는 수시로 있었다. 건륭제는 처음에는 이러한 수입을 나라 금고에 넣었으나, 되는대로 꺼내 쓰다 보니 점차 외부에 금고를 만들어 관리하는 것이 훨씬 안전하다는 것을 알게 되었다. 화신은 그 기회를 놓치지 않았다. 직접 이를 관리하기 시작했고, 스스로 작은 금고의 대총관 노릇을 자청했다.

탐관오리 화신 뒤에는 그보다 훨씬 탐욕스러운 존재가 하나 더 버티고 있었는데, 그가 바로 건륭제였다. 화신은 이익만 탐했지 명예는 탐하지 않았다. 그러나 건륭제는 이익과 명예 모두 탐했다. 당시에 누리고 싶은 모든 것을 다 누리고, 후대의 성군이라는 명예까지 탐했던 것이다. 이것이 건륭제가 죽는 순간까지 화신을 감싼 이유였다. 이는 또 건륭제가 죽자마자 가경제가 전광석화같이 화신에게 손을 쓴 진짜이유라 할 수 있다.

화신의 최후와 재물

가경 4년인 1799년 정월 초사흘, 89세의 건륭제가 마침내 눈을 감았다. 가경제가 제일 먼저 착수해야 할 일은 나라를 안정시키는 일이었다. 그래서 우선 아버지 건륭제의 묵인 아래 장장 20년에 걸쳐 전국에 부패망을 마련하고 진두지휘한 탐관오리 화신을 제거하여 민심을 수습하는 일에 착수한다. 그러면서도 아버지의 명예에 손상이 가지 않도록 처리해야 했다.

건륭제가 죽자, 가경제는 당일로 애도의 조서를 발표하고, 별다른 기색을 드러내지 않은 채 화신의 이름을 백관의 맨 위에 올리고 국상을 주관하게 했다. 그리고는 바로 다음날 화신의 직위를 해제하고 형식적인 조사에 착수하더니, 지체 없이 화신에게 자살을 명령하고 가산을 몰수한 다음, 20개 항에 이르는 죄목을 공포했다. 정말 전광석화와 같은 조치였다.

그러나 공포한 그 죄목 속에는 중요한 것은 다 피해갔을 뿐만 아니라 구체적인 비리사실에 대한 언급도 없었으며, 표면적인 현상만 언급하고 있을 뿐 이었다. 일반적으로 큰 부정사건이나 비리를 파헤칠 경우, 대개는 조사를 거쳐 그 결과를 과장하게 마련이다. 그런데 오히려 화신을 죽이고 가산만 몰수한 다음 서둘러 칼을 거두어들이고 사건을 종결해 버렸다는 점이다. 그 조서가 발표되자 대부분의 관리들은 말 못할 사정이 있음을 미리 알아채고 더 이상 그 문제를 거론하지 않았다. 그러나 눈치 없는 부도통 살빈과 같은 인물은 보다 더 엄정하게 조사할 것을 요구하자, 오히려 가경제는 화를 내며 엄중경고와 함께 더 이상 거론하지 말 것을 명했다. 전무후무한 탐관오리를 제거해 놓고도 조사 없이 서둘러 사건을 종결 처리해야 할 특별한 이유가 있었을까? 소일신의 『청대통사』에서는 다음과 같이 해석하고 있다.

"이때 관(국가의 재산)으로 들어간 화신의 재산은 그 규모가 아주 미미했다. 신하에게 상으로 내린 액수도 미미했다. 세상에는 나머지 재물이 모두 궁금(宮禁: 가경제의 비밀금고)으로 들어갔다는 소문이 파다했다. 그래서 민간에서는 '화신이 쓰러지자 가경제가 배불리 먹었다.'는 말이 떠돌았다."

백성들의 유머감각이 이 정도로 생생하다. 배불리 먹었다는 표현으로 가경제의 탐욕을 비꼰 것이다. 탐욕도 대물림하는 것인가. 아버지의 비자금 운영을 아들이 보면서 무엇을 생각했을까?

이렇게 하여 가경제는 아버지의 명예를 다치지 아니하면서, 탐관을 제거하여 민심도 얻고, 또 자기의 배도 불리는 일석삼조의 일을 해낸 것이다. 그러나 백성들은 그 속심을 모두 알고 있었다는 말이니, 어찌 백성을 어리석다 하겠는가?

탐관오리들은 모두 다음과 같은 공통점이 있다. 그들은 명예나 지위보다는 오직 재물에 관심이 있다는 점이다. 뇌물을 받고 재물을 긁어 모우는 일이 그들의 궁극적인 목적이다. 다음으로는 탐리의 뒤에는 반드시 이를 비호하는 권력이 있고 그 권력을 교묘히 이용하고 있다는 점이다. 마지막으로는 탐관오리는 반드시 패가망신하고 오욕을 남긴다는 점이다. 설령 부정이 발각되지 않고 부를 누린다하더라도 하늘이 알고 귀신이 알고 또 자신이 스스로 탐리임을 알고 있지 않는가? 어찌 오욕이 아니라 하겠는가?

청백리나 탐리 모두 그 이름이 역사에 남는다. 다만 그 이름의 가치가 다를 뿐이다. 명예를 택할 것인가, 치욕을 택할 것인가는 공직자 각자의 몫이다.

(2009. 11. 7. 도진 산방에서)

한국의 탐관오리, 백낙신과 조병갑

탐관오리가 날뛰면 반드시 민란이나 혁명이 뒤따른다

우리나라에서의 최고의 탐관오리는 누구일까? 중국과는 달리, 우리나라에서는 국가에서 몰수한 탐리의 가산과 재물액수를 서로 비교하면서 탐욕의 역사를 기록한 자료를 찾기 어렵다. 또 청백리에 대한 자료는 다수 있으나 탐관오리의 행적에 대해 깊이 있게 추적한 연구나 자료도 거의 보이지 않는다. 그만큼 우리나라에서는 탐리에 대해서는 비난의 대상은 되었어도 그에 대한 심도 있는 연구는 이루어지지 않았다고 볼 수 있다.

청백리는 조선시대에 특별히 국가에 의해 선발되어 〈청백리안(청백리대장)〉에 이름이 올랐던 사람을 말한다. 청렴한 품성과 정사에 대한 근면성, 그리고 성심성의로 봉공하는 태도와 그것이 실제 행정에서 효과를 올리는 능력까지를 인정받아야 청백리로 선발되었다.

반대로 부정부패한 관료는 탐관오리 혹은 장리라고 불렀다. 탐관오리로 지목되어 탄핵을 받았거나 처벌 받은 관리는 〈장리안〉에 수록되어, 본인의 관리 생활이 막히는 것은 물론이고 그 자손들이 과거를 보는 것도 허용되지 않았다. 한번 장리로 지목되면 두고두고 가문의 수치로 남았다. 그만큼 조선시대에는 청백리와 탐관오리에 대한 관리제도가 엄격했다.

그러나 조선 후기로 들어오면서 특정 파당에 권력이 독점되고 세도정치가 심화되면서, 공직의 윤리적 기반이 와해되고 부정부패가 만연되어 많은 탐관오리들이 나타나게 된다. 그 액수나 규모로 보면 약소하지만, 권세가들에서부터 하급 아전에 이르기까지 부정부패가 면연하였다. 우리나라에서의 관료부패의 유형은 대체로 두 가지로 나타난다. 첫째는 위정자나 관리들이 그들에게 부여된 권한을 남용하여 백성들을 직접 수탈하는 일이며, 또 하나는 직무와 관련하여 불공정한 특혜를 준다든지, 불법이나 비위를 묵인하고 이권에 개입하여 뇌물을 받아 사복을 채우는 일이다.

오늘날 공직자들의 부정은 대부분 후자의 경우이지만, 전통시대 관료들의 부정부패는 전자의 경우가 많았다. 따라서 전통시대 청렴의 주된 과제는 뇌물수수의 방지보다 백성들에 대한 직접수탈의 방지에 있었다고 볼 수 있다. 따라서 탐관오리의 부정부패는 반드시 백성들의 원성을 나았고, 이는 나아가 민란이나 혁명으로 이어졌다. 부정부패는 나라를 망치는 가장 큰 원인이다. 민란과 혁명의 원인이 된 탐관오리의 행적을 추적해 보자.

부정공무원의 대명사, 조병갑과 동학혁명

탐관오리 고부군수 조병갑, 그 이름은 한국 근대사에 있어서 거명하지 않을 수 없는 인물이다. 우리나라 부정공무원의 대명사로, 그리고 탐학과 토색행위로 인해 동학농민혁명을 불러일으킨 장본인이기 때문이다.

조병갑(1844~1911)은 조대비 친정의 가까운 일가로서 영의정 조두순의 서질(庶姪)이다. 또한 당대의 세도가이자 탐관이었던 충청도관찰사 조병식과는 사촌간이다. 여러 지방의 수령을 거쳐 1892년 계사년에 고부군수가 되었다. 부임한 이후 갖가지 명목으로 탐학비행을 저질렀다. 고부군수로 부임한 그해는 마침 풍년이 들어 백성들이 고생하지 않고 농사를 잘 지었다. 조병갑은 당시의 수재(守宰)들이 가렴주구를 하듯 만석보를 개수한다는 명목으로 물세(水稅)를 받아 자기 부친의 송덕비를 세우려고 했다.

만석보는 정읍에서 분류되어 이평으로 흘러 부안평야를 축이는 큰 보(洑)다. 고부군과 태인현의 농민들은 이 수리(水利)의 혜택을 많이 받고 있었다. 조병갑은 이 만석보(萬石洑)가 파손되지 않았는 데도 농민들을 동원하여 구보(舊洑) 밑에 신보(新洑)를 쌓게 하고, 그해 가을에 신보 이용에 따르는 수세(水稅)를 1마지기(200평)에 상등 논은 쌀 2말, 하등 논은 쌀 1말씩 농민들로부터 거두어 700여 석을 사취했다. 그러나 일부 농민들은 보 막을 때 이미 부역을 하였으므로 수세내기를 거절하였다. 수세를 내지 않은 자들에게 볼기를 치며 악형을 가하게 되자, 농민들은 폭동을 일으키게 되고 이것이 점차 동학농민혁명으로 점화되었다.

동학민란은 단순히 조병갑의 탐학으로 인한 돌발적인 사건이라기보다는 그동안 누적된 부패와 가렴주구(苛斂誅求)로 인한 백성들의 울분이 터진 것이며, 관리들에 대한 농민들의 불신과 반항정신에서 나온 것으로 볼 수 있다. 이 사건이 분수령이 되어 조선왕조는 서서히 저물기 시작한다.

동학농민운동이 실패로 끝나고 전봉준이 잡힌 후, 그를 문초하는 과정에서 밝혀진 조병갑의 탐학 내용은 그 공초서류에 자세히 기록되어 있다.

> *"…우선 보를 막는다고 한 마지기에 상답은 두 말, 하답은 한 말씩 수세하여 700석을 먹었고 황무지를 백성들에게 개척하여 농사를 지어먹으라고 한 후 처음에는 무세라 하였으나 나중에 세를 받아먹었소. 또 부농에게 강제로 2만 냥을 거두어들였고 고부군수의 아비 태인군수의 비를 세운다고 1천 냥을 거두었으며, 대동미를 거두어 상납은 나쁜 쌀을 내놓고 좋은 쌀은 사복을 채웠소.*
> *… 2만 냥은 불효니 형제간에 불목하다느니 음행을 했느니 하는 죄목으로 거둔 것이오.*
> *…당시에는 동학보다 원한을 품은 백성들이 더 많았소. … 내직에 있는 자와 8도의 탐관오리를 전부 소탕할 것을 결의하고, … 탐관오리의 대표자는 내직에 있으면서 매관매직한 민영준, 민영환, 고영근 등이요."*

조병갑이 착복한 금액으로 보면 아주 약소한 돈이었다. 수세로 받은 총액이 겨우 700여 석이었고, 태인 군수를 지낸 아버지의 송덕비를 세운다는 핑계로 받은 거두어들인 돈이 1천 냥이었다. 그러나 그동안 새로운 수령이 올 때마다 시달린 백성들의 원한이 한꺼번에 폭발한 것이었다. 특히 하급관리인 아전들의 횡포는 극에 달해 있었다. 권세가나 목민관이 썩어 있었으니 아전들은 더 말할 것도 없었다. 이렇게 당시 관리들은 위에서 아래까지 모두 부패해 있었다.

1910년 나라가 망했다는 소식을 듣자, 망국의 책임이 조선의 지식인에게 있음을 통감하고 자결한 매천 황현(1855～1910)은, 평소 물질적인 개화로 인한 정신적인 타락과 퇴보를 경고하면서 부정부패를 막지 못하면 망국에 이른다는 소신을 여러 번 피력했다. 1899년 황현의 시국에 대한 상소문인 〈언사소(言事疏)〉를 보면 당시의 공직부패가 어느 정도인지 짐작할 수 있다.

> *"형벌을 엄격히 하시어 공직자의 기강을 바로 세우십시오. 덕으로 다스리는 시대는 지나갔습니다. 지금같이 부정부패가 많은 시대에는 법으로 다스려야 합니다. 뇌물을 먹은 관리들은 반드시 엄벌에 처하여야 합니다.*
> *… 왜 권세가들은 세금을 내지 않고 축재를 하게 놓아두십니까? 국가의 세입이 줄고 민생이 날로 어려워지고 있는 것은 모두 권세가들의 부정축재와 지방 관리들의 부정 때문입니다. …"*

탐관오리 백낙신이 진주민란을 부르다

탐관오리의 원조는 백낙신이라 할 수 있다. 그 전에도 탐리는 많았으나 백성들의 힘에 의해 타도되고 그 이름이 모든 국민들에 알려진 것은 그가 처음이기 때문이다. 백낙신(? ～ ?)은 철종 9년(1850～1863) 전라좌도 수군절도사를 거쳐 1861년 경상우도 병마절도사가 되어 불법 탐학을 저질렀다. 백낙신은 도결과 환곡제도를 악용하는 등 갖은 방법으로 농민을 수탈하여 사사로운 이익을 챙겼다. 여기서 도결(都結)은 전세, 대동세, 기타 세목을 다 합해 금전으로 환산하여 일괄 부과하는 것을 말하고, 이포(吏逋)란 관청의 재정 결손액을 말하는 것이고, 통환(統還)이란 관청의 환곡미 결손분을 각 호에 분담시키는 것을 말한다.

백낙신은 진주목사 홍병원과 손을 잡고 수단과 방법을 가리지 않고 세금을 거두어들여 착복했다. 그 액수가 5만 2천 여석, 돈으로 환산하면 15만 6천여 냥에 이른다. 구체적으로 보면 진주목 관리들이 역대로 횡령하여 결손이 되어 있는 2만 8,000여 석의 이포를 도결(都結)로 징수하고, 경상우병영의 환곡미 결손액을 충당한다는 명목으로 환포(還逋) 2만 4,000여 석을 일시에 걷도록 했다. 이에 격분한 진주 농민들은 1862년 2월 18일, "이포(吏逋)를 백성에게 징수말라", "도결(都結)과 통환(統還)을 혁파하라"는 구호를 외치며 봉기했다. 그 규모가 8만여 명에 이르렀다.

농민들은 진주 목사에게 도결 혁파를 서면으로 약속할 것을 요구했었고, 이방, 호방 등 조세징수 관리의 집들은 부수고 불태웠다. 경상감사 이돈녕의 보고를 받은 정부는 민란에 대한 수습대책을 논의하여 진주민란의 원인과 피해 상황을 조사하기 위해 박규수를 안핵사로 파견하여 겨우 진정됐다. 이 사건으로 백낙신은 재산을 몰수당하고 전라도 강진현 고금도에 귀양갔다.

부정부패가 심하면 반드시 민란이나 혁명이 뒤따른다. 백낙신의 가렴주구와 탐학이 발단이 되어 진주에서의 농민봉기가 일어났으며, 또 이러한 농민혁명운동이 삼남지방으로 번져나간 것이, 우리 역사상에서 일찍이 볼 수 없었던 거대한 민중운동, 즉 임술민란(壬戌民亂)인 것이다.

집권자 스스로 부패의 꼬리를 끊지 못하다

역사는 살아 있는 교육이다. 이렇게 공직질서를 어지럽히고 기강을 문란시킨 공직자에게 어떠한 처벌과 방지책을 마련했는지 궁금하지 않을 수 없다.

백낙신은 그의 죄상이 그 누구보다 컸음에도 불구하고, 고금도에 유배된 뒤 1년 만에 귀향하였고, 3년 만에 영종진첨절제사(永宗鎭僉節制使)로 발탁되었다. 그리고 병인양요가 일어나자 경기중군이란 직책을 맡아 국가유공자처럼 행세했다. 그 공으로 1877년 평안도 병마절도사로 승진하였으나 임기가 지났는 데도 서울로 돌아오지 않았다하여 다시 귀양살이를 하였다. 그리고 그 뒤에는 어떻게 되었는지 추적이 불가능하다.

한편, 조병갑은 "엄중하게 처벌하라"는 고종의 명령에 의하여 고금도에 유배되었다. 당시 고종은 "이 자는 단지 국고를 횡령만 한 게 아니라, 백성을 학대까지 한 자이니 엄중 조사하여 강력히 처벌하라."라는 지시를 내린다. 그러나 세도가의 인척이었던 조병갑은 유배간 지 채 1년도 되지 않은 1895년 여름, "이제 조병갑을 풀어 주는 게 어떠한지요."라는 법부의 은근한 강요에 못 이겨, 고종은 그를 방면한다. 그 뒤에는 세도가 조씨들의 강력한 압력이 있었던 것은 당연한 일이다. 그로부터 2년이 조금 지난 1898년 1월 2일 조선왕조신록에는 "4품 조병갑을 법무민사국장에 임명한다."라는 기록을 남기고 있다. 다만 종3품 군수였던 그의 직급을 한 단계 내린 것 외에는 달라진 것이 없다. 그렇게 되살아난 조병갑이 훗날 동학 2대 교주인 최시형에게 사형을 언도한다. 동학농민혁명을 자초한 탐관오리 당사자가 오히려 혁명의 지도자를 처단하는 소설 같은 일이 벌어진 것이다. 이것이 역사의 아이러니인 것이다.

이렇게 부정부패에 대한 처벌이 물렀으니, 어찌 부정부패가 만연하지 않았겠는가? 역사에는 가정이 없다 한다, 그러나 만약에 동학혁명이 일어나기 30년 전인 진주민란이 났을 때부터라도 그 사후처리를 강력하게 하여 공직기강을 잡았더라면 조병갑의 탐학도, 동학농민혁명도, 일본의 개입도 일어나지 않았을 것이다. 따라서 그리 쉽게 나라가 망하지는 않았을 것이다.

명나라 시대에 공직부패가 적었던 이유는 탐관에 대한 처벌이 강력했기 때문이다. 명나라 태조 주원장은 빈민출신으로 탐관오리와 비리에 대한 원한이 많아, 그는 60냥 이상을 부정하게 착복한 탐관은 목을 자르고 모든 백성들이 볼 수 있게끔 효수하는 것은 물론, 심지어 시체의 가죽을 벗기고 내장을 긁어낸 다음 풀을 채워 박제로 만들어 교육용으로 활용하였다. 그리고 탐리에 대한 사면은 살인사건보다도 엄하게 관리하였다. 이러한 끔직하고 강력한 처벌은 확실히 관리를 사전에 단속하는 작용을 했고, 무지한 몇몇 환관들의 비리를 제외하고는 비리와 부정이 거의 없었다.

그러나 우리나라의 경우는 거의 정반대였다. 고종은 스스로 세도가들의 권력에 둘러싸여 부패의 폐해를 알면서도 그들의 부패를 끊지 못하였고, 대원군 역시 부패일소와 유신정치를 표방하였으나 뇌물에 약해 처벌이 물렀다. 이래저래 나라의 부정부패는 끝이 없게 되었다.

탐리의 흔적은 곳곳에 남아 있다

아직까지 곳곳에 탐관오리의 흔적이 남아 있어 그 옛날 우리 백성들의 원성이 들리는 듯하다.

최근 뉴스에 의하면 조병갑의 선정비가 누군가에 의하여 망가진 채로 천안에서도 발견되었다고 한다. 조병갑은 고부군수로 부임하기 앞서 1882년 10월부터 29개월간 천안군수로 재직한 바 있었다. 그 전에는 김해, 함양 등에서도 그의 선정비가 발견된 바 있다. 경남 함양에 있는 그의 청덕 선정비는 "마음이 곧고 엄했기에 그 사심 없는 선정을 기려 이 비를 세운다"라고 적고 있다. 가는 곳마다 탐관오리의 선정비라니 결국 선정비는 탐관오리의 명예욕을 채우는 방편이었던 것이다. 지난 노무현 정부의 홍보수석이었든 조 아무개가 바로 조병갑의 증손녀라 해서 시끄러웠던 적이 있었다.

남녀의 사랑을 예기한 연애소설로 널리 알려진 춘향전은 실제로는 탐관오리의 탐학과 횡포를 고발한 사회소설이었다. 판소리 춘향전에서 암행어사 이몽룡이 거지로 변장하여 탐관오리 변 사또의 생일잔치에 끼어드는 대목이 문득 생각난다. 우리 모두 이를 다시 한 번 음미해 보자.

금 술잔에 담긴 향기로운 술은 천 사람의 피요
(金樽美酒 千人血)
옥쟁반에 담긴 좋은 안주는 만백성의 기름이라
(玉盤佳肴 萬姓高)
촛대에 흐르는 촛물은 백성들의 눈물이요
(燭淚落時 民淚落)
노랫소리 높은 곳에 원망소리 높더라.
(歌聲高處 怨聲高)

(2009. 11. 14. 도진 산방에서)

대통령의 권력부패

윗물이 맑아야 아랫물이 맑다

우리나라 부정부패의 역사를 돌이켜 보면, 적어도 최고통치권자만은 깨끗했다는 전통을 발견할 수 있다. 임금이 게으르고 무능하다는 이야기는 있었으나 돈을 밝혔다는 기록은 찾아보기 어렵다. 부정은 아랫사람들이 하는 것이지 윗사람이 하는 일이 아니었다. 지방의 수령들도 아전들의 농간으로 수령이 부정한 것처럼 오해받는 경우가 많았다. 그래서 다산은 "목민관은 아전단속을 잘해야 목민관의 존재이유인 민을 위해 존재할 수 있다."고 주장했던 것이다.

조선시대 우리 백성들은 국왕의 도덕성을 의심하지 않았다. 백성들이 민란을 일으켜도, 신하가 반정(反正)이라는 이름의 쿠데타를 일으켜도 임금의 실정을 규탄했지, 돈 문제를 가지고 혁명을 하지는 않았다. 그렇듯이 오늘의 국민들도 대통령의 도덕성을 절대 의심하지 않았다. 그런데 최근 그런 아름다운 전통이 끊겨 버렸다. 대통령의 권력형 비리 및 독직사건이 끊임없이 이어져 이제는 웬만한 액수의 비리로는 명함도 내지 못하게 되었으니, 대통령에 대한 신뢰는 땅에 떨어져 버렸다. 대통령이 부정하여 감옥에 갔다는 이야기는 세계 어느 나라에서도 찾아보기 드문 희귀한 사례이다. 더구나 부정부패로 대통령이 투신자살까지 한 나라가 되었으니 얼마나 부끄러운 일인가? 윗물이 맑아야 아랫물이 맑은 법이다, 이래서야 어찌 청렴을 이야기하고 공직윤리를 입에 담을 수 있겠는가?

노무현 전 대통령의 권력형 비리

2009년 초는 노무현 전 대통령의 가족과 측근의 비리 문제로 세상이 시끄러웠다. 대한민국 역사상 뇌물죄로 구속되는 세 번째의 대통령이 될 가능성이 커지면서 구속수사의 결정이 목전에 이르자, 결국 노무현 전 대통령은 자신의 도덕성에 흠결이 있음을 인정하고 투신자살을 함으로써 사건파일을 스스로 자신의 무덤 속으로 가져가 버렸다.

노무현 정부는 386세대의 정치인들이 주축이 되어 도덕성과 청렴을 가장 중요한 국정가치로 내걸면서 집권했다. 깨끗하고 청렴한 개혁정치에 다수 국민들은 박수를 보냈다. 노무현 대통령은 측근에게 "돈을 먹으면 패가망신할 줄 알라." 고 했고, 본인의 선거비용이 차떼기 정당인 한나라당에 비해 1/10이 넘으면 대통령 자리를 사퇴하겠다고 자신만만하게 선언하기도 하였다. 그리고 퇴임 전의 부동산 문제를 제외하고는 하나도 켕길 것이 없다고 큰 소리를 쳤다.

그러던 노무현 정부가 정권 말기에 많은 돈을 챙겼다. 이른바 〈박연차 게이트〉이다.[1] 박연차 태광실업 사장은 노무현 전 대통령의 요구로 아들의 집값 100만 달러를 송금했고, 정상문 청와대 비서관의 주선으로 500만 달러를 조카사위 연철호의 회사에 투자했으나, 그 주권은 대통령의 아들인 노건호의 지배하에 있다고 주장했다. 뿐만 아니다. 전 청와대 비서관이 전해 준 3억 원은 권양숙 여사가 받았으나 어디에 썼는지는 말할 수 없다고 했고 정상문은 따로 대통령의 특수활동비 중 12억 5,000만원을 횡령해 돈세탁을 거쳐 차명계좌에 넣지 않고 가지고 있다는 것이다. 이외에도 박연차는 권양숙 여사에게 현찰 3억과 1억 원짜리 고급시계 2개를, 정상문에게 1억원 상당의 상품권을 전했다고 한다.

---

1) 각종 언론에 보도된 기사와 사설을 요약한 것임. (중앙일보 2009. 4. 20 ~ 4. 25, 조선일보 2009. 4. 20 ~ 4. 27.)

대통령의 형 노건평도 일찍이 박 회장을 위해 아파트 용지의 고도제한을 풀어주고, 세종증권 인수정보를 주고, 경남은행 매각에 개입하고, 농협의 자회사 휴컴스를 헐값 매수하는 것을 도운 대가로 30억 원과 상품권을 받았으며, 박연차 사돈의 인사청탁을 했다고 한다. 그야말로 대통령 일가의 총체적 비리이다. 그러나 노 대통령은 그 내막을 몰랐거나 퇴임 후에 알았다는 것이다.

대통령 일가뿐 아니다. 노무현 전 대통령의 측근인 이광재, 안희정, 정화삼, 여택수, 명계남, 서갑원 등 386세대들도 박 회장의 돈을 받은 혐의로 구속되거나 조사를 받고 있다. 이외에도 박 회장은 전직 국회의장, 여야 국회의원, 청와대 전·현직 비서관, 국세청과 검찰의 고위직에 있는 인사들에게 여야를 막론하고 광범위하게 로비자금을 살포했다고 한다. 또 이명박 대통령 측근에게 노 전 대통령에 대한 수사를 무마해 주도록 로비를 시도하기까지 하였다고 한다.

이에 대해 이명박 대통령은 4.19 기념식에서 "선진화는 절대로 부정부패와 함께 갈수 없다."고 선언하고, "사회 모든 부분의 윤리기준을 높이고, 나라를 넘어 깨끗한 사회, 바른 나라를 만들어 가야 한다."고 했다. 때를 같이하여, 대법원 양형위원회(위원장 김석수 대법관)에서는 5억 원 이상의 뇌물을 받은 공무원은 2009년 7월부터 징역 11년이나 5억 원의 벌금을 물도록 했다.

전직 대통령들의 권력형 비리

참여정부 이전에도 이미 두 분의 전직 대통령이 권력형 비리로 구속된 바 있다. 노태우 전 대통령과 전두환 전 대통령이다.

노태우 전 대통령은 1995년 11월 1일, 기업인들로부터 수천억 원을 받아 비자금을 조성한 혐의로 구속되어 대법원에서 뇌물수수와 내란죄 등으로 징역 17년에 추징금 2,628억 원을 선고 받았다. 그리고 전두환 전 대통령은 1988년 11월에 야당의 공격으로 노태우 대통령에 의해 2년 동안 강원도에 있는 백담사에서 귀양살이를 한 바 있었다. 그 후 1995년 12월 2일에 다시 검찰에 출두하라는 통보를 받았으나 불응했다. 그날 전두환 전 대통령은 서울 연희동 집 앞에서 "검찰 소환은 진상 규명보다 현정국의 정치적 필요에 따른 것이니 어떤 조치에도 협조하지 않겠다."는 내용의 이른바 '골목성명'을 발표하고, 고향인 경남 합천으로 내려갔다. 이에 사전구속영장을 발부받은 검찰은 다음날 새벽 수사관들을 합천으로 내려 보내 전두환 전 대통령에 대한 영장을 집행한 뒤 안양교도소로 압송했다. 대법원은 전두환 대통령에게도 역시 뇌물수수 및 내란죄로 무기징역에 추징금 2,205억 원을 선고했다(중앙일보, 2009. 4. 27. 6면).

김영삼 전 대통령과 김대중 전 대통령도 권력형 비리에서 자유롭지 못했다. 김영삼 전 대통령은 1992년 말 친인척 50여 명이 모인 자리에서 "돈을 싸들고 접근하는 똥파리들을 각별히 조심하라. 인사나 이권청탁에 개입하면 즉각 구속하겠다."고 경고한 바 있다. 그러나 그의 둘째 아들 김현철이 인사와 집권당 공천에 개입하고, 뇌물을 받았다는 죄로 1997년 2월에 구속되었고, 그로 인해 자신이 직접 대국민 사과성명을 발표하기까지 했다.

김대중 전 대통령도 정치자금과 관련된 부정부패를 근절하기 위하여 부패방지법, 돈세탁방지법 등을 제정하기는 하였으나, 김홍일, 김홍업, 김홍걸 3형제(홍삼트리오)가 구속되었다. 그리고 비자금이 얼마인지 모른다는 의혹을 사고 있다. 대통령 자신은 아니지만 그 아들 및 측근이 구속된 경우이다. 공식 권력뿐 아니라 비공식 권력까지 부정부패에 관여한 이른바 후진국형 비리인 것이다.

직접 검찰에 소환되지는 않았지만, 서면조사를 받은 대통령도 있다. 전두환, 노태우 전 대통령에 대한 12.12 군사쿠데타 사건 수사 당시 검찰은 최규하 전 대통령을 상대로 서면조사를 실시하였으나, 최 전 대통령은 답변을 거부했다. 1997년 외환위기 책임규명 때에는 김영삼 전 대통령이 서면조사를 받은 바 있다.

총체적 부패와 도덕적 해이

대통령의 부패가 이러하니 어찌 공직자들이 공(公)을 위해 존재할 수 있겠는가? 지도자가 부패하면 국정운영에 권위가 서지 않는다. 어떠한 일이나 명령에도 기강이 서지 않는다. 구태여 전문연구기관의 국민의식조사 결과를 언급하지 않더라도 온통 우리 사회가 부패해 있다. 무보수 명예직 지방자치의회 의원들이 예산을 지원받아 월급을 챙기고(2006년부터는 합법적으로 급료를 지급하고 있음), 공무원들은 노조를 만들어 이권을 챙기고 있고, 경찰관은 유흥업소와 결탁하여 금품을 받고 근무시간에 정복차림으로 버젓이 강도질까지 한다. 신용과 정직을 생명으로 하는 새마을금고에서 고객 예탁금 1,500억 원을 빼돌렸다는 뉴스도 흘러나온다.

도덕적 해이(moral hazard)도 심각하다. 이혼율은 세계 제일이며, 근친끼리 재판하는 일도 비일비재하다. 돈 때문에 아들이 아버지를 죽이는 세상이다. 자살 사이트에서는 자살 동반자를 모우고 있고, 심지어 아버지가 자식까지 성폭행하는 세상이다. 역사가 토인비는 한국에서 하나만 가져가라면 한국의 가족제도를 가져가겠다고 했다. 그런데 어쩌다가 우리 가족이 이 모양이 되었는가?

이러한 총체적 비리와 도덕적 해이는 조선시대부터 대물림한 것이라는 주장도 있다. 그러나 그렇지만은 않다. 비록 조선시대 후기에 붕당이 일반화되고 권력이 외척 세도가들에 의하여 독점되면서 부정부패가 만연되어 결국 패망의 길을 걸은 것만은 사실이다. 그러나 19세기 이전에는 관원들의 도덕적 수양을 중히 여겼고, 제도언론인 대간들의 사찰과 여론의 견제가 심하여 왕권도 신권도 권력을 독점할 수 없었다.

조선왕조 518년의 역사를 지탱한 것은 바로 권력균형이었다. 곧 대간제도를 통하여 국왕이 전제화되지 못하게 하였으며, 또 삼공육경을 비롯한 고관대작을 견제했다. 이조전랑은 대간에 대한 인사권을 행사하여 대간을 통제했으며, 또 삼공육경은 상관으로서 하관인 이조전랑을 제어할 수 있었다. 이조전랑과 대간, 그리고 삼공육경은 서로 삼각관계를 이루어 권력을 균점하였던 것이다. 이러한 삼각형 형태의 권력균형이 바로 조선왕조를 500년 이상 지탱하게 한 제도적 장치였다. 19세기 후반 이러한 권력균형이 깨어지면서 외척 세도정치 시대로 접어들게 되고, 일당독재에 의한 권력형 비리가 만연되게 된 것이다. 그러나 그 이전에는 부패는 있었지만 어느 나라보다도 도덕적인 나라였다.

그러니 현재의 총체적 비리와 도덕적 해이는 조선시대부터 대물림된 것이라기보다는 자본주의, 시장경제, 민주주의의 부작용으로 인한 도덕과 윤리의 부재현상에서 찾아야 할 것이다. 물론 자본주의 시장경제가 개인이나 시장의 능력을 극대화해 근대사회 발전에 지대한 공헌을 한 것은 사실이다. 또한 동서 이데올로기 대립에서 공산주의를 이긴 것도 사실이다. 그러나 이 체제도 완벽하지는 않을 뿐 아니라, 부작용도 많다. 물신주의의 팽배로 인하여 인간성이 상실되고, 도덕이 땅에 떨어지며, 경제발전의 부작용으로 환경이 오염된 것 등이 그것이다.

그러면 자본주의, 시장경제, 민주주의 결함을 개선하거나 이를 대체할 제3의 체제를 개발할 수는 없는가? 혹자는 그러한 개선책을 동양사상에서 찾아야 한다고 주장하기도 한다. 먼저 도덕적 · 윤리적 기반이 살아 있는 사회로 만들어야 하고, 공직사회도 윤리적 기반이 살아 있는 공직생명체로 만들어야 한다. 유 · 불 · 도교의 인간존중, 인간과 자연의 조화, 도덕적 수양, 중용적 사고 등에서 찾아보는 것이 어떠냐는 것이다. 즉 유교 민주주의로의 체제 전환을 주장하기도 한다. 윤리적 정부의 건설을 위해서는 물질보다는 정신을 강조한 동양사상과 철학에 주목해야 할 필요가 있다. 근대적 부정부패의 척결도 이러한 구도 속에서 찾을 수는 없을까?

이 시대 진정한 어른은 없는가?

건국 이래 9명의 대통령을 거쳤다. 모두가 비윤리적이고 부도덕한 사건에 연루되어 국민들의 존경을 받지 못하고 있다. 앞에서 서술한 바와 같이 전두환, 노태우 대통령은 감옥에 갔고 노무현 대통령은 자살을 했다. 또 이승만 대통령은 부정선거의 책임을 지고 망명을 했으며, 장면 총리와 최규하 대통령은 권력을 지키지 못하고 소신 없게 단명한 총리와 대통령으로 남아 있다. 민주화의 대명사였던 김영삼, 김대중 대통령은 친인척들의 비리로 모두 자식들을 감옥에 보냈다. 그리고 가장 오래 집권한 박정희 대통령은 경제발전의 신화에도 불구하고 권력을 독점한 독재자로 남아 있다. 그것도 권력중심부에서 부하의 총탄에 쓰러졌다. 이것이 우리의 최고 지도자들, 즉 대통령의 간단한 역사다.

대통령은 역사를 두려워하는 역사의식이 있어야 한다. 역사는 승리한 자의 기록이며 또 지나간 사실의 기록이지만, 과거로 살아지는 것이 아니라 오히려 미래에 생생하게 살아나 후세들의 마음에 묻힌다. 역사는 항상 재해석되고 되새김한다. 자라나는 미래의 새싹들에게 무엇을 줄까하는 생각만이라도 했다면 이러한 불행한 역사는 없었을 것이다. 자살사이트까지 등장하고 조그마한 어려움만 있어도 자살을 선택하는, 인간의 생명을 경시하는 풍조가 유행하고 있는 요즈음, 전직 대통령까지 자살을 선택하였다니, 과연 어른이 있는 것인가?

각박하고 삭막한 세상이다. 누군가 우리 사회의 어른이 있어야 하는데 그 어른이 없는 세상이다. 스승이 없는 세상이다. 자라나는 어린 새싹들에게 큰 바위 얼굴이 될 수 있는, 장래의 모델이 될 수 있는 그러한 대통령은 언제 나올까?

(2009. 4. 30. 도진 산방에서)

참고문헌

1. 국내문헌

(1) 단행본

고려대아시아문제연구소 (1974), 『실학사상의 탐구』, 서울: 현암사
고려대학교 편정 (1997), 『신명심보감』, 서울: 고려대학교 출판부
고승제 (1995), 『다산을 찾아서』, 서울: 중앙일보사
금장태 (1987), 『한국실학사상연구』, 서울: 집문당
금희연 · 심명명 · 강원택 · 이진원 (2004), 『한중일 삼국의 관료부패』, 서울: 백의
김광웅 (1992), 『한국의 관료제 연구』, 서울: 대명출판사.
김기태 역 (2004), 『목민심서』, 서울: 청목사
김두하(1978) 『퇴계사상연구』, 서울: 일지사
김부식 지음, 이병도 역주(1996), 『삼국사기(상)(하)』, 서울: 을유문화사
김상조 · 정대화 · 조희연 외 (2000), 『우리는 부패의 사명을 띠고 이 땅에 태어났다』, 서울: 삼인
김영종 · 임성환 · 정연선 · 한석태 (1987), 『관료제와 행정철학』, 서울: 법문사
김옥균, 박은식, 신채호외 이민수외 역 (1983), 『한국의 근대사상』, 서울: 삼성출판사.

김용옥 (1989), 『노자철학 이것이다』, 서울: 도서출판 통나무
김운태 (1970), 『조선왕조행정사』, 서울: 박영사
김일 (1995), 『공직윤리론』, 서울; 학문사
김충남 (1998), 『성공한 대통령 실패한 대통령』, 서울: 도서출판 둥지
김태길 (1984), 『윤리학』, 서울: 박영사
김택 (2007), 『공직윤리와 청백리사상』, 서울: 한국학술정보
김학주 (2002), 『묵자, 그 생애 사상과 묵가』, 서울: 명문당
나중식 (2002), 『예산정치론』, 서울: 형설
나중식 (2007), 『재무행정론』, 서울: 형설
막스베버 저, 금종우 · 김난석 공역,(1981), 『지배의 사회학』, 서울: 한길사
문정임 · 모종린 편 (1999), 『한국의 부정부패』, 서울: 도서출판 오름
미지구치 유조 지음, 정태섭 · 김용옥 옮김 (2004), 『중국의 공과 사』, 서울: 도서출판 신서원
박영규 (1996), 『한권으로 읽는 조선왕조실록』, 서울: 들녘
박종홍 (1975), 『한국의 사상적 방향』, 서울: 박영사
박충석 · 유근호 (1982), 『조선조의 정치사상』, 서울: 평화출판사
백성수 (2009), 『부패의 역사』, 서울: 도서출판 모시는 사람들
백완기 (1982), 『한국의 행정문화』, 서울: 고려대학교 출판부
사식지음, 김영수 옮김 (2007), 『청렴과 탐욕의 중국사』, 서울: 돌베개
송석구 (1987) 『율곡의 철학사상 연구』, 대구: 형설출판사
송주영 (1979), 『한국실학사상대요』, 서울: 박영사
신영복 (2008), 『강의: 나의 동양고전 독법』, 서울: 돌베개
심재기 (2006), 『영락에서 탕평까지』, 서울: 서울대학교출판부
안병욱 (1996), 『논어인생론』, 서울: 자유문화사
에리히 프롬 지음, 최혁순 옮김 (1978), 『소유냐 존재냐』, 서울: 범우사
오쇼 라즈니쉬 강의, 류시화 옮김 (1991), 『장자, 도를 말하다』. 서울: 예하
유정동 (1978), 『퇴계의 생애와 사상』, 서울: 박영사
유종해 (1992), 『행정의 윤리』, 서울: 박영사
윤사순 (1984), 『동양사상과 한국사상』, 서울: 을유문화사
이광종 (1989), 『행정책임론』, 서울: 대영문화사
이규호 편저 (1997), 『에세이 명심보감』, 서울: 도서출판 장원
이기백 (1973), 『한국사신론』, 서울: 일조각
이매뉴엘 월러스틴 지음, 성백용 옮김 (1994), 『사회과학으로부터의 탈피』, 서울: 창작과비평사
이상안(2003), 『공직윤리봉사론』, 서울: 박영사
이상옥(1982), 『한국의 역사』 전 13권, 서울: 마당

이서행 (1990), 『청백리정신과 공직윤리』, 서울: 인간사랑
이성무 (2000), 『조선의 부정부패 어떻게 막았을까』, 서울: 청아출판사
이성무 (2009), 『조선은 어떻게 부정부패를 막았을까』, 서울: 청아출판사
이영준 외 (2006), 『조선의 청백리』, 서울: 가람기획
이을호 (1979), 『정다산의 생애와 사상』, 서울: 박영사
이재호 옮김 (1987), 『국역 정다산 문선』, 서울: 여강출판사
일연 지음, 김원중 옮김 (2007), 『삼국유사』, 서울: 민음사
임어당 (1975), 『공자의 사상』, 서울: 현암사.
임영진 (2007), 『어린이를 위한 청백리 이야기』, 서울: 어린른이
장동희 (1986), 『정약용의 행정사상』, 서울: 일지사
전수일 (1996), 『관료부패론』, 서울: 석학사
정약용 저, 노태준 역해 (1981), 『목민심서』, 서울: 홍신문화사
정옥자 · 금장태 · 이광표 외 (1998), 『시대가 선비를 부른다』, 서울: 효형출판
정태혁 엮고 옮김 (2007), 『법구경인연담』, 서울: 정신세계사
최완수 (1998), 『조선왕조 충의열전』, 서울: 돌베개
한국기독교사회문제연구원 편 (1984), 『한국사회변동연구(1)』, 서울: 민중사
한국기독교사회문제연구원 편 (1985), 『한국사회변동연구(2)』, 서울: 민중사
한국행정연구원 (1991), 『공무원의 의식과 행태에 관한 연구』
한용운 지음, 성각스님 옮김(2007), 『채근담』, 서울: 도서출판부글북스
한우근 (1982), 『성호 이익연구』, 서울: 서울대학교출판부
핫지킨슨 저, 주삼환 역편 (1985), 『행정철학』, 서울: 법문사
허명환 (1999), 『관료가 바뀌어야 나라가 바로 선다』. 서울: 한국세정신문사
황원구 (1976), 『한국사상의 전통』, 서울: 박영사

(2) 논문

김춘식 (1992), 「퇴계의 공직윤리사상에 관한 연구」, 단국대 대학원 박사학위논문
김해동 (1977), "*Corruption: Its Concept, Scope and Causes*", 「행정논총」, 14(1), 서울대학교 행정대학원
김해동 (1990.6), "관료부패의 유형", 「행정논총』 28(1), 서울대학교 행정대학원.
김호섭 (1990), "행정문화의비판적 수용을 통해 본 행정윤리의 방향", 「한국행정학보」 24(1), 한국행정학회.
김호정 (1986), "한국공무원의 행정이념과 행정행태", 「지방행정연구」, 5(1), 한국지방행정연구원.
박용치 (1992), "행정의 윤리: 본질과 접근방법", 「행정논집」, 동국대행정대학원

박종홍 (1976), “최한기의 경험주의”, 「실학의 사상」, 서울: 현암사
백선기 (1982), “공직윤리의 구조와 제고전략”, 「한국행정학보」 16(1), 한국행정학회
백완기 (1989.1), “공직의 윤리”, 「사회변화와 윤리」, 한국사회과학협의회 학술심포지움
서원우 (1973), “행정책임론 소고: 자율적 책임을 중심으로”, 「행정논집」, 동국대행정대학원
오석홍 (1982), “공무원의 윤리와 행동규범”, 「행정논총」 20(1), 서울대학교 행정대학원
유정동 (1986), “유학의 윤리사상”, 「유학원론」 서울; 성균관대학교출판부
유종해 (1992), “행정윤리와 부패”, 「사회과학논집」 23, 연세대 사회과학연구소
유종해 (1993), “행정책임과 윤리의 연계성에 관한 고찰”, 「연세행정논총」, 18 연세대 행정대학원
이서행 (1986), “한국 행정윤리 연구실태에 관한 연구”, 「한국행정학보」 20(1), 한국행정학회
이서행 (1992), “다산의 정치행정사상에 관한 일 고찰”, 「한국행정사학지」 창간호, 한국행정사학회
이양수 외 (1990. 5), “한국행정문화와 행정행태에 관한 연구”, 「한국행정학회 세미나」
최창호 (1973), “공익의 본질”, 「한국행정학보」, 한국행정학회
하태권 (1992), “민원행정에서의 행정부패”, 「한국행정연구」 1(4), 한국행정연구원
허범 (1991), “공공정책결정과 공직윤리”, 「한국정신문화원 세미나」

(3) 기타

고려사
김부식, 삼국사기
논어(論語): 위령(衛靈)편, 안연(顔淵)편, 위정(爲政)편
대학(大學), 경문(經文) : 주자(朱子) 주(註)
맹자(孟子) : 진심하편(盡心下篇)
서거정(1420-1488), 필원잡기
서경(書經), 주서(周書): 홍범편
성현(1439-1504), 용재총화
여유당전서(1) : 탕론, 원목
여유당전서(2) : 맹자요의, 중용강의보, 중용자잠
여유당전서(5) : 목민심서
예기(禮記) : 예운편
월간조선, 1981. 4
유성룡(1542-1607), 징비록
유형원(1612-1673), 반계수록
율곡(1536-1584), 성학집요

율곡전서 : 권5
이긍익(1736-1806), 연려실기술
이륙(1438-1498), 청파극담
이수광(1563-1628), 지봉유설
이순신(1545-1598), 난중일기
이익(1681-1763), 성호사설
일연(1206-1289), 삼국유사
이제현(1287-1367), 역옹패설
이중환(1690-1756), 택리지
조선왕조실록
조선일보, 동아일보, 중앙신문
조야첨재
중용(中庸)
퇴계(1501-1570), 성학십도
경찰부조리 실태 및 방지대책, 부정방지대책위원회 보고서 제3집(1993.7)
공무원의 부조리에 관한 의식조사(1997.1)
교육부조리 실태 및 방지대책, 부정방지대책위원회 보고서 제7집(1994.5)

2. 외국문헌

(1) Books

Alatas, Syed Hussein (1990), *Corruption: Its nature, Causes and Functions,* Aldershot: Avebury.

Appleby, Paul H. (1952) *Morality and Administration in Democratic Government.* Baton Rouge, La.: Louisiana State University Press.

Baier, Kurt, *The Moral Point of View: A Rational Basis of Ethics.* (1965) ed. N. Y.: Random House.

Beauchamp, Tom L and Pinkard, Terry P. (1983) *Ethics and Public Policy : an introduction to ethics.* (eds), Englewood Cliffs, New Jersey, Prentice-Hall, Inc.

Benson, George C. et al., (eds). (1978) *Political Corruption in America.* Massachusetts: lexington books.

Brown, Marvin T. (1990) *Working Ethics: Strategies for Decision Making and*

Organizational Responsibility. California: Jossey-Bass Inc.

Cavalier, Robert J. et. al. (1983) *Ethics in the History of Philosophy*. Oxford: Macmillan Press.

Cooper, Terry L. (1982) *The Responsible Administration: An Approach to Ethics or the Administration Role*. N. Y.: Kennikat Press Co.

Denhardt, Cathryn G. (1988) *The Ethics of Public Service: Resolving Moral Dilemmas in Public Organization*. N. Y. : Greenwood.

Donaldson, R. and Werhane, P. H. (1978) *Ethical Issues in Business: A Philosophical Approach*(2nd ed.) (1978) Englewood Cliffs, N. J : Prentice Hall.

Feldman Frank. (1978) *Introductory Ethics*. Englewood Cliffs, N. J. : Prentice-Hall.

Heidenheimer, A. J. (1970) *Political Corruption: Readings in Comparative Analysis*(N.Y.: Reinhart & Winston.

Hodgekinson, Christopher. (1978) *Toward a Philosophy of Administration*. New York St. Martin' s Press.

Klitgaard, R. (1999) *International Cooperation against Corruption, Rule of Law, Corruption and Development*. Seoul, Korea, International Conference on Democracy and Market Economy.

Lewis, C. W. (1991) *The Ethics Challenge in Public Service*. Washington D. C.: ASPA.

Leys, Waynes A. R. (1944) *Ethics and Social Policy*, N. Y.: Prentice-Hall.

Lippman, Walter. (1955) *Essays in the Public Philosophy*. Boston and Toronto: Little Brown.

Means, Richard L. (1969) *The Ethical Imperative: The Crisis in American Values*, Garden City, N. Y.: Doubleday & Co.

Moore, G. E. (1987) *Principle of Ethics*, London: Cambridge Univ. Press.

Rawls, J. (1971). *A Theory of Justice*, Harvard University Press.

Rohr, John A. (1978) *Ethics for Bureaucrats : An Essay on Law and Values*, N. Y. and Basel, Marcel Dekker, Inc.

Spiro, Herbert J. (1969) *Responsibility in Government: Theory and Practice*. N. Y.:Linton Educational Publishing, Inc.

(2) Articles

Anderson, Hurst R.(1954), "Ethical Value in Administration", *PAR 17*(1).

Bailey, Stephen K.(1980), "Ethics And Public Service: The Concept of The Moral Ambiguities of Public Choice", in R. J. Stilllan, sec. *Public Administration*.

Bowman, James S.(1983), "Ethical Issues for The Public Manager", in William B. Eddy(ed), *Organization Management*, N. Y.; Marcel Dekker.

Degeorge, R. T.(1978), "Moral Issues on Business", in *Ethics, Free Enterprise and Public Policy*", N. Y.: Oxford University Press.

Finer, Herman(1942), "Administrative Responsibility in Democratic Government", *PAR*(1).

Frederickson, George, "Toward a New Public Administration", in Frank Marini(ed.), *Toward New Public Administration*, N. Y.: Chandler Publishing co.

Friedrich, Carl J.(1966), "Public Policy and the Nature of Administrative Responsibility", in Peter Woll(ed), *Public Administration and Policy*, N. Y.: Harper and Row.

Gastil, R.(1975), "Beyond A Theory Of Justice", *Ethics*, (85, April).

Gerald, E. and Caiden Naomi J.(1977), "Administrative Corruption", *PAR* 37(3).

Gilbert, C. E.(1969), "The Framework of Administrative Responsibility", *Journal of Politics*, 21(august).

Harmon, Michael M.(1971), "Normative Theory and Public Administrative Responsibility", in Frank Marini(ed.), *Toward New Public Administration*, N. Y.: Chandler Publishing co.

Hart, David K.(1974), "Social Equity, Justice and Equitable Administrator", *PAR*. 34(1).

Keplan, Abraham(1982), "Moral Responsibilities and Political Realities", *Policy Science* 14.

Klitgaard, Robert (1988), A Framework for a Country Program Against Corruption, Transparency International.

Michael, Johnston(1986), "The Political Consequences of Corruption: A Reassessment", *Comparative Politics*. 1986(July).

Rohr, John A.(1986), "Ethics in Public Administration: 'A State of the Discipline' Report", presented to the 1986 Annual Meeting of the ASPA California : Anahiem.

Small, Joseph(1976), "Political Ethics: A View of the Leadership", *American Behavioral Scientists*, 19(5).

Vikers, G.(1973), "Values, Norms And Policies", *Polcy Sciences*, 4(3).

Warwick, D. P.,(1981) *The Ethics of Public Administration*, in Fleishman, J. L., and Moore, M. H., (eds.) Cambridge, Massachusetts: Harvard University Press.

Werner, Simcha B.(1983), "New Directions in the Study of Administrative Corruption", *Public Administration Review*, 43(2).

찾아보기

ㅂ

ㅅ

ㅈ

ㅊ

ㅋ

ㅌ

ㅍ

저자약력

경성대학교 총장
영남대학교 경영학과
서울대학교 행정대학원
영남대학교 행정학박사
미국 North Carolina 주립대학 객원교수
프랑스 국립행정대학원 연구교수
한국지방정부학회 고문
현: 경성대학교 행정학과 교수

주요 저서와 논문

『재무행정론』(서울: 형설출판사, 1992. 2007)
『예산정치론』(서울: 형설출판사, 2002)
『민주주의 조세행정론』(서울: 형설출판사, 1995)
『객관식행정학』(서울: 행정출판사, 1997)
『신행정학원론』(공저, 도서출판 금정, 1999)

「지방정부의 예산결정실태와 경향성 분석」(한국행정학보)
「중기재정계획과 예산의 연계성에 관한 실증적 연구」(한국행정논집)
「지방의회 예산심의 결정요인분석」(한국행정논집)
「기초의회 예산심의의 질의-답변성향분석」(한국행정학보)
「당파성이 기초의회 예산심의에 미치는 영향요인분석」(한국정책학회보)
「주민참여예산제도의 운영모형에 관한 비교연구」(지방정부연구) 외 다수

한국의 공직윤리

제1판 1쇄 인쇄 | 2010년 8월 14일
제1판 1쇄 발행 | 2010년 8월 19일

지 은 이 | 나중식
발 행 인 | 김은중
발 행 처 | 서울경제경영출판사
편집디자인 | 우일미디어

주 소 | 120-808 서울특별시 서대문구 대현동 67-5 대현빌딩 6층
전 화 | 02)313-2682
팩 스 | 02)313-8860

등 록 | 1998년 1월 22일 제5-63호

ISBN 978-89-88106-68-6 93190 정가 18,000원

※ 파본은 바꾸어 드립니다.